Constanze Elter

Freiberufler: Fit fürs Finanzamt

Constanze Elter

Freiberufler: Fit fürs Finanzamt

Buchführung, Rechnungen, Steuern & Co.

WILEY

WILEY-VCH Verlag GmbH & Co. KGaA

2. Auflage 2015

Bibliografische Information der Deutschen Nationalbibliothek

Die Deutsche Nationalbibliothek verzeichnet diese Publikation in der Deutschen Nationalbibliografie; detaillierte bibliografische Daten sind im Internet über http://dnb.d-nb.de abrufbar.

Printed in the Federal Republic of Germany

Umschlaggestaltung: init GmbH, Bielefeld

Gestaltung: pp030 – Produktionsbüro Heike Praetor, Berlin

Satz: inmedialo Digital- und Printmedien UG, Plankstadt

Druck und Bindung: CPI – Ebner & Spiegel, Ulm

Gedruckt auf säurefreiem Papier.

Print ISBN: 978-3-527-50853-2

ePub ISBN: 978-3-527-69787-8

mobi ISBN: 978-3-527-69788-5

Inhalt

Für Nelly, das Schreibtalent von morgen,
und für meine Mutter, die mir ihre Buchhalterseele vererbt hat.

Über dieses Buch

Steuern – für viele ist dieses Thema eine ungeliebte und meist unverständliche Materie. Fachchinesisch von Juristen und Bürokraten sowie die Tatsache, dass die meisten Freiberufler sich höchst ungern mit Zahlen befassen, tun ihr Übriges. Kaum jemand beschäftigt sich gern mit Steuern oder hat sogar Spaß daran.

Genau das möchte ich mit diesem Buch ändern. Sie müssen nach der Lektüre dieses Ratgebers nicht unbedingt die Steuererklärung zu Ihrer Lieblingsbeschäftigung machen. Aber ich möchte Sie ermutigen, sich mit den steuerlichen Konsequenzen Ihrer freiberuflichen Arbeit auseinanderzusetzen. Denn das wird sich für Sie in Euro und Cent auszahlen.

Als Steuerjournalistin möchte ich Sie durch das Labyrinth der Steuern führen und Ihnen die Punkte verständlicher machen, die für Sie wichtig sind. Dazu zählen korrekte Rechnungen genauso wie die Umsatzsteuer und die Wahl des richtigen Umsatzsteuersatzes. Dazu gehoren die Einnahmen- und die Ausgabenseite ebenso wie die einzelnen Positionen für Ihre Gewinnermittlung, die Einnahmen-Überschuss-Rechnung und eine strukturierte Ablage. Wichtig ist aber auch, dass Sie verstehen, was hinter Ihren Zahlen steckt und was das für Ihr Unternehmen bedeutet. Betriebswirtschaftliche Auswertungen und andere Analysen sind Hilfsmittel, die Sie bei finanziell relevanten Themen unterstützen können. Und letztlich sollten Sie auch wissen, wie Sie sich mit dem Finanzamt auseinandersetzen können – vom Einspruch bis zur Betriebsprüfung.

»Freiberufler: Fit fürs Finanzamt« soll eine verständliche Gebrauchsanweisung für Ihre Steuerangelegenheiten sein, ausgerichtet auf die speziellen Belange der Freien Berufe. Es soll Ihnen als Wegweiser durch den Steuerdschungel dienen und Sie bei Ihrer Buchführung unterstützen. Und es kann Ihnen helfen, Ihr Unternehmen betriebswirtschaftlich zu hinterfragen. An vielen Stellen finden Sie Expertentipps von Steuerberatern und praktische Hinweise von freiberuflichen Kollegen. »Freiberufler: Fit fürs Finanzamt« ist im besten Fall ein Buch, das Sie gern in die Hand nehmen und lesen – ein Nachschlagewerk, das auf Ihrem Schreibtisch einen festen Platz findet.

Wie wichtig ein aktueller Ratgeber in Sachen Steuern für Freiberufler ist, zeigt die überarbeitete Auflage dieses Buches. Es ist noch nicht einmal zwei Jahre her, dass das Manuskript zur ersten Auflage fertig wurde – und nun zeigen die zahlreichen Aktualisierungen und Änderungen, wie viel sich in einer solch kurzen Zeitspanne steuerlich für Unternehmer entwickelt. Ich freue mich darüber, dass Sie als Leser mir die Gelegenheit geben, dieses Buch in einer runderneuerten, zweiten Auflage zu veröffentlichen, die auch für Sie hoffentlich noch mehr Nutzen bringen wird.

Ein Buch schreibt sich nicht von selbst und nicht ohne die Unterstützung anderer. Daher möchte ich mich an dieser Stelle bei all denen bedanken, die bei der Entstehung dieses Buchs mitgeholfen haben. An erster Stelle geht ein großes Dankeschön an meine Familie, meine Tochter und meinen Mann, die in den intensivsten Schreibphasen viel Geduld aufgebracht und mir den Rücken freigehalten haben. Jutta Hörnlein, meine Lektorin beim Wiley-Verlag, war auch dieses Mal ein konstruktiver Sparringspartner und die produktive Zusammenarbeit hat das Manuskript zu dem Buch gemacht, das es jetzt ist.

Schon immer wollte ich über »mein« Thema ein Buch schreiben; mein Dank geht an die Fernsehkollegin Jana Tosic, die den entscheidenden Anstoß für dieses Buch lieferte. Die erfahrene Buchautorin Andrea Behnke hat mir auch bei diesem Projekt mit intensivem und immer konstruktivem Feedback zur Seite gestanden, wofür ich mich an dieser Stelle herzlich bedanken möchte. Mehrere Steuerberater haben mich mit fachlichen Hinweisen und Expertentipps unterstützt, dafür möchte ich mich bei Susanne Christ, Susanne Vogelbacher, Helmut Friederici und Robert Spitzner bedanken. Ein Dank geht an die vielen Kolleginnen und Kollegen, die mir Beispiele aus der Praxis geliefert haben – sowie an alle meine Seminarteilnehmer für Input und Feedback.

Steuerberatung kann ich nicht leisten. Aber vielleicht kann ich Ihnen mit diesem Buch helfen, Ihnen die notwendigen steuerlichen Informationen für Ihr Unternehmen zu liefern – und Ihre Hemmschwellen bei diesem Thema abzubauen.

Ich wünsche Ihnen eine spannende, erkenntnisreiche Lektüre!

Nürnberg, im März 2015

Ihre
Constanze Elter

Legende

Frisch vom Finanzamt
Hinweise auf Vordrucke und Muster

Hinter den Paragrafen
Lexikonartige Begriffserklärung, Vertiefung, Erläuterungen

§

Zum Abheften
Weiterführende Informationen und Lesetipps, etwa BMF-Schreiben und nützliche Internetseiten

Steuer-Rat
Expertentipp

Vor Gericht
Hinweis auf interessante Urteile

Merke

Geleitwort

Freiberufler, das klingt nach Freiheit und Unabhängigkeit, nach schöpferischer und anspruchsvoller Tätigkeit, nach eigenverantwortlichem Entscheiden auf Basis von Fachwissen und Erfahrung. Ein Traum für viele Menschen. Im beruflichen Alltag der Freien Berufe gerät diese Freiheit allerdings nicht selten ins Hintertreffen, denn auch Freiberufler sind in ein enges Korsett von Pflichten und (Standes-)Regeln, Vorschriften und Gesetzen eingebunden. Zudem müssen sie sich auf dem freien Markt wirtschaftlich behaupten, sollten sie nicht den Luxus einer großen Erbschaft oder eines reichen Mäzens haben. Und wer hat das schon?

Gleich, ob Schriftsteller, Musikerin, Journalist, Architekt, Ärztin, Rechtsanwalt, Softwareentwickler, Lotse oder Hebamme, auf der Rangliste der ungeliebten Tätigkeiten stehen Buchhaltung und Steuern wohl bei den meisten ziemlich weit oben. Nur bei den Steuerberatern sieht das naturgemäß anders aus: Sie haben die intellektuelle Herausforderung, die sich aus dem deutschen Steuerrecht und dem historisch gewachsenen kaufmännischen Rechnungswesen ergibt, zum Beruf gemacht und zu einer eigenen Kunst entwickelt. Davon wiederum können andere Freiberufler profitieren.

Tatsächlich machen sich viele Unternehmer und Freiberufler die Fachkenntnisse und oft sogar die Begeisterung der Steuerberater und Steuerberaterinnen für betriebswirtschaftliche Zahlen und deutsche Gesetzestexte zu Nutze. Denn zum Glück sind unter den Menschen die Talente und Fähigkeiten unterschiedlich verteilt und so ist diese Aufgabenteilung für beide Seiten von Nutzen: Jeder kann sich auf seine Kernkompetenzen konzentrieren. Wenn beide Partner dabei Software beispielsweise der DATEV eG einsetzen, klappt das noch einfacher. Denn wir unterstützen diese Zusammenarbeit zwischen Steuerberater und Freiberufler seit mehr als 40 Jahren, unter anderem mit IT-

Lösungen, die einen einfachen und sicheren digitalen Austausch zwischen beiden Partnern möglich machen.

Unabhängig davon ist es in jedem Fall ratsam, sich mit den eigenen Geschäftszahlen auseinanderzusetzen und die relevanten Regeln rund um Steuern und Finanzen zu kennen, gleich, ob man nun mit einem Steuerberater zusammenarbeitet oder nicht. Denn nur wer seine Ausgaben und Einnahmen sowie deren unterjährige Entwicklung kennt, kann wirtschaftlich agieren, das heißt nachhaltig für seinen Lebensunterhalt und gegebenenfalls den seiner Familie sorgen. Das gilt für Einzelkämpfer ebenso wie für solche, die in Praxis, Kanzlei oder Büro Mitarbeiter beschäftigen.

Es ist schlicht im ureigenen Interesse eines jeden Freiberuflers zu wissen, wie sich beispielsweise seine variablen und fixen Kosten entwickeln, ob für notwendige Investitionen Kapital angespart werden muss, welche steuerlichen Auswirkungen das jeweils hat und was gegebenenfalls getan werden kann, um das Einkommen zu erhöhen und die steuerliche Belastung zu beschränken.

Ein betriebswirtschaftliches Studium ist für diese Basiskenntnisse über das eigene Wirtschaften nicht nötig, auch kein nächtelanges Grübeln über Zahlenreihen und Sortieren von Belegen. Nötig sind nur die Bereitschaft, sich mit diesem Thema zu beschäftigen und einige Regeln zu beachten sowie ein wenig Praxiswissen, das dieses Buch von Constanze Elter leicht verständlich und praxisnah vermitteln möchte. Es ist eine einfache Anleitung für eine optimale betriebswirtschaftliche Gestaltung und ein Wegweiser durch die zahlreichen steuerlichen Vorschriften – versehen mit vielen praktischen Tipps von Steuerberatern und Anekdoten von Freiberuflern. Die böhmischen Dörfer des klassischen Rechnungswesens und des deutschen Steuerrechts werden damit zu einem übersichtlichen Routenplan für Ihren wirtschaftlichen Erfolg. Ich wünsche Ihnen viel Spaß und Erfolg damit!

Nürnberg, im Februar 2013

Ihr Eckhard Schwarzer
Mitglied des Vorstands der DATEV eG

1 Am Anfang steht das Geld – was Sie über Rechnungen wissen sollten

Rechnungen zu schreiben, gehört zu den schönsten Tätigkeiten der Selbstständigkeit. Welch ein gutes Gefühl ist es doch, einen Auftrag erledigt und womöglich positives Feedback vom Kunden bekommen zu haben. Und dann die Belohnung für die getane Arbeit: das Honorar. Grundlage für eine solide Rechnung ist ein rechtssicherer Vertrag. Und auch bei den Rechnungen selbst gibt es einiges zu beachten, etwa die Vorschriften und Pflichtangaben für eine korrekte Rechnung. Außerdem verschickt so mancher seine Rechnungen inzwischen am liebsten per E-Mail. Aber hier sind ebenfalls nach wie vor gesetzliche Rahmenbedingungen einzuhalten.

Der Vertragsabschluss – die Grundlage für die spätere Rechnung

Vor der Rechnung steht immer ein Vertrag, der zu Beginn des Auftrags geschlossen wurde. Das kann ein abgezeichnetes Angebot, ein Werk- oder Dienstvertrag oder die selbst erstellte Auftragsbestätigung sein.

§ **Dienstvertrag oder Werkvertrag?**

Gerade unter den Freiberuflern aus dem kulturellen Bereich kommt es darauf an, ob mit dem Auftraggeber ein Dienstvertrag oder ein Werkvertrag geschlossen wurde. Mit Auswirkungen auch auf Rechnungen und Honorar. Daher ist es wichtig, den Unterschied zwischen den beiden Vertragsarten zu kennen.

Ein *Werkvertrag* zeichnet sich dadurch aus, dass der Dienstleister ein bestimmtes Arbeitsergebnis – also ein Werk – schuldet. Die Grundlage dafür ist im Bürgerlichen Gesetzbuch §§ 631 BGB, festgelegt. Ein Beispiel: Eine Werbeagentur erhält den

Auftrag, für ein Unternehmen das Design eines Firmenlogos zu entwickeln. Es handelt sich um einen Werkvertrag.

Obwohl im Gesetz die wichtigsten Punkte angesprochen sind, ist es trotzdem notwendig, im Vertrag klare Absprachen über alle wesentlichen Einzelheiten zu treffen. Dazu zählen die genaue inhaltliche und technische Beschreibung der Leistung, ein Terminplan und Liefertermin sowie das Honorar und dessen Fälligkeit. Ganz wichtig: Beim Werkvertrag muss das Werk vom Auftraggeber abgenommen werden! Dazu ist der Kunde verpflichtet, wenn das Werk fehlerfrei ist. Der Auftraggeber darf die Abnahme nur verweigern, wenn es entscheidende Mängel oder Abweichungen vom Vertrag gibt. Er muss aber dem Dienstleister die Möglichkeit zum Nachbessern geben. Erst wenn die Mängel binnen einer eingeräumten Frist nicht beseitigt sind, kann das Honorar gekürzt werden. Geschmack spielt bei der Abnahme keine Rolle; wenn's dem Kunden nicht gefällt, darf er die Abnahme also nicht verweigern. Der Auftraggeber ist verpflichtet, nach Abnahme den vereinbarten Preis zu zahlen.

Im Unterschied dazu geht es beim *Dienstvertrag* darum, dass der Auftragnehmer bestimmte Tätigkeiten für den Kunden erbringt – also Dienste leistet. Hier wird nicht ein bestimmter Erfolg – mit anderen Worten das Arbeitsergebnis –, sondern nur der Dienst an sich geschuldet: Ein Heilpraktiker erbringt beispielsweise für seine Patienten die Dienstleistung »Therapie«. Er schuldet aber nicht das Arbeitsergebnis »Gesundheit«. Das Honorar aus einem Dienstvertrag ist fällig, wenn die Dienstleistung erbracht ist. Zusätzlich kann ein Vorschuss vereinbart werden. Ein Dienstvertrag läuft meist über längere Zeit, sprich, es geht darum, Tätigkeiten regelmäßig zu erbringen.

Ein typischer Vertragsabschluss basiert auf zwei Elementen:

1. der Willenserklärung des Auftragnehmers (zum Beispiel in Form eines schriftlichen Angebots);
2. der Willenserklärung des Auftraggebers (etwa in Form der Annahme oder Zustimmung).

Ein Vertrag kommt also grundsätzlich nur dann zustande, wenn die eine Seite einen Vorschlag macht, dem die andere

Seite zustimmt. Welche Form für den Vertrag gewählt wird, ist nicht entscheidend. Denn in Deutschland herrscht für die meisten Verträge Formfreiheit. Auch E-Mails sind zulässig. Allerdings ist es für mögliche Streitigkeiten wichtig, nachweisen zu können, ob der Empfänger die elektronische Post bekommen hat.

Ein schriftlicher Vertrag muss im Prinzip nicht sein. Besser aber ist es, das Besprochene schriftlich zu fixieren. Denn ein Telefonat ist juristisch zwar genauso bindend wie die schriftliche Vereinbarung. Wenn es aber zum Streit kommt, steht das Wort des Dienstleisters im Zweifel gegen das Wort des Kunden. Bei besonderen Verträgen heißt es außerdem aufgepasst. Denn in bestimmten Fällen schreibt das Gesetz eine bestimmte Form vor, etwa bei der Zusage einer Bürgschaft.

Daher sollten Sie in jedem Fall schon bei Vertragsschluss darauf achten, dass Sie eine sichere Basis dafür haben, später Ihr Geld pünktlich zu erhalten. In manchen Situationen heißt dies, erst einmal überhaupt einen schriftlichen Vertrag zu schaffen – etwa dann, wenn Aufträge per Zuruf erteilt werden. Mit einer *Auftragsbestätigung* und dem *kaufmännischen Bestätigungsschreiben* können Freiberufler den Vertrag formell festklopfen.

Mit diesen beiden Arten der Bestätigung unterscheiden Juristen, ob mit dem Schreiben ein Vertrag erst zustande kommt (Auftragsbestätigung) oder ob ein bereits geschlossener Vertrag bestätigt wird (kaufmännisches Bestätigungsschreiben). Im geschäftlichen Alltag ist diese Abgrenzung allerdings häufig nur schwer zu ziehen. Vieles, was im Geschäftsalltag als Auftragsbestätigung bezeichnet wird, ist juristisch betrachtet eher ein kaufmännisches Bestätigungsschreiben. Fakt ist: Auf die Bezeichnung der Vereinbarung kommt es nicht an. Sie können also auch ein kaufmännisches Bestätigungsschreiben als »Auftragsbestätigung« benennen. Die Unterscheidung zwischen den beiden Formen wird dann wichtig, wenn das Schriftliche vom mündlich Besprochenen abweicht. Denn beim kaufmännischen Bestätigungsschreiben wird davon ausgegangen, dass der (bereits geschlossene) Vertrag mit dem Inhalt des Bestätigungsschreibens übereinstimmt. Widerspricht die andere Seite dem Schreiben nicht unverzüglich, gilt der Vertrag. Ausnahme: Der Absender des Schreibens hat das vertraglich Vereinbarte bewusst und mutwillig falsch wiedergegeben. Übrigens: Kaufmännische Bestätigungsschreiben dürfen Sie nur anderen Unternehmern schicken. Bei Privatleuten gelten besondere Verbraucherschutzrechte.

Ob kaufmännisches Bestätigungsschreiben oder Auftragsbestätigung: Ihre Vereinbarung sollte folgende Punkte enthalten:

- Bezug auf Gespräch oder Korrespondenz mit dem Kunden (Telefonat, E-Mail-Korrespondenz etc.),
- Titel des Projekts,
- Arbeitsauftrag, Thema und gegebenenfalls Bezug auf Briefing,
- Umfang,
- Liefertermin,
- vereinbartes Honorar und Fälligkeit,
- die eigenen Kontaktdaten.

Die Vorlage für eine Auftragsbestätigung finden Sie auf der beigefügten CD.

Falls individuelle Allgemeine Geschäftsbedingungen (AGB) vorhanden sind, müssen diese in den Vertrag ausdrücklich einbezogen werden. Sie können diese beifügen oder auf den entsprechenden Link im Internet verweisen. AGB bieten den Vertragspartnern die Möglichkeit, gesetzliche Regelungen entweder auszuschließen oder zu verändern – natürlich nur dann, wenn es sich nicht um zwingende, allgemeingültige Vorschriften handelt. Da die gesetzlichen Bestimmungen allerdings in der Regel recht vorteilhaft für Freiberufler ausfallen, müssen nicht unbedingt eigene AGB formuliert werden. Wer individuelle AGB wünscht, sollte sich aber in keinem Fall auf Schablonen oder Mustervorlagen aus dem Internet verlassen, sondern anwaltlichen Rat einholen.

Denn auch für AGB existiert ein gesetzlicher Rahmen – wer gegen diese Vorschriften verstößt, muss mit erheblichen rechtlichen Konsequenzen rechnen.

In jedem Vertrag sollte ein Passus enthalten sein, der die Fälligkeit der Rechnungen regelt. Ein solches Zahlungsziel entscheidet später über den möglichen Verzug eines nicht zahlenden Kunden – und damit auch über Zinsen. Nach dem Gesetz ist ein Schuldner zwar, sofern er ein Unternehmen ist, nach Ablauf von 30 Tagen nach Fälligkeit der Forderung und Erhalt der Rechnung automatisch in Verzug. Aber bei Verbrauchern gilt diese Regel nur, wenn bei Vertragsabschluss ausdrücklich darauf hingewiesen wurde. Hier hilft ein Passus in der Rechnung, etwa: »Sie geraten spätestens 30 Tage nach Erhalt dieser Rechnung in Verzug (§ 286 Abs. 3 BGB)«. Dazu kommt, dass kürzere Zahlungsziele als das gesetzliche in jedem Fall bereits bei Vertragsabschluss festgehalten werden müssen.

Nehmen Sie also in Ihre Auftragsbestätigung einen Passus auf, in dem steht, wann das Honorar fällig ist – zum Beispiel 14 Tage nach Erhalt der Rechnung. Der Kunde muss dieses frühere Zahlungsziel bereits mit Vertragsabschluss kennen. Auf der Rechnung können und müssen Sie dann später genau diese Zahlungsfrist angeben.

Mehr Informationen zum Thema »Forderungsmanagement« finden Sie in Kapitel 5 auf S. 183.

§ **Zahlungsverzug**

Das »Gesetz zur Bekämpfung von Zahlungsverzug im Geschäftsverkehr« legt seit 2014 beschränkte Zahlungsfristen für Unternehmen und öffentliche Auftraggeber fest. Die neuen Vorschriften gelten ausschließlich für Forderungen von Unternehmern gegen andere Unternehmer oder öffentliche Auftraggeber. Demnach sind Rechnungen im Prinzip sofort fällig. Ist der Schuldner ein Unternehmen, darf die Frist auf bis zu 60 Tage verlängert werden; für öffentliche Auftraggeber werden die Fristen auf 30 Tage begrenzt. Fristen über diesen Rahmen hinaus sind nur noch wirksam, wenn sie zum einen ausdrücklich vereinbart werden und zum anderen mit Blick auf die Belange des Gläubigers nicht »grob unbillig« sind.

Mit dem Gesetz wurden außerdem begrenzte Überprüfungs- und Abnahmefristen festgelegt. Darüber hinaus ist der Verzugszinssatz auf 9 Prozentpunkte über dem jeweiligen Basiszinssatz angehoben worden. Neu ist die Verzugsschadenspauschale in Höhe von 40 Euro – eine Summe, die Kosten für das interne Forderungsmanagement, mögliche Rechtsberatung und andere Auslagen decken soll. Haben Sie nachweislich höhere Kosten, dürfen Sie diese in Rechnung stellen.

Rechnung – aber richtig!

Mehr Informationen zum Thema »Umsatzsteuerbefreiung« finden Sie in Kapitel 2 auf S. 39.

Ist der Auftrag erledigt, können Sie nun die Rechnung schreiben. Dafür gibt es keine einheitliche Vorlage. Bei Geschäften zwischen Unternehmern sind Sie allerdings verpflichtet innerhalb von sechs Monaten nach der Leistung eine Rechnung auszustellen. Ausnahmen davon gibt es nur dann, wenn die erbrachte Leistung von der Umsatzsteuer befreit ist. Dies betrifft Leistungen nach § 4 Nr. 8 bis 28 des Umsatzsteuergesetzes, wenn sie nach 2008 erbracht worden sind. Aber Achtung: Trotzdem können Sie verpflichtet sein, aus zivilrechtlichen Gründen eine Abrechnung zu erstellen.

Aufbewahrungsfristen für Privatleute

Schreiben Sie Privatleuten eine Rechnung über Leistungen im Zusammenhang mit Grundstücken – etwa über planerische Leistungen oder Bauüberwachung -, müssen Sie diese darauf hinweisen, dass Verbraucher solche Rechnungen zwei Jahre lang aufbewahren müssen. Dazu eignet sich beispielsweise folgende Formulierung:

»Als Privatperson sind Sie gesetzlich dazu verpflichtet, diese Rechnung zwei Jahre lang aufzubewahren. Die Frist beginnt am 31. Dezember des Jahres, in dem diese Rechnung ausgestellt wurde.«

Darüber hinaus müssen bei Rechnungen einige Formvorschriften beachtet werden. Dabei wird unterschieden zwischen

1. Pflichtangaben für Kleinbetragsrechnungen bis 150 Euro und
2. Pflichtangaben für alle Rechnungen mit einem höheren Betrag.

§ **Warum ist eine korrekte Rechnung wichtig?**

Die Vorschriften für Rechnungen sind vor allem für den Vorsteuerabzug entscheidend. Das bedeutet: Nur mit einer korrekten Rechnung kann derjenige, der die Rechnung bezahlt, die darin enthaltene Umsatzsteuer beim Finanzamt geltend machen. Enthält eine Rechnung nicht die vorgeschriebenen Elemente, kann der Rechnungsempfänger keinen Vorsteuerabzug geltend machen. Tut er es trotzdem und kommt später eine Umsatzsteuer-Sonderprüfung ins Haus, wird der Vorsteuerabzug rückwirkend aberkannt.

Bei Rechnungen über 150 Euro sind die Formalien umfangreich. Folgende Punkte müssen enthalten sein:

Mehr Informationen zum Thema »Vorsteuerabzug« finden Sie in Kapitel 2 auf S. 56.

Name und Adresse des leistenden Unternehmers

Name und Anschrift müssen vollständig aufgeführt werden. Bei Personengesellschaften oder einer GmbH muss der Name der Gesellschaft in der Rechnung stehen.

Name und Adresse des Kunden

Hier gilt das Gleiche wie bei Ihrer Adresse. Eine Großkundenadresse mit eigener Postleitzahl oder ein Postfach können jedoch die Anschrift ersetzen. Vorsicht: Es reicht nicht aus, die Rechnung an einen Dritten mit dem Zusatz »c/o« zu addressieren.

Steuernummer des leistenden Unternehmens

Hier gehört die Steuernummer oder die Umsatzsteuer-Identifikationsnummer (UST-ID) hin. Freiberufler, die für ihr Unternehmen eine Steuernummer erhalten haben, die von der der

Privatperson abweicht, müssen diese auf ihren Rechnungen aufführen. Wer keine separate Steuernummer fürs Unternehmen hat und sich scheut, seine private Steuernummer auf der Geschäftskorrespondenz zu veröffentlichen, kann eine USt-ID beim Bundeszentralamt für Steuern beantragen. Sie kostet nichts und kann online beantragt werden.

Ausstellungsdatum

Fortlaufende Rechnungsnummer
Dieser Punkt hat in den vergangenen Jahren unter Freiberuflern und anderen Selbstständigen für viel Verwirrung gesorgt. Wichtig ist, dass durch die Nummer klar wird, dass die Rechnung einmalig ist. Die Rechnungsnummer darf also nicht zweimal verwendet werden. Alles andere bleibt dem Unternehmer überlassen. »Fortlaufend« bedeutet also weder lückenlos noch der Reihe nach. Möglich ist zum Beispiel eine Kombination aus Jahreszahl und Rechnungsnummer, also beispielsweise »07015« für die siebte Rechnung im Jahr 2015. Denkbar ist auch eine Kombination mit Kundennummern oder Kundenabkürzungen.

Menge und Art der Lieferung oder Leistung
Hier ist eine eindeutige Bezeichnung erforderlich. Im Klartext heißt das: Die Leistung muss auf diese Weise leicht nachprüfbar sein. Bezeichnungen allgemeiner Art – etwa »Beratungsleistungen« – reichen hier nicht aus. Sind Abkürzungen oder Verweise auf Gebühren- oder Honorarordnungen dem Auftraggeber bekannt, dürfen diese aber in der Rechnung verwendet werden. Außerdem darf in der Rechnung auf andere Geschäftsunterlagen verwiesen werden. Diese müssen der Rechnung nicht zwingend beiliegen, müssen aber genau benannt werden.

Zeitpunkt/Zeitraum der Leistung
Die Angabe des Kalendermonats reicht in aller Regel völlig aus. Entscheidend ist hier, wann eine Leistung als ausgeführt gilt: Bei sonstigen Leistungen, wie sie Freiberufler häufig erbringen, ist der Zeitpunkt grundsätzlich durch die Abnahme des Kun-

den definiert. Bei Abschlagszahlungen muss der Leistungszeitpunkt nicht angegeben werden, da er ja noch nicht feststeht. Allerdings muss aus der Rechnung klar hervorgehen, dass hier eine noch nicht erbrachte Leistung abgerechnet wird. Außerdem muss es später eine zusammenfassende Schlussrechnung geben, welche die Gesamtrechnung, Angaben über sämtliche Abschläge sowie die verbliebene Restforderung enthält. Auch die gesamte zu zahlende Umsatzsteuer sowie der bereits gezahlte Steueranteil und der noch offene Steuerbetrag müssen hier zu finden sein.

Nettoentgelt
Wenn die Leistungen unterschiedlichen Umsatzsteuersätzen unterliegen oder zum Teil von der Umsatzsteuer befreit sind, müssen die einzelnen Positionen aufgeschlüsselt werden. Ansonsten genügt ein Nettobetrag.

Vereinbarte Entgeltsminderung
Darunter sind Skonto-, Rabatt- oder Bonus-Vereinbarungen zu verstehen, die vorab getroffen wurden. Hier reicht ein Hinweis wie »Es bestehen Rabatt- oder Bonusvereinbarungen«. Beim Skonto muss lediglich die Prozentzahl angegeben werden und nicht der konkrete Betrag.

Umsatzsteuersatz und Umsatzsteuerbetrag (so man umsatzsteuerpflichtig ist)
Falls es sich um mehrere Leistungen handeln, die demselben Umsatzsteuersatz unterliegen, dürfen Sie erst einmal die Gesamtsumme bilden und darauf den Steuersatz ermitteln und ausweisen.

Übrigens: Wenn Sie Leistungen abrechnen, die von der Umsatzsteuer befreit sind, müssen Sie keine Paragrafen zitieren. Es reicht aus, wenn Sie – umgangssprachlich formuliert – den Grund für die Befreiung nennen.

Mehr Informationen zum Thema »7 oder 19 Prozent Umsatzsteuer« finden Sie in Kapitel 2 auf S. 44.

Bei Freiberuflern, welche die Kleinunternehmerregelung in Anspruch nehmen, ist ein Hinweis auf die Regelung zwar nicht verpflichtend, aber doch sinnvoll.

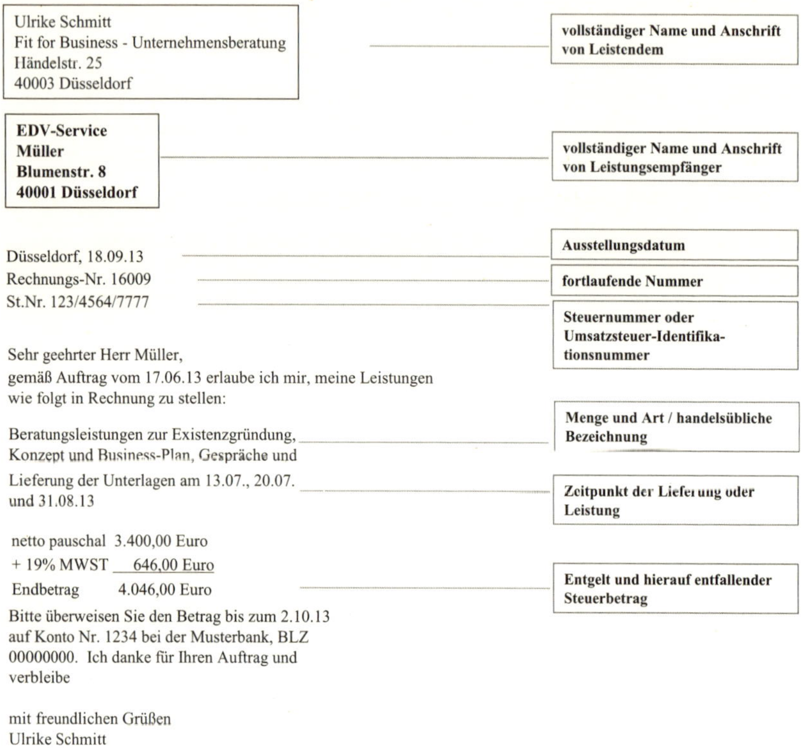
Ulrike Schmitt
Fit for Business - Unternehmensberatung
Händelstr. 25
40003 Düsseldorf

EDV-Service
Müller
Blumenstr. 8
40001 Düsseldorf

Düsseldorf, 18.09.13
Rechnungs-Nr. 16009
St.Nr. 123/4564/7777

Sehr geehrter Herr Müller,
gemäß Auftrag vom 17.06.13 erlaube ich mir, meine Leistungen wie folgt in Rechnung zu stellen:

Beratungsleistungen zur Existenzgründung, Konzept und Business-Plan, Gespräche und Lieferung der Unterlagen am 13.07., 20.07. und 31.08.13

netto pauschal 3.400,00 Euro
+ 19% MWST 646,00 Euro
Endbetrag 4.046,00 Euro

Bitte überweisen Sie den Betrag bis zum 2.10.13 auf Konto Nr. 1234 bei der Musterbank, BLZ 00000000. Ich danke für Ihren Auftrag und verbleibe

mit freundlichen Grüßen
Ulrike Schmitt

Abbildung 1.1: Beispielrechnung

Mehr Informationen zum Thema »Kleinunternehmerregelung« finden Sie in Kapitel 2 auf S. 49.

Denn sonst kommt es möglicherweise zu Zahlungsverzögerungen, da der Rechnungsempfänger nicht sofort weiß, warum keine Umsatzsteuer erhoben wird – und ob dies so in Ordnung ist. Wenn Sie also die Kleinunternehmerregelung anwenden, versehen Sie Ihre Ausgangsrechnungen einfach mit der Standardformulierung: »Umsatzsteuer wird nicht erhoben, da die Kleinunternehmerregelung nach § 19 UStG angewendet wird«. Wenn Sie den Begriff »Kleinunternehmer« vermeiden wollen, reicht folgender Satz: »Gemäß § 19 UStG enthält der Rechnungsbetrag keine Umsatzsteuer.«

Susanne Christ, Fachanwältin für Steuerrecht, Köln

»Auch Verträge über dauerhaft erbrachte Leistungen sind Rechnungen! Das gilt für gewerbliche Mietverträge ebenso wie für Verträge über laufende Beratung oder Wartungsverträge. Achten Sie bei Verträgen und Rechnungen, die Sie über dauerhaft erbrachte Leistungen erhalten, auf die Pflichtangaben, damit Ihnen der Vorsteuerabzug erhalten bleibt. Das gilt vor allem für die Steuernummer – und für die fortlaufende Rechnungsnummer.«

Selbst wenn es nicht von den Finanzbehörden vorgeschrieben ist: Vergessen Sie nicht, Ihre Bankverbindung auf all Ihren Rechnungen anzugeben. Ohne Kontonummer und Bankleitzahl ist es schwierig, Honorarforderungen einzutreiben.

Seit 2014 gilt im europäischen Binnenmarkt eine »Single Euro Payments Area« – abgekürzt SEPA. Damit sollen einheitliche Standards geschaffen werden, um Geld zu überweisen oder Lastschriften von Konten einzuziehen. Für Unternehmen und Vereine gehört SEPA zum Pflichtprogramm. Das bedeutet, dass Sie in jedem Fall auf Ihren Rechnungen IBAN- und BIC-Code Ihres Kontos und Ihrer Bank angeben müssen. Tipp: In Deutschland folgen bei der IBAN auf das Länderkennzeichen und die zwei Prüfziffern die bisherige Bankleitzahl sowie die mit Nullen aufgefüllte Kontonummer. Als Service für Ihre Kunden können Sie zusätzlich Ihre Kontonummer und Bankleitzahl angeben, da einige Online-Banking-Programme diese Daten automatisch in die SEPA-Anforderungen umwandeln. Und Privatkunden können mit diesen Bankangaben ohnehin mehr anfangen.

Ein besonderer Fall der Rechnung ist die Gutschrift. Denn es gibt durchaus Situationen, in denen Freiberufler nicht selbst eine Rechnung über ihre Leistungen schreiben, sondern vom Auftraggeber eine Gutschrift erhalten. Ein Beispiel: Ein Journalist arbeitet für einen Zeitschriftenverlag. Abgerechnet wird nach Seitenpreisen. Da aber noch nicht klar ist, wie viel Text nach Einbau von Fotos und Anzeigen auf eine Seite passt, rechnet der Verlag am Ende die gedruckten Seiten ab. Danach erstellt die Verlagsbuchhaltung eine Gutschrift für den freiberuflichen Journalisten. Für eine solche Gutschrift sind die gleichen Pflichtangaben vorgeschrieben wie für eine Standardrechnung. Denken Sie also beispielsweise daran, Ihrem Kunden in solchen Fällen Ihre Steuernummer mitzuteilen.

Fehlerhafte Rechnung: Was nun?

Nur selten überprüfen Freiberufler ihre Eingangsrechnungen auf Punkt und Komma – und werfen einen Blick darauf, ob alle Pflichtangaben enthalten sind. Dabei können sie hier viel Geld verlieren. Denn wenn sich das Finanzamt bei einer Betriebsprüfung die Rechnungen früherer Jahre vornimmt, kommen Flüchtigkeitsfehler teuer zu stehen. Der Betroffene muss die Vorsteuer, die er zu Unrecht von seiner eigenen Umsatzsteuerlast abgezogen hat, plus Zinsen zurückzahlen. Eine rückwirkende Berichtigung der Rechnung war bislang nicht möglich. Doch das ändert sich nun möglicherweise. Verschiedene deutsche Finanzgerichte habe sich bereits mit dieser Frage befasst und nun hat das Niedersächsische Finanzgericht dem Europäischen Gerichtshof die Frage vorgelegt, ob und unter welchen Bedingungen eine rückwirkende Berichtigung mit Blick auf den Vorsteuerabzug erlaubt ist (Az. des Verfahrens beim EuGH C-518/14). Der Bundesfinanzhof hat sich zu diesem Problem bislang nicht eindeutig geäußert und lediglich klargestellt, dass einer Erstrechnung keine Rückwirkung zukommen kann.

Bei Kleinbetragsrechnungen ist der Gesetzgeber nicht so streng. Trotzdem müssen bei Rechnungen bis zu einem Betrag von 150 Euro folgende Elemente enthalten sein:

- vollständiger Name und Anschrift des leistenden Unternehmers,
- Ausstellungsdatum,
- Menge und Art der gelieferten Gegenstände oder Leistungen,
- Bruttobetrag in einer Summe (Nettobetrag zzgl. Umsatzsteuer),
- anzuwendender Umsatzsteuersatz,
- Hinweis auf Steuerbefreiung bei steuerfreien Umsätzen.

Es ist also nicht unbedingt erforderlich, eine fortlaufende Rechnungsnummer, den Nettobetrag oder Ihre Steuernummer zu nennen. Auch auf die Adresse des Leistungsempfängers sowie den Zeitpunkt der Leistung können Sie verzichten.

Wer viele Kleinbetragsrechnungen ausstellt, greift häufig auf vorgedruckte Quittungsblöcke zurück. Das erleichtert im alltäglichen Geschäft die Buchhaltungsarbeit. Aber Vorsicht: Fehlerhafte Angaben auf Quittungsblöcken gefährden den Vorsteuerabzug. So vergessen Unternehmer manchmal, bestimmte Punkte überhaupt in den Vordruck einzutragen. Gefährlich ist es auch, den falschen Steuersatz auszuweisen – oder falsche Angaben darüber zu machen, ob der Umsatz steuerfrei ist oder nicht. So dürfen beispielsweise Kleinunternehmer oder Heilberufler mit steuerfreien Umsätzen auf dem Block keinen Steuersatz ankreuzen. Denn wer unberechtigt Umsatzsteuer ausweist, schuldet diese dem Finanzamt. Streichen Sie also auf den Formularen den Zusatz »inkl. 19 % MwSt« oder »inkl. 7 % MwSt«. Besser noch: Setzen Sie auf maschinelle Quittungen.

Aber Achtung: Der Grenzbetrag von 150 Euro bezieht sich auf den Bruttobetrag einschließlich möglicher Umsatzsteuer.

Die Erleichterungen für Kleinbetragsrechnungen gelten auch für Fahrkarten. Hier genügen

- der vollständige Name und die Anschrift des Beförderungsunternehmens,
- das Rechnungsdatum,
- das Entgelt plus Umsatzsteuerbetrag in einer Summe,
- der anzuwendende Steuersatz sowie
- bei Flugscheinen Hinweise auf eine mögliche grenzüberschreitende Beförderung.

§ **Muss ich meine Rechnungen unterschreiben?**

In aller Regel müssen Rechnungen nicht unterschrieben werden, es sei denn, Sie sind Rechtsanwalt oder Steuerberater. Manch einer warnt sogar, dass der Empfänger einen Stempel mit der Aufschrift »Betrag dankend erhalten« über die Unterschrift setzen könnte. Trotzdem: Eine Rechnung wirkt persönlicher und wirkungsvoller als Schlusspunkt eines Auftrags, wenn sie in Form eines Geschäftsbriefs verfasst wird. Neben den Pflichtangaben ist es daher durchaus empfehlenswert, den Kunden persönlich anzusprechen, sich für den Auftrag und die Zusammenarbeit zu bedanken und den Geschäftsbrief mit Grüßen zu beenden und zu unterschreiben. Der persönliche Eindruck macht auch hier den Unterschied.

Elektronische Rechnungen

Eine Rechnung per E-Mail zu versenden, klingt unkompliziert. Ein einfacher Klick und schon ist die elektronische Rechnung im pdf- oder tiff-Format verschickt oder als Webdownload bereitgestellt. Seit 2011 gilt: Ob eine Rechnung auf Papier oder per E-Mail verschickt wird, ist unerheblich. Jede Rechnung muss die gleichen Vorgaben erfüllen. Digitale Signaturen können, müssen aber nicht mehr verwendet werden. Allerdings ist der Rechnungsversand per E-Mail damit immer noch nicht ohne Haken.

Bis vor einigen Jahren war die qualifizierte digitale Signatur eine zentrale Voraussetzung dafür, die Echtheit und Unversehrtheit einer Rechnung nachzuweisen. Mit dem Steuervereinfachungsgesetz 2011 wurde diese Regelung gelockert. Seitdem können Rechnungen wesentlich einfacher per E-Mail verschickt werden und obendrein fallen komplizierte Verschlüsselungsverfahren damit für viele Unternehmen auch noch weg. Trotzdem müssen beim elektronischen Versand einige Vorschriften beachtet werden.

Übrigens: Rechnungen, die von Computer-Telefax/Fax-Servern aus an Standard-Faxgeräte des Rechnungsempfängers übertragen werden, gelten nunmehr ebenfalls als Papierrechnung.

Rechnungen ins Ausland

Wer Kunden im Ausland hat, muss zusätzlich zu den üblichen Pflichtangaben noch einige Besonderheiten beachten. Der wichtigste Punkt dabei ist die Umsatzsteuerpflicht. Hier müssen Sie in jedem Einzelfall klären, ob Sie für Ihre Dienstleistung Umsatzsteuer in Rechnung stellen müssen oder nicht.

Im europäischen Umsatzsteuerrecht spielt der Ort der Leistung eine entscheidende Rolle. Hintergrund ist, dass Leistungen in aller Regel dort steuerbar sind, wo der Auftraggeber seinen Sitz hat oder die Betriebsstätte angesiedelt ist. Wenn Sie unsicher sind, klären Sie eine mögliche Umsatzsteuerpflicht mit Ihrem Steuerberater und dem Finanzamt. Darüber hinaus wird im Binnenmarkt zwischen Geschäften zwischen Unternehmen und Aufträgen von Privatpersonen unterschieden.

In den meisten Fällen wird Ihre Leistung nach deutschem Recht nicht versteuert werden. Dann müssen Sie auf Ihren Ausgangsrechnungen aber den Kunden ausdrücklich darauf hinweisen, am besten mit einem Hinweis auf die jeweilige Rechtsgrundlage. Zum Beispiel mit dem Satz: »Diese Leistung unterliegt nicht dem deutschen Umsatzsteuerrecht.« Ein Tipp: Es ist zwar rein juristisch betrachtet ausreichend, diesen Hinweis in deutscher Sprache abzufassen. Kundenfreundlicher ist es jedoch, wenn Sie den Hinweis zusätzlich in Englisch oder der Sprache Ihres Auftraggebers dazusetzen.

Für Rechnungen ins Ausland benötigen Sie eine eigene Umsatzsteuer-Identifikationsnummer. Den Antrag stellen Sie beim Bundeszentralamt für Steuern. Sie können die USt-IdNr.

schriftlich oder direkt online anfordern. Darüber hinaus müssen Sie die USt-ID Ihrer Kunden sorgfältig prüfen. Auch das können Sie direkt online beim Bundeszentralamt für Steuern erledigen und nachfragen, ob die genannte USt-IdNr. des Auftraggebers gültig ist.

2 Oh Schreck, die Umsatzsteuer – (k)ein Buch mit sieben Siegeln

Viele Freiberufler zerbrechen sich über die Umsatzsteuer den Kopf: Welcher Umsatzsteuersatz ist der richtige? Müssen es 7 oder 19 Prozent sein – oder ist die Leistung womöglich umsatzsteuerfrei? Wie finde ich heraus, was richtig ist? Die Umsatzsteuer verlangt besondere Aufmerksamkeit: Wer hier nachlässig wird, riskiert am Ende Ärger in einer Steuerprüfung. In diesem Kapitel lesen Sie, wie Sie Ihre Einnahmen umsatzsteuerlich richtig einordnen, die Umsatzsteuer dem Finanzamt melden – und wie Sie bei der Umsatzsteuer vielleicht sogar noch sparen können.

Freiberufler und Gewerbetreibende – ein großer Unterschied

Vorab sei klargestellt: Die Umsatzsteuer – oder vielmehr der Umsatzsteuersatz – entscheidet nicht darüber, ob jemand Freiberufler ist oder nicht. Es ist durchaus möglich, dass manche Freiberufler Dienstleistungen mit verschiedenen Umsatzsteuersätzen anbieten – oder neben umsatzsteuerbefreiten auch umsatzsteuerpflichtige Leistungen im Portfolio haben.

Die Unterscheidung zwischen Freiberuflern und Gewerbetreibenden orientiert sich nicht daran, ob Umsätze mit 19 Prozent oder 7 Prozent Mehrwertsteuer versehen werden. Das Einkommensteuergesetz (EStG) bietet vielmehr mit den sogenannten Katalogberufen die Richtschnur dafür, wer in jedem Fall Freiberufler ist – und wer einer sein könnte.

Ausdrücklich genannt werden in § 18 EStG selbstständige

- Ärzte, Zahnärzte, Tierärzte, Heilpraktiker, Dentisten, Krankengymnasten,
- Rechtsanwälte, Notare, Patentanwälte, Wirtschaftsprüfer, Steuerberater, beratende Volks- und Betriebswirte, vereidigte Buchprüfer, Steuerbevollmächtigte,

- Vermessungsingenieure, Ingenieure, Architekten, Handelschemiker, Lotsen,
- Journalisten, Bildberichterstatter, Dolmetscher, Übersetzer.

Aber auch diejenigen, deren Tätigkeitsfeld nicht in den Katalogberufen benannt ist, können Freiberufler sein, und zwar dann, wenn ihre Arbeit der eines Katalogberufs ähnlich ist. Freiberufler können laut Gesetz darüber hinaus wissenschaftlich, künstlerisch, schriftstellerisch, unterrichtend oder erzieherisch tätig sein.

Steuerlich genießen Freiberufler einige Vorteile: Sie müssen für ihre Einkünfte keine Gewerbesteuer zahlen. Außerdem wird ihnen die Buchhaltung leicht gemacht: Während Gewerbetreibende ab einem bestimmten Gewinn eine Bilanz erstellen müssen, haben Freiberufler sogar bei hohen Gewinnen stets die Wahl. Sie können entweder eine Bilanz erstellen – oder eine Einnahmen-Überschuss-Rechnung.

Gewerbe färbt auf Freiberuflichkeit ab – oder auch nicht

Grundsätzlich ist es recht kompliziert, gewerbliche Tätigkeiten mit freiberuflicher Arbeit zu kombinieren. Der Grund: Die Einkünfte aus Gewerbebetrieb können dazu führen, dass die die gesamten Einkünfte als gewerblich eingestuft werden. In der Fachsprache der Finanzbeamten spricht man von der »Abfärbetheorie« – und die führte immer wieder dazu, dass sich Steuerpflichtige mit dem Finanzamt um die Einstufung herumstritten. Der Bundesfinanzhof hat nun mit mehreren Urteilen Rechtssicherheit in die Angelegenheit gebracht und eine Bagatellgrenze eingezogen: Demnach dürfen die Einkünfte einer GbR trotz einer nebenberuflichen, geringen gewerblichen Tätigkeit nicht zu Gewerbeeinkünften gemacht werden, wenn die gewerblichen Umsätze 3% der Gesamtnettoumsätze nicht übersteigen. Zusätzlich darf der gewerbliche Umsatz nicht höher als 24.500 Euro pro Jahr sein (Az. VIII R 6/12, VIII R 16/11, VIII R 41/11). Nach dieser klaren Kante, die der Bundesfinanzhof gezogen hat, können sich Selbstständige besser auf die Einstufung einstellen.

Denn es gibt auch für Freiberufler Arbeitsbereiche, welche sowohl die Finanzverwaltung als auch die Gerichte als gewerblich einordnen. Dazu zählen nach Ansicht des Bundesfinanzhofs beispielsweise Politikberater (Az. VIII R 18/11) oder Moderatoren von Werbesendungen (Az. VIII R 5/12).

Umsatzsteuer – ein Grundkurs

Die Umsatzsteuer ist neben der Einkommensteuer die wichtigste Steuerart, mit der Selbstständige im unternehmerischen Alltag zu tun haben. Bei der Umsatzsteuer geht es ausschließlich um die Einnahmen, also um die Umsätze. Umgangssprachlich auch Mehrwertsteuer genannt, wird die Umsatzsteuer in Rechnungen meist mit MwSt. abgekürzt. Gemeint ist dasselbe: Mit der Umsatzsteuer werden alle »Lieferungen und sonstigen Leistungen, die ein Unternehmer im Inland gegen Entgelt im Rahmen seines Unternehmens ausführt«, (§ 1 Abs. 1 UStG) belegt. Im Klartext bedeutet das, dass jede Dienstleistung, die ein Freiberufler in Deutschland erbringt, grundsätzlich umsatzsteuerpflichtig ist. Die gesetzlichen Bestimmungen für die Umsatzsteuer sind nicht nur im Umsatzsteuergesetz (UStG), sondern auch in der Umsatzsteuer-Durchführungsverordnung festgeschrieben.

Die Umsatzsteuer begleitet jedes Produkt vom Rohstoff über die Fertigware bis in die Hand des Verbrauchers. Der Endabnehmer, sprich der Verbraucher, ist derjenige, der mit der Umsatzsteuer am Ende wirtschaftlich belastet ist – und die Unternehmen sind dabei gewissermaßen Erfüllungsgehilfen des Staates. Denn sie nehmen die Umsatzsteuer ein und leiten sie an den Fiskus weiter. Das bedeutet umgekehrt: Die Umsatzsteuer bleibt am Endverbraucher hängen, das Unternehmen hat grundsätzlich keine Mehrkosten. Für umsatzsteuerpflichtige Unternehmer ist die Steuer in aller Regel ein Nullsummenspiel. Denn Unternehmer erhalten die Steuer mit der Einnahme in ihre Kasse oder mit der Rechnung auf ihr Geschäftskonto und leiten sie an den Staat weiter. Umsatzsteuer, die sie selbst auf eingekaufte Waren und Dienstleistungen bezahlt haben, dürfen Unternehmer von ihrer Umsatzsteuerschuld abziehen. Im Steuerdeutsch heißt diese Art der Umsatzsteuer dann Vorsteuer. Der Verbraucher jedoch muss den um die Mehrwertsteuer erhöhten Endpreis letztlich zahlen. Die Umsatzsteuer ist also eine indirekte Steuer, die den Konsum belastet. Der Verbraucher zahlt die Umsatzsteuer daher auf alles, was er konsumiert – vom Milchkaffee über den Sprit fürs Auto bis zur Kinokarte. Und natürlich auch auf jede Dienstleistung, die er in Anspruch nimmt – etwa auf die Rechtsberatung oder die Hochzeitsfotos.

Grundsätzlich muss in Deutschland jeder Unternehmer auf seine Waren oder Dienstleistungen Umsatzsteuer erheben, selbst berechnen und anmelden. Dabei gilt derjenige als Unternehmer, der eine gewerbliche oder berufliche Tätigkeit selbstständig ausübt.

Keine normale Kundschaft? Freiberufler in den Kulturberufen

Freiberufler in den kulturschaffenden Berufen haben hin und wieder Probleme damit, ihre Umsatzsteuerpflicht durchzusetzen. Ein ganz besonderes Beispiel dafür sind die öffentlich-rechtlichen Rundfunksender. Sie zahlen immer das gleiche Honorar – ob der Empfänger nun umsatzsteuerpflichtig ist oder nicht. Begründung:

Die Umsatzsteuer sei gegebenenfalls in den tariflichen Honorarsätzen bereits enthalten. Ist der betroffene Freiberufler also umsatzsteuerpflichtig, erhält er nicht – wie bei anderen Auftraggebern – die Umsatzsteuer zusätzlich zum Honorar, sondern muss de facto von seinem Nettohonorar Mehrwertsteuer an das Finanzamt abführen – und verliert auf diese Weise einen Teil seines Geldes.

Aber wo es Gesetze gibt, gibt es Ausnahmen. Daher existieren im Umsatzsteuerrecht zahlreiche Befreiungen von der Umsatzsteuerpflicht. So sind Heilbehandlungen als Arzt, Zahnarzt, Heilpraktiker, Physiotherapeut oder als Hebamme im Bereich der Humanmedizin von der Umsatzsteuer befreit.

Wann wird geheilt?

Mit den Heilberufen ist das so eine Sache. Der Paragraf, der im Einkommensteuergesetz diese Gruppe der Freiberufler definiert, ist eng gefasst. Dort sind unter Heilberufen explizit nur Ärzte, Zahnärzte, Tierärzte, Heilpraktiker, Dentisten und Krankengymnasten aufgeführt. Im Umsatzsteuergesetz wiederum werden zusätzlich noch die Physiotherapeuten und Hebammen genannt. Die Aufzählung ist deshalb so wichtig, weil viele Tätigkeiten dieser Berufe von der Umsatzsteuer befreit sind.

Die Oberfinanzdirektion (OFD) Frankfurt am Main hat sich in einem Schreiben damit befasst, wie genau heilberufähnliche Tätigkeiten aussehen können (S 7170 A – 59 – St 112). Ein Hinweis dafür, dass eine ähnliche heilberufliche Tätigkeit vorliegt, ist nach Auffassung der OFD die Zulassung der gesetzlichen Krankenkassen. Fehle es an einer solchen Zulassung, müssten die Finanzämter feststellen, ob die Ausbildung, die Erlaubnis und die Tätigkeit vergleichbar seien. Dagegen spielt die Rechtsform des Unternehmens für die Steuerbefreiung keine Rolle.

Grundsätzlich gilt: Die Umsatzsteuerbefreiung gibt es nur dann, wenn ein Arzt oder ein Heilpraktiker die Leistung verordnet hat. Empfiehlt ein Arzt lediglich eine Behandlung, etwa bei Antritt eines Aufenthalts in einem Kurhotel, ist dies für die Steuerbefreiung nicht ausreichend.

Achtung: Leistungen von Heilberuflern sind nur dann umsatzsteuerfrei, wenn es sich um eine klassische Heilbehandlung – also um eine medizinische Maßnahme mit einem therapeutischen Ziel – handelt. Kosmetische oder Wohlfühl-Behandlungen fallen nicht unter die Umsatzsteuerbefreiung.

Yogakurse sind keine Heilbehandlung

Für entspannend, aber nicht heilend hält der Bundesfinanzhof Yogakurse. Das Angebot einer Yogaschule sei nicht von der Umsatzsteuer befreit, da die Yogakurse keinen therapeutischen Zweck erfüllten (Az. XI B 46/12). Leistungen zur Prävention und Selbsthilfe haben nach Ansicht der obersten Steuerrichter keinen unmittelbaren Krankheitsbezug. Sie verbesserten lediglich den allgemeinen Gesundheitszustand und leisteten darüber hinaus einen Beitrag, um die »sozial bedingte Ungleichheit von Gesundheitschancen« zu vermindern. Fazit: Yogakurse sind gut fürs Wohlbefinden, aber leider nicht von der Umsatzsteuer befreit.

Bestimmte Leistungen in den Bereichen Musik, Theater und Bildung fallen ebenfalls unter die Umsatzsteuerbefreiung. Dazu zählt etwa der Unterricht selbstständiger Lehrer an einer staatlichen Schule oder Hochschule, die auf einen Beruf oder eine vergleichbare Prüfung vorbereiten. Auch die Leistungen von Schauspielern, Musikern und anderen Künstlern in einem Ensemble sind umsatzsteuerfrei.

Fremdsprachendozentin mit und ohne Umsatzsteuer

Wie komplex die Materie der Umsatzsteuerbefreiung ist, zeigt ein Urteil des Niedersächsischen Finanzgerichts (Az. 5 K 370/11). Eine selbstständige Dozentin für Englisch und Französisch betrieb ein Lernstudio und gab zusätzlich Kurse an der Volkshochschule. Das zuständige Finanzamt war der Meinung, dass alle erbrachten Leistungen umsatzsteuerpflichtig waren. Die Richter des Niedersächsischen Finanzgerichts schauten dagegen ganz genau hin und zogen auch noch europäisches Recht hinzu. Das Ergebnis: Der Unterricht an der VHS war nicht von der Umsatzsteuer befreit, da die Dozentin keine Bescheinigung vorlegen konnte, dass ihr Unterricht auf einen Beruf vorbereitete. Die Leistungen ihres Lernstudios hielten die Richter dagegen für umsatzsteuerfrei – gemäß einer Vorgabe in den europäischen Umsatzsteuervorschriften, wonach unter bestimmten Bedingungen Schulunterricht von Privatlehrern umsatzsteuerfrei ist.

Robert Spitzner, Steuerberater, Partner bei der Keller & Spitzner Steuerkanzlei, Köln

»Immer wieder gibt es Fälle, in denen Freiberufler zwar grundsätzlich umsatzsteuerpflichtig sind, aber Dienstleistungen für eine Einrichtung erbringen, die von der Umsatzsteuer befreit ist. Dies kann zum Beispiel dann der Fall sein, wenn ein Freiberufler einen Lehrauftrag an einer Hochschule wahrnimmt oder Unterrichtsleistungen etwa für die Kammer erteilt. Um nun selbst eine umsatzsteuerfreie Rechnung ausstellen zu können, ist eine Bescheinigung des Auftraggebers notwendig. Daraus sollte ersichtlich sein, dass die Einrichtung über eine Umsatzsteuerbefreiung nach § 4 UStG verfügt – und um welche Art von Befreiung es sich genau handelt. In der eigenen Rechnung sollte dann ein Hinweis auf diese Steuerbefreiung aufgenommen werden – etwa »umsatzsteuerfreie Leistung gemäß § 4 Nr. 21 UStG. Eine Bescheinigung des Auftraggebers liegt vor.« Achtung: Wenn Sie sich nicht sicher sind, ob Ihre Tätigkeit tatsächlich umsatzsteuerbefreit ist, sollten Sie sich an einen Steuerberater wenden – oder beim Finanzamt nachfragen. Denn eine falsche umsatzsteuerliche Zuordnung kann Sie bei einer Prüfung teuer zu stehen kommen.«

Die Kehrseite der Medaille: Wer steuerfreie Umsätze einnimmt, darf auch keinen Vorsteuerabzug geltend machen. Das gestaltet sich immer dann als komplizierte Angelegenheit, wenn ein Freiberufler sowohl umsatzsteuerpflichtige als auch umsatzsteuerfreie Erlöse verzeichnet. Dann müssen Sie Ihre Ausgaben aufteilen. Hier gilt grundsätzlich das Prinzip der wirtschaftlichen Zurechnung: Die Kosten für Kopien für den Lehrauftrag an einer umsatzsteuerbefreiten Schule sind vom Vorsteuerabzug ausgeschlossen. Die Druck- und Layoutkosten für das Mailing eines Unternehmenskunden können als Vorsteuer bei der Umsatzsteuervoranmeldung angesetzt werden. Nicht immer ist eine Aufteilung jedoch so präzise machbar. Daher akzeptieren die Finanzämter auch Schätzungen und pauschale Werte, zum Beispiel angelehnt an den prozentualen Anteil umsatzsteuerfreier Erlöse am Jahresumsatz.

Mehr Informationen zum Thema »Umsatzsteuer-Sonderprüfung« finden Sie in diesem Kapitel auf S. 66.

Eine Vorsteueraufteilung müssen Sie nur zwischen umsatzsteuerfreien und umsatzsteuerpflichtigen Leistungen vornehmen. Erbringen Sie Aufträge, die mit dem ermäßigten Steuersatz von 7 Prozent versteuert werden, steht Ihnen trotzdem der volle Vorsteuerabzug aus den dazugehörigen Kosten zu.

7, 19 oder gar keine Prozente?

Mehr Informationen zum Thema »Durchlaufende Posten« finden Sie in diesem Kapitel auf S. 55.

Wer umsatzsteuerpflichtig ist, muss bei jeder Ausgangsrechnung neu entscheiden, welcher Umsatzsteuersatz für die erbrachte Leistung gilt. Bei den meisten Dienstleistungen und Waren greift der normale Steuersatz von 19 Prozent. Aber natürlich gibt es auch hier Ausnahmen von der Regel. So fallen manche Umsätze überhaupt nicht unter das Umsatzsteuerrecht, weil kein Leistungsaustausch stattfindet. Dies gilt etwa, wenn Mahn- oder Gerichtskosten erstattet werden oder Schadenersatz gezahlt werden muss. Hier darf keine Umsatzsteuer erhoben werden. Auch die sogenannten durchlaufenden Posten fallen in diese Kategorie: Damit ist gemeint, dass Kosten erstattet werden, die im Namen und auf Rechnung eines Dritten beglichen wurden.

Echte Zuschüsse oder Preise in Gründerwettbewerben unterliegen ebenfalls nicht der Umsatzsteuer. Preisgelder in Architektenausschreibungen werden jedoch anders behandelt: Da hier extra für den Wettbewerb eine Leistung erbracht wird, ist Umsatzsteuer fällig.

Für bestimmte Umsätze verlangt der Fiskus nur einen ermäßigten Steuersatz, der gegenwärtig bei 7 Prozent liegt. Zehn verschiedene Kategorien listet allein das Umsatzsteuergesetz auf, in denen der ermäßigte Steuersatz greift. Ein Anhang zum Umsatzsteuergesetz führt darüber hinaus in 54 Punkten und noch mehr Unterpunkten die verschiedensten Waren und Dienstleistungen auf, die im Gesetz selbst noch nicht konkret benannt sind. Und weil damit immer noch nicht alle Fragen geklärt sind, gibt das Bundesfinanzministerium in regelmäßigen Abständen ein Schreiben heraus, das inzwischen stolze 140 Seiten umfasst und letzte Abgrenzungsprobleme zu klären versucht.

§ **7 Prozent – warum eigentlich?**

Hinter den unübersichtlichen Ermäßigungen stecken durchaus achtbare Motive. Denn früher war es in aller Regel so, dass die Umsatzsteuer und sonstige Verbrauchsteuern vor allem auf Massengüter erhoben wurden – was zur Folge hatte, dass Menschen mit niedrigem Einkommen hart von diesen Steuern getroffen wurden. Der deutsche Steuergesetzgeber zog aus diesen historischen Erfahrungen Konsequenzen: Man wollte zwar eine ertragreiche Einnahmequelle etablieren. Trotzdem sollten Grundbedürfnisse davon nicht in dem Maße getroffen werden. Auch Geringverdiener sollten sich Lebensmittel leisten und am gesellschaftlich-kulturellen Leben teilhaben können. Der ermäßigte Mehrwertsteuersatz war erfunden.

Aber schon damals gab es Ausnahmen von der Regel, die nicht mehr zeitgemäß waren. So wurden bestimmte Verkehrsgüter mit dem ermäßigten Satz belegt – etwa der öffentliche Nahverkehr in einem Umkreis von 50 Kilometern. Und für Pferde und Maulesel wurde ebenfalls nur der reduzierte Umsatzsteuersatz verlangt. Dabei waren die Tiere schon in den 1960er Jahren in der Landwirtschaft kaum noch im Einsatz. Wie bei so vielen Steuervergünstigungen ging es auch beim ermäßigten Umsatzsteuersatz bald um pure Subventionspolitik. Ein neueres Beispiel dafür ist die Senkung der Mehrwertsteuer für Hotelübernachtungen Anfang 2010.

Für Freiberufler sind in aller Regel folgende Umsätze interessant, für die der ermäßigte Steuersatz gilt (§ 12 UStG):

- Leistungen aus der Tätigkeit als Zahntechniker;
- Lieferung oder Wiederherstellung von Zahnprothesen und kieferorthopädischen Apparaten, soweit sie der Unternehmer in seinem Unternehmen hergestellt oder wiederhergestellt hat;

- Eintrittsberechtigung für Theater, Konzerte und Museen, sowie die den Theatervorführungen und Konzerten vergleichbaren Darbietungen ausübender Künstler;
- Überlassung von Filmen zur Auswertung und Vorführung sowie Filmvorführungen;
- Einräumung, Übertragung und Wahrnehmung von Rechten, die sich aus dem Urheberrechtsgesetz ergeben.

Nutzungsrechte nach dem Urheberrecht (UrhG) und der damit verbundene ermäßigte Steuersatz spielen nicht nur bei Journalisten, Schriftstellern oder Wissenschaftlern eine Rolle. Auch andere Freiberufler, etwa Webdesigner, Grafiker oder Übersetzer, müssen bei der Abrechnung ihrer Leistungen prüfen, ob diese urheberrechtlich geschützt sind. Ausschlaggebend ist weder die Veröffentlichungsart noch die Form der Publikation. Entscheidend ist die schöpferische Höhe des Werks. Um die Definition dieser kreativen Leistung wird gerichtlich viel gestritten. Allerdings ist es nicht mehr erforderlich, dass die Durchschnittsgestaltung deutlich überragt wird.

Steuersatz: Bei Grafikern entscheidet der Vertrag

Nicht jede Grafik ist ein Kunstwerk – und soll es auch gar nicht sein. Häufig wird einfach eine so genannte Gebrauchsgrafik erstellt, die ein Unternehmen beispielsweise wiedererkennbar machen oder einen Internetauftritt leicht durchschaubar machen soll. Nachdem der Bundesgerichtshof seine bisherige Rechtsprechung zum Urheberrechtschutz aufgegeben hatte, reagierte auch das Bundesfinanzministerium: In einem Schreiben erlaubt die Finanzverwaltung nun der Einfachheit halber, auf den zivilrechtlichen Vertrag zu schauen (Az. IV D 2 – S 7240/14/10001). Sind sich beide Seiten einig, dass Nutzungsrechte übertragen werden, darf der ermäßigte Steuersatz in Rechnung gestellt werden. Umgekehrt gilt der Regelsteuersatz, wenn die Vertragspartner annehmen, dass keine Nutzungsrechte eingeräumt werden.

Bearbeitungen in Form von Redaktion oder Lektorat sind urheberrechtlich nicht geschützt. Aber was wäre das Recht ohne

Ausnahmen: Werden Texte beispielsweise in kreativer Weise übersetzt und veröffentlicht, ist dies wieder ein Fall fürs Urheberrecht – und für den ermäßigten Steuersatz von 7 Prozent.

Wann übertrage ich Rechte nach dem Urheberrechtsgesetz?

Wer sich nicht sicher ist, ob die erbrachte Leistung urheberrechtlich relevant ist, kann einen Blick in den aktuellen Umsatzsteuer-Anwendungserlass werfen. Dieser ist auf den Internetseiten des Bundesfinanzministeriums in jeweils neuester Fassung zu finden. Im Abschnitt 12.7 sind dort die Anwendungsvorschriften über die »Einräumung, Übertragung und Wahrnehmung urheberrechtlicher Schutzrechte« nach § 12 Abs. 2 Nr. 7 Buchstabe c UStG genannt. Hier ist ebenfalls festgelegt, dass Journalisten für sämtliche Tätigkeiten, die sie beruflich ausüben, aus Vereinfachungsgründen den ermäßigten Steuersatz anwenden dürfen. Ausgenommen davon sind lediglich die Weitergabe von Daten wie Börsennotizen, Sportergebnissen – oder die Wettervorhersage.

Vorträge und Reden sind urheberrechtlich geschützte Sprachwerke. Derjenige, der die Rede schreibt, berechnet also den ermäßigten Steuersatz. Wer aber einen Vortrag oder eine Rede hält, räumt damit einem anderen keine urheberrechtlichen Nutzungsrechte ein. Das Gleiche gilt für Vorlesungen und das Abhalten von Seminaren.

Ermäßigter Steuersatz: Nicht immer entscheidet das Urheberrecht

Liest ein Autor aus seinem Werk, kann dies mit dem ermäßigten Umsatzsteuersatz berechnet werden. Voraussetzung dafür ist, dass die Lesung einer Theatervorführung vergleichbar ist. Dies entschied das Finanzgericht Köln (Az. 12 K 1967/11). Im zugrundeliegenden Fall habe die betroffene Autorin das Stilmittel der Rezitation gewählt. Dies sei als Kleinkunst zu werten und als solche einer Theatervorführung vergleichbar. Gesetzliche Grundlage dieser Entscheidung ist nicht das Urheberrecht, sondern die

Tatsache, dass der Umsatz aus Eintrittsberechtigungen »für Theater, Konzerte und Museen, sowie die den Theatervorführungen und Konzerten vergleichbaren Darbietungen ausübender Künstler« nach § 12 UStG ebenfalls unter den ermäßigten Steuersatz von 7 Prozent fällt. Eine ähnliche Entscheidung hatte vor einigen Jahren bereits das Finanzgericht Hamburg getroffen (Az. 1 K 53/08).

Auch die Übergabe eines Gutachtens oder einer Studie ist regelmäßig nicht mit der Einräumung urheberrechtlicher Nutzungsrechte verbunden, selbst wenn das Werk urheberrechtlichen Schutz genießt. Ähnlich kompliziert ist es, die Leistungen von Programmierern zu beurteilen: Verkaufen Sie Ihrem Kunden eine speziell entwickelte Software, ist diese Leistung trotzdem mit 19 Prozent Umsatzsteuer zu versehen. Der ermäßigte Satz kommt nur dann in Frage, wenn Sie als Urheber die Rechte an dem Programm Ihrem Kunden zur weiteren Verbreitung überlassen. Geht es aber nur darum, dass der Auftraggeber das Programm auf seinem Rechner einsetzen kann, ist der Umsatz mit 19 Prozent zu versteuern.

Mehr Informationen zum Thema »Verbindliche Auskunft« finden Sie in diesem Kapitel auf S. 70.

Fazit: Wenn Sie komplexe Dienstleistungen erbringen, die nicht klar einem Steuersatz zuzuordnen sind, wenden Sie sich an Ihr Finanzamt. Ihr Sachbearbeiter dort ist zu einer Auskunft verpflichtet – und in aller Regel sind die Beamten dort freundlich und in der Sache kompetent. Gegebenenfalls ist der Antrag auf eine verbindliche Auskunft ratsam.

»Ich hatte meine erste bezahlte Lesung zu meinem Kinderbuch und war unsicher, ob da nun 7 oder 19 Prozent Mehrwertsteuer anzusetzen waren. Also habe ich zum Telefon gegriffen und meinen Sachbearbeiter beim Finanzamt angerufen. Er wollte mich zu den Prüfern durchstellen, weil er selbst nicht sicher war. Die waren jedoch nicht im Haus. Daraufhin versprach er, sich darum zu kümmern und mich zurückzurufen. Und das hat er tatsächlich gemacht und mir die entsprechende Info gegeben: bei szenischer Lesung aus

dem Kinderbuch mit Autorengespräch gelten 7 Prozent. Ich sollte das am besten gleich in die Rechnung schreiben, damit das Finanzamt gar nicht erst Rückfragen hätte. Bin immer noch ganz beeindruckt, weil ich das ›Finanzamt‹ bisher auch eher mit Schreckgespenst verbunden habe.«

Dr. Birgit Ebbert, Die Lernbegleiter, Hagen

Mehr Informationen zum Thema »Umsatzsteuer-Sonderprüfung« finden Sie in diesem Kapitel auf S. 60.

Ganz wichtig: Gefährlich kann es werden, einfach »sicherheitshalber« sämtliche Umsätze mit 19 Prozent Mehrwertsteuer zu versehen. Ein solcher Fehler kann Sie ebenso teuer zu stehen kommen wie die Entscheidung für den falschen Steuersatz. Außerdem ist das Umsatzsteuerrecht kein Schaufenster, in dem man sich den passenden Satz aussuchen kann. Ob Sie nun den falschen Steuersatz wählen oder einfach all Ihre Umsätze mit 19 Prozent belegen: Diese Fehler fallen spätestens bei einer Betriebsprüfung auf – entweder bei Ihnen oder beim betroffenen Kunden. Denn dann stellt der Prüfer fest, dass hier zu viel Umsatzsteuer als Vorsteuer abgezogen wurde – und auf diese Weise kommt der Buchhaltungsfehler wie ein Bumerang zum Aussteller der Rechnung zurück. Und das Korrigieren einer Rechnung bringt erheblichen Verwaltungsaufwand und so manchen Ärger mit dem Kunden mit sich.

Die Kleinunternehmerregelung

Selbstständige, deren Einnahmen (noch) nicht so hoch sind, können umsatzsteuerlich von der Kleinunternehmerregelung profitieren (§ 19 UStG). Wer nur über geringe Erlöse verfügt, wird vom Finanzamt wie ein Privatmann behandelt: Kleinunternehmer müssen einerseits für ihre Umsätze keine Umsatzsteuer an den Fiskus zahlen, dürfen andererseits aber keinen Vorsteuerabzug geltend machen. Der Kleinunternehmer-Status ist an die Höhe des Umsatzes gekoppelt. Es gelten folgende Voraussetzungen:

- Der Vorjahresumsatz darf höchstens 17.500 Euro betragen.
- Der geschätzte Umsatz im laufenden Jahr darf sich maximal auf 50.000 Euro belaufen.
- Im Jahr der Existenzgründung darf der geschätzte Gesamtumsatz des laufenden Jahres 17.500 Euro nicht übersteigen.

Die Kleinunternehmer-Regelung ist vor allem für Existenzgründer interessant. Denn im Jahr der Eröffnung eines Unternehmens wird die Vorjahresumsatz-Grenze von 17.500 Euro auf das laufende Jahr angewandt. Schließlich gab es im Vorjahr keinen Umsatz, Sie waren noch nicht selbstständig. Wer sich gerade selbstständig macht und im ersten Jahr nicht mehr als 17.500 Euro Umsatz erwartet, muss dies dem Finanzamt bereits in der Anmeldung zur Selbstständigkeit mitteilen. Das Finanzamt geht dann davon aus, dass Sie im betreffenden Jahr die Kleinunternehmer-Regelung in Anspruch nehmen.

Fragebogen zur Existenzgründung

Freiberufler melden sich bei Existenzgründung telefonisch oder schriftlich beim Finanzamt an, und zwar innerhalb eines Monats nach Aufnahme der freiberuflichen Tätigkeit. Dann schickt das Finanzamt einen Fragebogen – den »Fragebogen zur steuerlichen Erfassung«. Dort tragen Sie unter Punkt 7.3 ein, ob Sie die Kleinunternehmer-Regelung nutzen oder darauf verzichten wollen. Den Fragebogen können Sie auch im Internet beim Formularserver der Finanzverwaltung herunterladen: http://www.formulare-bfinv.de

Kleinunternehmer haben – erst einmal – mit der Bürokratie der Umsatzsteuer nichts zu tun: Sie müssen sich nicht über den richtigen Steuersatz den Kopf zerbrechen und keine Voranmeldungen abgeben. Sie dürfen aber auch keine Umsatzsteuer in den eigenen Rechnungen ausweisen. Wenn sie es trotzdem tun, liegt ein unberechtigter Steuerausweise vor – mit der Folge, dass die Umsatzsteuer dann ans Finanzamt gezahlt werden muss. Und sie können die gezahlte Mehrwertsteuer aus anderen Rechnungen nicht beim Finanzamt gesondert geltend machen. Sie können also den »Vorsteuerabzug«, wie es im Behördendeutsch heißt, nicht anwenden.

In ihren Rechnungen müssen sie auf ihren Status als Kleinunternehmer verweisen. Bei der Umsatzsteuerjahreserklärung müssen sie lediglich die entsprechenden Zeilen zum Vorjahresumsatz und Umsatz des laufenden Jahres ausfüllen: Im amtlichen Vordruck sind das die Zeilen 24 und 25 zu den »Angaben zur Besteuerung der Kleinunternehmer (§ 19 Abs. 1 UStG)«.

Mehr Informationen zum Thema »Kleinunternehmer und Rechnungen« finden Sie in Kapitel 1 auf S. 28.

Robert Spitzner, Steuerberater, Partner bei der Keller & Spitzner Steuerkanzlei, Köln

»Die Umsatzgrenze des Vorjahres ist eine festgeschriebene Größe, die sich aus der jeweils zurückliegenden Steuererklärung ergibt. Anders sieht es beim Umsatz des laufenden Jahres aus, der 50.000 Euro nicht überschreiten darf. Hier geht es um eine Prognose zu Anfang des Jahres, die Sie schriftlich festhalten sollten. So berechnen Sie Ihre Umsatzmarke:

Alle erzielten Jahreseinnahmen

- Einnahmen aus dem Verkauf oder der Entnahme von Anlagevermögen
- bestimmte steuerfreie Umsätze
- Hilfsumsätze zu den genannten steuerfreien Umsätzen

= Gesamtumsatz

Tipp: Liegt Ihr tatsächlicher Umsatz im laufenden Jahr über 50.000 Euro, verlieren Sie Ihren Status als Kleinunternehmer erst mit Beginn des Folgejahres.«

Die Kleinunternehmer-Regelung ist keine Steuerbefreiung; die Umsatzsteuer wird hier schlicht nicht erhoben, um kleinen Unternehmen das Steuer-Leben einfacher zu machen. Gehören zu

Ihrem Kundenkreis viele Verbraucher, kann die Kleinunternehmer-Regelung auch wirtschaftlich sinnvoll sein. Denn auf diese Weise werden Sie für die Abnehmer Ihrer Leistungen billiger.

Das Schöne an diesem Steuerprivileg ist, dass Sie sich dagegen entscheiden dürfen, wenn die Regelung für Sie zum Nachteil werden könnte. Freiberufler, die nur mit Unternehmen Geschäftsbeziehungen pflegen, können beispielsweise auf die Kleinunternehmer-Regelung verzichten, da die Umsatzsteuer hier in aller Regel nicht zu Mehrkosten für eine Seite führt. Es ist sogar so, dass die Umsatzsteuer betriebswirtschaftlich relevant wird, denn auch Kleinunternehmer müssen Rechnungen bezahlen – häufig mit Mehrwertsteuer. Manch einer findet zudem, dass sein Geschäft nach außen hin »unprofessionell« wirken könnte, wenn er die Kleinunternehmer-Regelung in Anspruch nimmt – und wechselt daher zur normalen Umsatzbesteuerung.

Wenn größere Investitionen wie eine EDV-Anlage oder eine Lagerausstattung anstehen, kann es sich ebenfalls rechnen, die Kleinunternehmer-Regelung aufzugeben – und stattdessen vom Vorsteuerabzug zu profitieren. Bei der Option zur Regelbesteuerung müssen Freiberufler zwar Umsatzsteuer auf ihren Rechnungen ausweisen. Sie dürfen sich aber die Mehrwertsteuer aus Rechnungen, die sie selbst bezahlen müssen, als Vorsteuer vom Finanzamt zurückholen. Das lohnt sich vor allem bei größeren Anschaffungen: Hier kann mitunter ein dickes Plus in Form einer Steuererstattung herauskommen.

Ein formloses Schreiben an das zuständige Finanzamt reicht aus. Sie können auch einfach eine Umsatzsteuer-Voranmeldung abgeben, um den Verzicht auf die Kleinunternehmer-Regelung deutlich zu machen. Allerdings muss Ihr Sachbearbeiter bei Ihnen nachfragen, ob Sie wirklich zur Regelbesteuerung wechseln möchten. Der Bundesfinanzhof hat vor einiger Zeit klargestellt, dass eine Erklärung mit solch erheblichen Rechtsfolgen zweifelsfrei sein muss. Daher müssen die Finanzbeamten auf Nummer sicher gehen. Außerdem sollten die wichtigsten

Kunden informiert werden, dass künftig Rechnungen mit Umsatzsteuer fällig werden. Wer per Gutschrift bezahlt wird, muss daran denken, die betroffene Buchhaltung zu benachrichtigen. Bei Geschäften mit dem Ausland ist es zudem wichtig, rechtzeitig eine Umsatzsteuer-Identifikationsnummer zu beantragen. Sie wird benötigt, wenn man aus dem EU-Ausland Waren oder Dienstleistungen erhält bzw. dorthin liefert.

Ein Verzicht auf das Steuerprivileg ist nur zum Jahreswechsel möglich. Außerdem sind Sie für fünf Jahre an diese Option gebunden. Rechnen Sie also mit spitzem Bleistift, ob sich der Verzicht auf die Kleinunternehmer-Regelung in den Folgejahren noch lohnt. Wer freiwillig auf die Kleinunternehmer-Regelung verzichtet, tut dies für mindestens fünf Kalenderjahre: Der Status endet nicht automatisch mit Ablauf dieser fünf Jahre, sondern nur, wenn die Option gegenüber dem Finanzamt widerrufen wird. Das ist bereits im Voraus mit Wirkung zum Beginn des nächsten Kalenderjahres machbar.

Haupt- und Nebenleistungen bei der Umsatzsteuer

Freiberufler und andere Selbstständige erbringen häufig nicht nur eine Leistung für ihren Auftraggeber. Nebenkosten fallen an, zum Beispiel für Versandkosten oder für die Fahrt zum Kunden. Solche Nebenleistungen müssen umsatzsteuerlich immer wie die Hauptleistung behandelt werden. Dies gilt auch dann, wenn die Hauptleistung steuerbegünstigt ist, die Nebenleistung aber eigentlich dem Regelsteuersatz von 19 Prozent unterliegt.

Um eine Nebenleistung handelt es sich, wenn

- die Leistung eng mit der Hauptleistung zusammenhängt,
- die Leistung im Vergleich zur Hauptleistung nebensächlich ist und
- keinen eigenen wirtschaftlichen Zweck hat.

Ganz gleich, ob Sie diese Nebenkosten mit einer Pauschale abrechnen oder die tatsächlichen Aufwendungen Ihrem Auftraggeber in Rechnung stellen: Es gilt das Prinzip, dass die Nebenleistung den gleichen Umsatzsteuersatz wie die Hauptleistung erhält. Wird auf die Hauptleistung der ermäßigte Steuersatz von 7 Prozent in Rechnung gestellt, unterliegt die Nebenleistung ebenfalls 7 Prozent. Wird auf die Hauptleistung der Regel-Steuersatz von 19 Prozent angewendet, gilt dies auch für die Nebenleistung.

Ein Beispiel: Die Grafikerin Ines Schuch stellt ihrem Kunden das von ihr kreierte neue Logo in Rechnung. Sie hat das Logo in verschiedenen Varianten auf CD gebrannt und dem Kunden per Express zugeschickt. Das Honorar für das Logo beträgt 850 Euro netto, für CD und Express stellt Schuch ihrem Auftraggeber pauschal 35 Euro in Rechnung. Da mit dem Logo Nutzungsrechte nach dem Urheberrecht vergeben werden, beläuft sich der Umsatzsteuersatz für die Hauptleistung auf 7 Prozent. Dieser gilt ebenso für die Nebenkostenpauschale in Höhe von 35 Euro. Der Rechnungsbruttobetrag beläuft sich daher auf 946,95 Euro.

Achtung: Es ändert nichts an der Einstufung in Haupt- und Nebenleistung, dass Sie die Nebenleistung möglicherweise separat abrechnen. Ob Sie Haupt- und Nebenleistung in einer Rechnung zusammenfassen oder beide Leistungen voneinander trennen, ist für die steuerrechtliche Beurteilung unerheblich.

Die steuerliche Einordnung von Nebenleistungen ist unabhängig von der Höhe Ihres Vorsteuerabzugs im jeweiligen Fall. So ist es durchaus möglich, dass Sie eine Bahnfahrkarte inklusive 19 Prozent Umsatzsteuer erwerben und diese in voller Höhe als Vorsteuer von Ihrer Umsatzsteuerschuld abziehen. Wenn Sie die Fahrkarte wiederum einem Kunden im Zusammenhang mit einem Auftrag in Rechnung stellen, der mit dem ermäßigten Steuersatz belegt ist, ist die Hauptleistung entscheidend für die umsatzsteuerliche Bewertung der Nebenleistung. Also müssen einheitlich 7 Prozent Mehrwertsteuer in Rechnung gestellt werden.

Robert Spitzner, Steuerberater, Partner bei der Keller & Spitzner Steuerkanzlei, Köln

»Gerade bei der Erstattung von Reisekosten verlangen Auftraggeber oft, dass die Original-Belege eingereicht werden. Das stellt allerdings ein Problem für den Selbstständigen dar, der aus den Ticketkosten die Vorsteuer geltend machen möchte. Dies ist nur mit dem Originalbeleg möglich, denn Vorsteuer-abzugsberechtigt ist immer nur der Leistungsempfänger. Daher muss der Originalbeleg aufgehoben werden, wenn Sie die Vorsteuer abziehen wollen. In solchen Fällen ist es ratsam, die ausgelegten Reisekosten in der Rechnung mit ihrem Nettobetrag als Nebenleistung aufzuführen. Entsprechend der Hauptleistung muss der jeweilige Umsatzsteuersatz zusätzlich berechnet werden. Den Original-Beleg muss der Freiberufler dann nicht mehr aus der Hand geben, sondern kann ihn zum eigenen Vorsteuerabzug nutzen.«

Durchlaufende Posten sind keine Nebenleistungen. Was umgangssprachlich für alle möglichen Ausgaben benutzt wird, die Freiberufler für ihren Auftraggeber tätigen, ist steuerrechtlich klar definiert: Durchlaufende Posten sind nur solche Ausgaben, die direkt einem Dritten zuzuordnen sind. Diese Posten werden im Namen und für Rechnung eines anderen ausgegeben. Dies wiederum lässt sich an der Rechnung feststellen: Hier darf nicht der Freiberufler als Auftraggeber genannt sein, sondern die Rechnung muss auf den Endkunden ausgestellt sein. Nur dann ist die Ausgabe ein durchlaufender Posten – mit der Folge, dass keine Umsatzsteuer erhoben werden darf.

Durchlaufende Posten sind zum Beispiel Gerichtsgebühren, die der Anwalt für seinen Mandanten auslegt, Gebühren für die Baugenehmigung, die der Architekt vorstreckt oder das Porto, das eine Werbeagentur für ein Mailing im Namen des Kunden ausgibt. Da die Beträge durchlaufender Posten nicht zum Unternehmen gehören, dürfen sie auch nicht in der Einnahmen-Überschuss-Rechnung angegeben werden. Erst dann, wenn ein Kunde endgültig die ausgelegten Kosten nicht zahlt, dürfen Sie den Betrag als Betriebsausgabe geltend machen.

Vorsteuerabzug

Da die Umsatzsteuer den Unternehmer nicht belasten soll, gibt es die Möglichkeit, die Umsatzsteuer aus bezahlten Rechnungen von der eigenen Umsatzsteuerlast abzuziehen. Dies wird auch Vorsteuerabzug genannt. Die Vorsteuer ist also eine Form der Umsatzsteuer – nämlich die, die dem Unternehmer selbst in Rechnung gestellt wird, zum Beispiel auf der Telefonrechnung oder der Quittung aus dem Buchladen. Durch den Vorsteuerabzug verringert sich die Steuerschuld – möglicherweise gibt es sogar Geld vom Finanzamt zurück.

Ein Beispiel: Sie haben im Monat August zwei Rechnungen geschrieben und das Geld bereits von Ihren Kunden erhalten. Die erste Rechnung belief sich auf 550 Euro netto, die zweite auf 780 Euro netto. Bei der ersten Rechnung fielen 19 Prozent Umsatzsteuer an – also 104,50 Euro –, bei der zweiten 7 Prozent, also 54,60 Euro.

Zusammengerechnet haben Sie damit im August 159,10 Euro Umsatzsteuer eingenommen. Sie haben aber auch eingekauft: Papier und Druckerpatronen für insgesamt 154,70 Euro. Und für Telefon und Internet fielen im Oktober 59,50 Euro an. Sprich: Sie selbst haben 34,20 Euro (24,70 Euro + 9,50 Euro) Umsatzsteuer für Ihren Betrieb gezahlt.

Da Sie Unternehmer sind, dürfen Sie diesen Betrag von der Umsatzsteuer, die Sie selbst ans Finanzamt weiterleiten müssten, abziehen. Mit anderen Worten: Sie müssen nicht 159,10 Euro ans Finanzamt überweisen, sondern nur 124,90 Euro.

Freiberufler und andere Selbstständige müssen mehrere Voraussetzungen beachten, um die Vorsteuer abziehen zu dürfen:

Mehr Informationen zum Thema »Rechnungen« finden Sie in Kapitel 1 auf S. 24.

- Sie sind Unternehmer im Sinne des Umsatzsteuergesetzes.
- Die Ware oder Dienstleistung, die Sie eingekauft haben, ist umsatzsteuerpflichtig.
- Die Ausgaben stehen in Verbindung mit einer bezogenen umsatzsteuerpflichtigen Leistung in Ihrem Unternehmen, mit der wiederum steuerpflichtige Umsätze generiert werden (sollen).
- Sie verfügen über eine korrekte Eingangsrechnung.

»Als wir vor Jahren die GbR gründeten, wurde uns gesagt, dass jeder von uns in seinem Namen auch für die GbR agieren kann. Wenn ich irgendwo etwas bestellt habe, habe ich mir daher nie groß Gedanken gemacht, wer auf der Rechnung als Leistungsempfänger genannt wird. Nun fiel mir vor kurzem beim Aufräumen ein Beleg für Bürobedarf in die Hände, den ich falsch abgelegt hatte, auf dem aber für über 100 Euro Kosten waren. Den habe ich meinem Steuerberater geschickt: Der meldete sich umgehend, weil ihm aufgefallen war, dass die Lieferung nur an mich und nicht an die GbR ging. Bei Beträgen über 100 Euro sollte die GbR als Empfänger auf der Rechnung stehen, sagte er, nicht nur mein Name. Ich wies darauf hin, dass wir doch eigentlich jeder eigenständig für die GbR agieren können. Daraufhin erklärte er mir, dass das die zivilrechtliche Lage sei. Aus umsatzsteuerlicher Sicht müsse die GbR aber draufstehen, damit die Rechnungen vorsteuerabzugsfähig sind. Den Beleg hat er dann nicht eingereicht, um keine schlafenden Hunde zu wecken. Und für die Zukunft achte ich darauf, dass größere Rechnungen auf die GbR ausgestellt werden! Denn die GbR ist der Unternehmer; jeder Gesellschafter darf zwar für die GbR agieren, muss dies dann aber auch deutlich machen.«

Eine Diplom-Fachübersetzerin

Ausgeschlossen vom Vorsteuerabzug sind damit:

- Kleinunternehmer im Sinne des Umsatzsteuergesetzes.
- Unternehmer, die ihre Vorsteuer nach Durchschnittssätzen ermitteln.
- Kosten, die im Zusammenhang mit einer umsatzsteuerfreien Leistung stehen.
- Rechnungen, die nicht den Formvorschriften genügen.

Mehr Informationen zum Thema »Vorsteuerabzug nach Durchschnittssätzen« finden Sie in diesem Kapitel auf S. 59.

Machen Sie die Vorsteuer geltend, obwohl Ihnen keine ordnungsgemäße Rechnung vorliegt oder Sie aus anderen Gründen nicht zum Vorsteuerabzug berechtigt sind, kann das kostspielig werden. Kommt das Finanzamt dahinter, wird Ihnen der Vorsteuerabzug in diesen Fällen nachträglich gestrichen. Sie müssen die unberechtigt abgezogene Vorsteuer ans Finanzamt zurückzahlen. Achten Sie daher unbedingt darauf, dass Ihnen eine korrekte Rechnung vorliegt. Sollten verpflichtende Angaben auf der Rechnung fehlen, fordern Sie vom Aussteller eine korrigierte Fassung an. Im Folgenden sind einige Punkte genannt, auf die Sie achten müssen. Bedenken Sie aber, dass sämtliche vorgeschriebenen Pflichtangaben in einer Rechnung enthalten sein müssen. Fehlt eines der Merkmale, ist der Vorsteuerabzug weg.

- Vergewissern Sie sich, dass der Rechnungsaussteller Unternehmer ist. Rechnungen von Privatleuten können Sie umsatzsteuerlich nicht geltend machen.
- Achten Sie bei Rechnungen über einen Betrag von mehr als 150 Euro auf die Rechnungsnummer. Wie diese aufgebaut und ob sie fortlaufend ist, ist dabei nicht entscheidend. Ihnen sollte die Rechnungsnummer plausibel erscheinen.
- Eine genaue Bezeichnung der Lieferung oder Leistung ist unbedingt erforderlich. Allgemeine Beschreibungen – etwa »technische Beratung und Kontrolle« oder »Schreibarbeiten« – reichen nach Ansicht des Bundesfinanzhofs nicht aus.

- Auch der Zeitpunkt oder Zeitraum der Lieferung/Leistung muss in Rechnungen über mehr als 150 Euro genau angegeben sein.
- Kontrollieren Sie, ob die Rechnung den richtigen Steuerausweis enthält – und ob der Steuerbetrag korrekt aufgeführt wird.

Kleinbetragsrechnungen bis 150 Euro sollten Sie direkt vor Ort prüfen, da es in solchen Fällen schwierig sein dürfte, bei Fehlern eine korrigierte Fassung zu erhalten. Die Kontrolle lohnt sich bestimmt: Die Vorsteuer aus vielen kleineren Rechnungen kann sich schnell zu einem stattlichen Betrag summieren, den Sie mit Ihrer Umsatzsteuerlast verrechnen können.

Bei Fahrkarten müssen Sie auch jenseits von 150 Euro nur auf die Angaben achten, die in Kleinbetragsrechnungen erforderlich sind. Tipp: Bahnfahrten unterliegen bis zu einer Entfernung von 50 Kilometern dem ermäßigten Steuersatz. Erst ab einer Strecke von 50 Kilometern werden 19 Prozent Umsatzsteuer fällig. Es reicht daher für den Vorsteuerabzug aus, wenn auf der Bahnfahrkarte statt des Steuersatzes die Tarifentfernung angegeben ist. Bei Flugtickets hingegen muss der Umsatzsteuersatz von 19 Prozent genannt werden.

Achtung: Bei Hotelrechnungen sollten Sie darauf achten, dass der ermäßigte Steuersatz nur für die Übernachtung gilt. Der Anteil der Rechnung, der auf das Frühstück entfällt, muss daher separat ausgewiesen und mit 19 Prozent versehen sein. Ist dies nicht der Fall, verlieren Sie den kompletten Vorsteuerabzug für die Rechnung. Achten Sie außerdem darauf, dass die Hotelrechnung auf Ihr Unternehmen ausgestellt ist.

Wenn Ihnen das alles zu kompliziert ist, haben Sie die Möglichkeit, Ihre Vorsteuer pauschal nach festgelegten Prozentsätzen zu ermitteln. Allerdings ist das auf Selbstständige beschränkt, die ihren Gewinn per Einnahmen-Überschuss-Rechnung ermitteln. Außerdem darf der Vorjahresumsatz nicht über 61 356

Euro liegen. Darüber hinaus sind nur bestimmte Branchen begünstigt. Bei den Freiberuflern sind folgende Berufe betroffen:

- Bildhauer (7 Prozent),
- Grafiker und Kunstmaler (5,2 Prozent),
- Freiberufler bei Bühne, Film, Funk, Fernsehen (3,6 Prozent),
- Hochschullehrer (2,9 Prozent),
- Journalisten (4,8 Prozent),
- Schriftsteller (2,6 Prozent),
- Architekten (1,9 Prozent), Ausnahme: Film- und Bühnenarchitekten,
- Patentanwälte (1,7 Prozent),
- Rechtsanwälte und Notare (1,5 Prozent),
- Wirtschaftsprüfer, Steuerberater, Buchprüfer (1,7 Prozent).

Mithilfe eines festgelegten Prozentsatzes dürfen diese Freiberufler die Vorsteuer pauschal aus dem erzielten Jahresumsatz ermitteln.

Ein Beispiel: Der Grafiker Heiner Laasen erzielt einen Jahresumsatz von 35 000 Euro, er hatte allerdings kaum Ausgaben und wendet daher den Durchschnittssatz von 5,2 Prozent an. Damit kann er pauschal 1 820 Euro Vorsteuer geltend machen. Das Ergebnis kann sich in diesem Fall sehen lassen:

	2 450	Euro eingenommene Umsatzsteuer
–	1 820	Euro Vorsteuer nach Durchschnittssätzen
=	630	Euro zu zahlende Umsatzsteuer

Einen Haken haben die pauschalen Rechnungen dennoch: Trotz Erhöhung der regulären Umsatzsteuer auf 19 Prozent hat die Finanzverwaltung bislang die pauschalen Vorsteuersätze nicht nach oben angepasst. Ob sich der Durchschnittssatz also lohnt, sollte in jedem Jahr neu gerechnet werden.

Die Umsatzsteuer-Voranmeldung und die Umsatzsteuer-Erklärung

Im Unterschied zur Einkommensteuer ist die Umsatzsteuer eine Anmeldesteuer. Das bedeutet, dass Sie verpflichtet sind, die Umsatzsteuer für einen festgelegten Zeitraum selbst zu berechnen – und den Betrag pünktlich ans Finanzamt zu zahlen. Als Unternehmer müssen Sie – je nach Umsatz – monatlich oder vierteljährlich eine Umsatzsteuer-Voranmeldung abgeben und entsprechende Vorauszahlungen leisten. Diese Vorauszahlungen werden am Ende des Jahres mit der Jahresumsatzsteuerschuld abgeglichen; in der Umsatzsteuer-Jahreserklärung wird also die Endabrechnung gemacht. In manchen Fällen reicht es, nur eine Jahreserklärung abzugeben. Umsatzsteuerpflichtige Existenzgründer müssen allerdings in den ersten beiden Jahren monatlich eine Voranmeldung abgeben. Später richtet sich der Turnus dann nach der Höhe der Umsatzsteuer im Vorjahr:

- nicht höher als 1000 Euro = Jahreserklärung
- nicht höher als 7500 Euro = vierteljährliche Voranmeldung
- höher als 7500 Euro = monatliche Voranmeldung

Für die Voranmeldung gibt es eigene Formulare. Auf der ersten Seite müssen alle Umsätze, die Sie erzielt haben, eingetragen werden; in die Zeilen 26 und 27 schreiben Sie die steuerpflichtigen Umsätze getrennt nach 19 und 7 Prozent. Auf der zweiten Seite dürfen Sie dann die Umsatzsteuer aus Rechnungen angeben, die Sie bezahlt haben; dies sind die abziehbaren Vorsteuerbeträge, die in Zeile 55 angegeben werden müssen. Je nachdem, was sich als Saldo aus diesen beiden Beträgen ergibt, erhalten Sie eine Erstattung – oder müssen noch restliche Umsatzteuer ans Finanzamt überweisen.

§ **VG Wort: umsatzsteuerpflichtige Einnahmen**

Journalisten, Schriftsteller und andere Freiberufler, die in den verschiedensten Formen Werke veröffentlichen, können durch die Mitgliedschaft in der VG Wort Tantiemen erhalten. Wichtig zu wissen ist, dass die Ausschüttungen der VG Wort mit Umsatzsteuer versehen werden müssen, wenn Sie umsatzsteuerpflichtiger Unternehmer sind. Auf die Einnahmen müssen dann 7 Prozent Umsatzsteuer an das Finanzamt abgeführt werden.

Da die VG Wort im Regelfall ihren Mitgliedern die Tantiemen netto ausschüttet, muss die Zahlung der Umsatzsteuer beantragt werden. Für zurückliegende Ausschüttungen können Sie bei der VG Wort aber eine Nachzahlung beantragen. Das geht ganz einfach, indem Sie der VG Wort die entgangene Umsatzsteuer in Rechnung stellen. Außerdem müssen Sie der VG Wort schriftlich mitteilen, dass Sie umsatzsteuerpflichtig sind – mit Angabe Ihrer Steuernummer.

Das Merkblatt der VG Wort finden Sie auf der beigefügten CD.

Tipp: Oft erwischt es Selbstständige eiskalt, wenn sie Umsatzsteuer ans Finanzamt zahlen sollen. Denn so mancher hat das Geld längst für andere Sachen ausgegeben. Das muss nicht sein. Tricksen Sie sich selbst aus und überweisen Sie direkt bei jedem Rechnungserhalt den Umsatzsteuerbetrag auf ein Tagesgeldkonto. So kommen Sie nicht in Versuchung, das Geld auszugeben – und bis zur nächsten Umsatzsteuervoranmeldung können Sie noch einige Zinsen einstreichen.

Die Umsatzsteuer-Voranmeldungen müssen Sie dem Finanzamt elektronisch übermitteln, und zwar bis zum 10. Tag nach Ablauf jedes Voranmeldungszeitraums. Bei Elster, dem Steuerportal der Finanzverwaltung, haben Sie die Möglichkeit, entweder das Programm ElsterFormular herunterzuladen oder bei ElsterOnline Ihre Daten direkt auf dem Webserver einzugeben. Die gängigen Steuererklärungs- und Buchhaltungsprogramme verfügen in aller Regel über eine Elster-Schnittstelle.

Voranmeldungen: nur noch mit elektronischer Signatur

Seit dem 1. Januar 2013 muss die elektronische Steueranmeldung authentifiziert sein. Das bedeutet, dass Sie sich über das ElsterOnline-Portal registrieren und die Voranmeldung mit einer elektronischen Signatur versehen müssen. Als elektronische Signatur akzeptiert das Finanzamt gegenwärtig

- die amtlichen Elster-Zertifikate und
- qualifizierte Chipkarten-Signaturen.

Das ElsterBasis-Signaturzertifikat ist für das Verfahren völlig ausreichend. Wer mit einer Steuer- oder Buchhaltungssoftware arbeitet, kann diese mit dem erforderlichen Zertifikat verknüpfen. Um das Zertifikat zu erhalten, müssen Sie sich zunächst beim ElsterOnline-Portal registrieren. Dann erhalten Sie per Post die Aktivierungsdaten für den Zugang. Nach der Anmeldung können Sie Ihr persönliches Zertifikat abrufen, auf dem Computer abspeichern und gegebenenfalls mit Ihrer Buchhaltungssoftware verbinden.

Das Ende der Abgabefrist bestimmt den Zeitpunkt, an dem die fällige Umsatzsteuer auf dem Konto des Finanzamtes eingegangen sein muss. Wer seine Umsatzsteuer-Voranmeldung bereits vor dem 10. abgibt, muss daher trotzdem seine Umsatzsteuerlast erst zum 10. überwiesen haben. Wird die Umsatzsteuerzahllast erst nach dem 10. überwiesen, entstehen Säumniszuschläge. Der Sachbearbeiter kann zwar unter Umständen einem Antrag auf Erlass der Säumniszuschläge zustimmen, aber das ist eher die Ausnahme. Der Säumniszuschlag berechnet sich folgendermaßen: für jeden angefangenen Monat ein Prozent des nächsten Steuerbetrags, der sich durch 50 Euro teilen lässt. Als Schonfrist für die Zahlung gelten drei Tage. Erst, wenn diese Frist verstrichen ist, darf das Finanzamt Säumniszuschläge berechnen. Achtung: Eine Schonfrist für die Abgabe der Voranmeldungen gibt es nicht mehr! Wer zu spät abgibt, muss mit einem Verspätungszuschlag des Finanzamts rechnen – ob dieser erhoben wird, liegt allerdings im Ermessen des Sachbearbeiters. Der Verspätungszuschlag darf zehn Prozent der festgesetzten Steuer nicht übersteigen und laut Abgabenordnung höchstens 25000 Euro betragen (§ 152 AO). Entscheidend für die Höhe des Verspätungszuschlags sind demnach die Dauer der Fristüberschreitung, die Höhe des Zahlungsanspruchs sowie das Verschulden und die wirtschaftliche Leistungsfähigkeit des Steuerpflichtigen.

»Im allerersten Monat meiner Selbstständigkeit flog mir so allerlei um die Ohren. Aber dass die Umsatzsteuer abzuführen ist, flog direkt vorbei. Prompt kam ein Brief vom Finanzamt: Binnen zehn Tagen sei die Umsatzsteuer abzuführen, so der Inhalt, und meine Verspätung betrage einen Monat. Es gäbe Verspätungszuschlag, und der könne bis zu zehn Prozent betragen. Diesmal werde aber noch kein Zuschlag festgesetzt. Na immerhin. Dankeschön. Lerneffekt: Verspätung kostet unter Umständen Geld.«

Anika Kehrer, freie IT-Journalistin, München

Manchmal machen es persönliche Gründe – etwa Krankheit oder ein Unglücksfall – unmöglich, die Umsatzsteuer rechtzeitig dem Finanzamt zu melden. Für solche Fälle hat der Fiskus Verständnis: Teilen Sie dies Ihrem Sachbearbeiter rechtzeitig vor Fristablauf mit und beantragen Sie eine Fristverlängerung. So vermeiden Sie vorab die Festsetzung von Verspätungszuschlägen. Aber Vorsicht: Allgemeine Arbeitsüberlastung oder gar Urlaub werden als Entschuldigung nicht anerkannt.

Um derartige Situationen zu vermeiden, gibt es die Möglichkeit der Dauerfristverlängerung: Damit haben Selbstständige bei jeder Voranmeldung einen Monat länger Zeit. Auch der Antrag auf Dauerfristverlängerung muss inzwischen elektronisch und authentifiziert auf offiziellem Formular beim Finanzamt eingereicht werden. Wird der Antrag nicht ausdrücklich abgelehnt, gilt die Fristverlängerung bis auf Widerruf. Aber Achtung: Wer trotzdem ständig seine Voranmeldungen zu spät abgibt, muss damit rechnen, dass die Dauerfristverlängerung zurückgezogen wird.

Der Vorteil kostet ein wenig – zumindest dann, wenn Sie monatlich Ihre Voranmeldung abgeben müssen. In solchen Fällen muss jährlich eine einmalige Sondervorauszahlung in Höhe von 1/11 der Umsatzsteuer-Vorauszahlungen gezahlt werden. Diese Sondervorauszahlung wird bei der letzten Umsatzsteuer-Voranmeldung des Jahres – also immer im Dezember – auf die reguläre Vorauszahlung angerechnet. Die Dauerfristverlängerung für vierteljährliche Anmeldungen kostet nichts.

Freiberufler genießen übrigens bei der Umsatzsteuer noch einen weiteren Vorteil: die so genannte Ist-Versteuerung, im Steuerdeutsch »die Besteuerung nach vereinnahmten Entgelten«. Der Normalfall für alle anderen Unternehmer ist die Soll-Versteuerung: Diese müssen damit die Umsatzsteuer bereits dann ans Finanzamt weiterreichen, wenn sie die Leistung erbracht haben – unabhängig davon, ob der Kunde schon bezahlt hat oder nicht. Ist-Versteuerung heißt: Die Umsatzsteuer ist erst dann zu zahlen, wenn Sie den Rechnungsbetrag auf dem Konto haben. Der Vorteil der Ist-Versteuerung liegt also vor allem in der größeren Liquidität. Freiberufler dürfen die Ist-Versteuerung nutzen, solange sie ihren Gewinn per Einnahmen-Überschuss-Rechnung ermitteln.

Als Unternehmer sind Sie in jedem Fall dazu verpflichtet, eine Umsatzsteuer-Jahreserklärung abzugeben. Dies gilt unabhängig davon, ob Sie im Laufe des Jahres Voranmeldungen eingereicht haben oder nicht. Auch Kleinunternehmer sind zur Umsatzsteuer-Jahreserklärung verpflichtet. Speziell für sie gibt es auf dem offiziellen Formular den Teil B »Angaben zur Besteuerung der Kleinunternehmer«. Dort müssen sie den Umsatz des Vorjahres eintragen sowie den Umsatz des abgelaufenen Jahres. Auf diese Weise will das Finanzamt feststellen, ob überhaupt ein Anspruch auf die Kleinunternehmer-Regelung besteht. Tipp: Das Umsatzsteuergesetz befreit Kleinunternehmer nicht von der Abgabe der Jahreserklärung. In der Praxis wird dies jedoch von Bundesland zu Bundesland unterschiedlich gehandhabt. Erkundigen Sie sich einfach bei Ihrem zuständigen Finanzbeamten, wie dort mit Kleinunternehmern umgegangen wird und ob Sie eine Jahreserklärung abgeben sollen.

In der Umsatzsteuer-Jahreserklärung müssen sämtliche Umsatz- und Vorsteuerbeträge angegeben werden, die im betreffenden Jahr angefallen sind. Im besten Fall deckt sich die Jahreserklärung mit den Voranmeldungen. In der Praxis weicht die Erklärung meist geringfügig davon ab, weil vielleicht noch Belege aufgetaucht sind oder unvollständige Angaben korrigiert werden. Eine mögliche Umsatzsteuerschuld muss binnen eines Monats nach Abgabe der Umsatzsteuererklärung dem Finanzamt überwiesen werden. Die Erklärung selbst müssen Sie fristgerecht bis zum 31. Mai des Folgejahres einreichen. Eine Fristverlängerung ist auch hier auf Antrag möglich.

Die Erklärung besteht aus dem vierseitigen Hauptformular sowie den Anlagen UN und UR. Die Anlage UR müssen Sie immer dann beifügen, wenn Sie ganz bestimmte Umsätze erzielt haben. Dazu gehören beispielsweise:

- innergemeinschaftliche Erwerbe,
- steuerfreie Lieferungen und Leistungen,
- Umsätze, bei denen auf die Steuerbefreiung verzichtet wurde.

Die Anlage UR dreht sich um viele komplexe Umsätze. Wenn Sie sich im Unklaren darüber sind, ob diese Anlage für Sie relevant ist, fragen Sie am besten einen im Umsatzsteuerrecht kundigen Berater. Die Anlage UN müssen nur Unternehmen einreichen, die im Ausland ansässig sind.

Umsatzsteuerprüfungen

Umsatzsteuer-Voranmeldungen und -Jahreserklärungen stehen immer unter dem Vorbehalt der Nachprüfung. Das kann bedeuten, dass das Finanzamt Ihre Steuerangaben später nochmals genau unter die Lupe nimmt. Dafür gibt es vier Varianten:

- die Umsatzsteuer-Nachschau,
- die Umsatzsteuer-Sonderprüfung,
- die Betriebsprüfung oder
- die Prüfung bei der Veranlagung.

Die Umsatzsteuer-Nachschau ist eine noch recht neue Form der Überprüfung. Ohne vorherige Anmeldung darf der Finanzbeamte bei Ihnen vorbeischauen. Bei der Umsatzsteuer-Nachschau geht es darum, den Vorsteuer-Betrug einzudämmen. Meist werden auf diese Weise neu gegründete Unternehmen auf ihre tatsächliche Existenz geprüft oder Selbstständige, die den Großteil ihres Geschäfts mit dem Ausland abwickeln. Aber auch hohe Vorsteuerguthaben können dafür sorgen, dass ein Prüfer des Finanzamts unangekündigt vorbeischaut. Wenn Sie in einem Voranmeldungszeitraum hohe Umsatzsteuer-Erstattungen melden, sollten Sie dem Finanzamt Kopien der Belege einreichen. Dann kann der Sachbearbeiter die Erstattungsansprüche besser nachvollziehen.

Der Prüfer darf alle umsatzsteuerlich relevanten Unterlagen einsehen. Durchsuchungen oder die Beschlagnahmung von Unterlagen sind ihm allerdings nicht gestattet, ebenso wenig, die Privaträume des Unternehmers gegen dessen Willen zu betreten. Ausnahme: Haben Sie den Teil eines Raumes als betrieblich genutzt angegeben, darf der Prüfer diesen auch betreten und in Augenschein nehmen. Wenn er durch die ganze Wohnung gehen muss, um das betreffende Zimmer zu erreichen, ist dies zulässig. Der Prüfer wird Ihnen seinen Dienstausweis zeigen. Sollten Sie Zweifel haben, rufen Sie kurz beim Finanzamt an, ob es sich tatsächlich um eine Umsatzsteuer-Nachschau handelt. Wenn Sie den Prüfer nicht ins Büro lassen oder ihm die Vorlage von Unterlagen verweigern, müssen Sie damit rechnen, dass er entweder die strittigen Punkte zu Ihren Ungunsten schätzt – oder aber eine Umsatzsteuer-Sonderprüfung anordnet. Hat der Prüfer Anhaltspunkte für Unregelmäßigkeiten, kann er ebenfalls – ohne vorherige Prüfungsanordnung – zu einer Außenprüfung übergehen. Er muss dies lediglich schriftlich festhalten und Datum und Uhrzeit der Umsatzsteuer-Sonderprüfung dokumentieren.

Normalerweise beträgt die Frist, um eine Umsatzsteuer-Sonderprüfung anzukündigen, mindestens zwei Wochen. In der Prüfungsanordnung muss angegeben sein, welcher Zeitraum geprüft werden und wo die Prüfung stattfinden soll. Eine Verschiebung aus wichtigem Grund ist möglich: Wenn zum Beispiel der Steuerberater in Urlaub ist oder Sie auf einer Messe sind, können Sie beantragen, den Termin der Prüfung zu verschieben.

Mehr Informationen zum Thema »Betriebsprüfungen« finden Sie in Kapitel 6 auf S. 208.

Im Gegensatz zu einer Betriebsprüfung werden meist einzelne Sachverhalte und nicht der komplette betroffene Zeitraum von A bis Z kontrolliert. Bei einer Umsatzsteuer-Sonderprüfung können Sie die Gelegenheit nutzen, Zweifelsfragen in Sachen Umsatzsteuer zu klären. Der Prüfer achtet in aller Regel darauf,

- ob die Buchführung auf dem aktuellsten Stand ist,
- ob die Ablage der Belege transparent und gut strukturiert ist,
- ob Eingangs- und Ausgangsrechnungen den Pflichtangaben entsprechen und
- ob die private Nutzung betrieblicher Güter korrekt verzeichnet ist.

Ähnlich wie bei einer Betriebsprüfung fertigen viele Prüfer Kontrollmitteilungen an, die wiederum anderen Finanzämtern Auskunft über Kunden und Lieferanten des Unternehmens geben sollen.

Die Umsatzsteuer kann auch innerhalb einer normalen Betriebsprüfung geprüft werden. Solche Kontrollen sind – im Gegensatz zur Umsatzsteuer-Nachschau und Umsatzsteuer-Sonderprüfung – meist reine Routine. In solchen Fällen findet sich bereits in der Anordnung der Prüfung ein Hinweis darauf, dass die Umsatzsteuer neben anderen Steuern für ein bestimmtes Jahr geprüft wird.

Viele Prüfer nehmen vor allem Rechnungen unter die Lupe. Denn immer wieder werden Rechnungen fehlerhaft ausgestellt. Die Folge: Der Vorsteuerabzug wird aberkannt, das Geld muss zurückgezahlt werden, plus Zinsen. Denn durch den gestrichenen Vorsteuerabzug entsteht eine Forderung des Finanzamts, die mit 0,5 Prozent pro Monat verzinst wird. Die Verzinsung beginnt in der Regel 15 Monate, nachdem das jeweilige Steuerjahr abgelaufen ist. Der Zinsschaden für Sie ist hier das eigentliche Problem, denn in aller Regel erreichen Sie diejenigen, welche die Rechnung berichten können, noch. Wenn Sie selbst eine Rechnung mit zu hoher Umsatzsteuer ausweisen, schulden Sie den höheren Steuerbetrag unabhängig davon, ob die Rechnung alle gesetzlich vorgeschriebenen Angaben enthält.

Die Vorlage zur Anforderung einer korrigierten Rechnung finden Sie auf der beigefügten CD.

Allerdings können Rechnungen im Nachhinein noch korrigiert werden. Das darf allerdings nur der Aussteller der Rechnung. Von diesem können Sie auch noch Jahre später ein korrektes Abrechnungsdokument fordern – vorausgesetzt, das Unternehmen existiert noch. Stellt sich bei einer Prüfung heraus, dass Sie die Umsatzsteuer falsch ausgewiesen haben, können Sie Ihre Rechnung berichtigen. Hierzu wird eine neue Rechnung mit korrekter Umsatzsteuer ausgestellt, außerdem muss Bezug auf die alte, falsche Rechnung genommen werden. Anschließend muss auch die Umsatzsteuermeldung für den entsprechenden Zeitraum berichtigt werden.

Verbindliche Auskunft des Finanzamts

Schon allein die Zuordnung zum falschen Umsatzsteuersatz kann den Freiberufler teuer zu stehen kommen. In Zweifelsfragen mit solch erheblichen steuerlichen Auswirkungen ist es daher manchmal empfehlenswert, eine so genannte verbindliche Auskunft einzuholen. Diese Auskunft ist seit einigen Jahren kostenpflichtig. Die Gebühren dafür orientieren sich am Gerichtskostengesetz. Berechnungsgrundlage ist in aller Regel der Gegenstandswert. Damit ist der Betrag gemeint, der sich aus der Differenz bei der Steuerschuld ergibt: Errechnet wird dies aus dem Steuerbetrag, der bei ungünstiger Steuergestaltung entsteht, und dem Betrag, der sich bei positivem Bescheid ergibt. Der Mindestgegenstandswert beläuft sich auf 10 000 Euro – dafür würde eine Mindestgebühr von 196 Euro in Rechnung gestellt. Kann kein Gegenstandswert geschätzt werden, wird nach Arbeitszeit des Finanzbeamten abgerechnet: Für jede angefangene halbe Stunde werden 50 Euro fällig. Allerdings gibt es seit dem Steuervereinfachungsgesetz 2011 Erleichterungen für Bagatellanfragen. Demnach bleiben verbindliche Auskünfte bis zu einem Gegenstandswert von bis zu 10 000 Euro gebührenfrei. Beträgt die Bearbeitungszeit weniger als zwei Stunden, werden ebenfalls keine Gebühren fällig.

Grundlage für die verbindliche Auskunft ist der § 89 Abs. 2 Abgabenordnung (AO). Dort ist geregelt, dass man Anspruch auf eine verbindliche Auskunft hat, wenn es um erhebliche steuerliche Auswirkungen geht. Voraussetzung für die Erteilung einer verbindlichen Auskunft ist, dass

- hiervon wirtschaftliche Dispositionen des Steuerpflichtigen abhängig sind und
- Rechtsunsicherheiten hinsichtlich der steuerlichen Behandlung bestehen.

Dies gilt insbesondere für Sachverhalte, die regelmäßig wiederkehren. Der Steuerpflichtige muss in seinem schriftlichen Antrag auf eine verbindliche Auskunft sein besonderes steuerliches Interesse, das sich auf die möglichen finanziellen Folgen des vorgetragenen Sachverhalts bezieht, darlegen. Außerdem muss der Antrag enthalten:

- die genaue Bezeichnung des Antragstellers (Name, Wohnort, bei Gesellschaften Sitz oder Ort der Geschäftsleitung, außerdem eine vorhandene Steuernummer),
- eine umfassende und in sich abgeschlossene Darstellung eines zum Zeitpunkt der Antragstellung ernsthaft geplanten und noch nicht verwirklichten Sachverhalts,
- die Darlegung des besonderen steuerlichen Interesses des Antragstellers,
- eine ausführliche Darlegung des Rechtsproblems mit eingehender Begründung des eigenen Rechtsstandpunkts des Antragstellers,
- die Formulierung konkreter Rechtsfragen,
- die Erklärung, dass über den zur Beurteilung gestellten Sachverhalt bei keiner anderen Finanzbehörde eine verbindliche Auskunft beantragt wurde,
- die Versicherung, dass alle für die Erteilung der Auskunft und für die Beurteilung erforderlichen Angaben gemacht wurden und der Wahrheit entsprechen.

Diese Bedingungen zeigen schon, dass Sie sich beim Antrag auf eine verbindliche Auskunft von einem Experten helfen lassen sollten.

Auf den Antrag folgt erst einmal ein Gebührenbescheid des Finanzamts. Die Gebühren fallen immer an – auch wenn die Auskunft Ihrer Rechtsauffassung widerspricht. Die Gebühren für eine verbindliche Auskunft können übrigens nicht immer bei der Steuererklärung angesetzt werden. Bezieht sich die Auskunft auf eine Steuer, die als Betriebsausgabe geltend gemacht werden kann – etwa die Umsatzsteuer – sind die Gebühren unstreitig ebenfalls Betriebsausgaben. Wie bei vielen steuerlichen

Fragen gibt es auch hier Grenzbereiche: Wenn Sie beispielsweise bei gemischten Ausgaben eine verbindliche Auskunft darüber möchten, ob etwas und wenn ja, in welcher Höhe, Betriebsausgabe ist, wären die Gebühren zumindest zum Teil betrieblich veranlasst. Dann aber kommen Sie in den Bereich der Einkommensteuer, die wiederum als solche nicht abzugsfähig ist.

3 Formulare, Formulare – keine Angst vor der Einnahmen-Überschuss-Rechnung

Buchhaltung und Steuererklärung sind für viele ein Schrecken, etwas, das man gern aufschiebt. Dieses Kapitel zeigt, dass beides den Schrecken verliert, wenn man gut strukturiert an die Sache herangeht. Das Kapitel erklärt die Grundsätze der Einnahmen-Überschuss-Rechnung, hilft bei den wichtigsten Fragen, leitet den Leser Schritt für Schritt durch die Formulare und erläutert, wann der Umstieg auf eine Bilanz sinnvoll sein kann.

Einstieg in die Einnahmen-Überschuss-Rechnung: Wer kann, wer muss, wer darf?

Auf welche Art und Weise Sie als Freiberufler Ihren Gewinn ermitteln, bleibt Ihnen überlassen. Grundsätzlich gilt: Es gibt zwei Methoden, den Gewinn zu ermitteln

1. die Bilanzierung und
2. die Einnahmen-Überschuss-Rechnung.

Freiberufler genießen im Steuerrecht einige Vorteile. Was die Bürokratie angeht, ist wahrscheinlich die Wahl der Gewinnermittlung der größte Vorteil. Denn Freiberufler dürfen sich immer die Einnahmen-Überschuss-Rechnung aussuchen, gleichgültig, welchen Umsatz oder Gewinn sie einfahren. Das unterscheidet sie von anderen Selbstständigen. Gewerbetreibende dürfen nur dann ihren Gewinn per Einnahmen-Überschuss-Rechnung ermitteln, wenn

Mehr Informationen zum Thema »Bilanzierung« finden Sie in diesem Kapitel auf S. 94.

1. der Jahresumsatz 500 000 Euro nicht übersteigt und
2. der Jahresgewinn sich auf höchstens 50 000 Euro beläuft.

Darüber hinaus wird jeder Unternehmer, der im Handelsregister eingetragen ist, buchführungspflichtig. Die Konsequenz: Er ist verpflichtet zu bilanzieren.

§ **Buchhaltung, Buchführung – und die Buchführungspflicht**

Umgangssprachlich werden die Begriffe Buchhaltung und Buchführung oft synonym gebraucht. Dabei macht es vor allem für kleinere Unternehmer durchaus einen Unterschied, ob es um die *Buchhaltung* oder um die *Buchführung* geht. Mit Folgen insbesondere für die Ermittlung des eigenen Gewinns: Mit »Buchhaltung« ist eigentlich die Abteilung oder Organisation gemeint, die sich um die Buchführung kümmert. Es geht hier also in erster Linie um die Tätigkeit als solche.

»Buchführung« jedoch ist ein Begriff, der vor allem im Zusammenhang mit der Buchführungspflicht verwendet wird. Diese Verpflichtung ergibt sich zum einen aus dem Handelsrecht (HGB) und zum anderen aus dem Steuerrecht. Jeder Kaufmann ist verpflichtet, Bücher zu führen und darin seine Handelsgeschäfte und die Lage seines Vermögens nach den Grundsätzen der ordnungsmäßigen Buchführung ersichtlich zu machen. Aus dieser handelsrechtlichen Verpflichtung leitet sich in vielen Fällen eine Buchführungspflicht im steuerlichen Sinne ab. Damit ergibt sich ab einer bestimmten Größenordnung die Pflicht zu bilanzieren. Für Freiberufler besteht grundsätzlich keine solche Buchführungspflicht. Ausnahme: Sie führen ihr Geschäft in der Rechtsform einer Kapital- oder Handelsgesellschaft, beispielsweise als GmbH – diese Rechtsformen sind automatisch gewerblich. In allen anderen Fällen dürfen Freiberufler unabhängig von der Höhe ihres Umsatzes oder Gewinns immer eine Einnahmen-Überschuss-Rechnung machen. Die Konsequenz: Sie müssen »nur« eine einfache Buchführung machen.

Ungeachtet der Höhe Ihrer Umsätze oder Ihres Gewinns haben Sie als Freiberufler also stets das Vorrecht, die Einnahmen-Überschuss-Rechnung zu wählen. Als Unternehmer sind Sie allerdings verpflichtet, innerhalb Ihrer Steuererklärung dem Finanzamt mitzuteilen, ob Sie einen Gewinn oder einen Verlust gemacht haben.

Die Einnahmen-Überschuss-Rechnung ist eine im Prinzip recht unkomplizierte Art, seinen Gewinn zu ermitteln. Es gelten keine besonderen Vorschriften – außer der, die im Steuerdeutsch der Einnahmen-Überschuss-Rechnung ihren Namen »4/3-Rechnung« gegeben hat: In § 4 Absatz 3 EStG ist vorgeschrieben, was es bedeutet, eine Einnahmen-Überschuss-Rechnung zu machen.

Die 4/3-Rechnung

Im Einkommensteuergesetz (EStG) ist in § 4 Absatz 3 Folgendes festgelegt: »Steuerpflichtige, die nicht auf Grund gesetzlicher Vorschriften verpflichtet sind, Bücher zu führen und regelmäßig Abschlüsse zu machen, und die auch keine Bücher führen und keine Abschlüsse machen, können als Gewinn den Überschuss der Betriebseinnahmen über die Betriebsausgaben ansetzen. (…) Die Wirtschaftsgüter des Anlagevermögens und Wirtschaftsgüter des Umlaufvermögens (…) sind (…) in besondere, laufend zu führende Verzeichnisse aufzunehmen.«

Einnahmen-Überschuss-Rechnung: Was ist das eigentlich?

Die Einnahmen-Überschuss-Rechnung wird aus der Differenz zwischen Betriebseinnahmen und Betriebsausgaben ermittelt. Es ist weder ein Kassenbuch noch eine Inventur notwendig. Einfache Aufzeichnungen sind völlig ausreichend. Aber Vorsicht: »Einfach« heißt nicht, dass Sie alles so machen können, wie Sie möchten. Wichtig sind vor allem folgende Punkte:

- Schreiben Sie alle Einnahmen und Ausgaben so auf, dass ein Dritter sie leicht überprüfen kann.
- Die Aufzeichnungen müssen fortlaufend sein und außerdem das Datum und den genauen Verwendungszweck enthalten.
- Die Einnahmen und Ausgaben müssen netto sowie getrennt nach Steuersätzen und steuerfreien Umsätzen aufgestellt werden.
- Für alle betrieblichen Anschaffungen müssen Sie ein Anlageverzeichnis führen.

Mehr Informationen zum Thema »Belege organisieren« finden Sie in Kapitel 5 auf S. 153.

Einnahmen minus Ausgaben = Gewinn. Das klingt einfach. Und um viel mehr geht es bei der Einnahmen-Überschuss-Rechnung tatsächlich nicht. Manch einer gerät daher in die Versuchung, Rechnungen und Quittungen in den berüchtigten Schuhkarton zu packen oder einfach alle Belege, die während des Jahres auflaufen, in die hinterste Ecke der Schreibtischschublade zu werfen. Diese Vorgehensweise ist allerdings wenig empfehlenswert. Denn zum einen erschwert es Ihnen die spätere Arbeit an der Steuererklärung – und zum anderen müssen Sie spätestens bei einer Betriebsprüfung Ihre Einnahmen und Ausgaben nachvollziehbar belegen. Gewöhnen Sie sich frühzeitig an, Ihre Belege zu sortieren – in Ordner, in ein Hängemappensystem oder eine vergleichbare Ablagestruktur.

»Ich bin eine überzeugte Anhängerin der Spießbuchhaltung. Alles, was tagtäglich an Belegen anfällt, wird erst mal im Portemonnaie gesammelt, landet dann auf der Treppe nach oben und wird beim nächsten Gang nach oben im Homeoffice aufgespießt.

Spießbuchhaltung hat den Vorteil einer gewissen Chronologie. Die Zettel hefte ich in einem Ordner ab, bevor ich mich an meine Steuer mache. Auf diese Art und Weise habe ich während der Feiertage die Einkommensteuererklärung schon in der ersten Januarwoche fertig gestellt.«

Eine Buchautorin, Bremen

Für die Aufzeichnungen können Sie eine Excel-Tabelle gestalten – oder aber Sie nehmen sich das so genannte Amerikanische Journal als Vorlage. Formblätter dafür gibt es im Schreibwarenhandel; diese lassen sich auch als Tabelle umsetzen. In einem Amerikanischen Journal werden alle Bankbuchungen und Barausgaben laufend erfasst und einer Kostenart zugeordnet. Allerdings kann die getrennte Erfassung von Umsatzsteuer und Vorsteuer, wie sie in der Einnahmen-Überschuss-Rechnung erforderlich ist, hier recht umständlich sein. Wird die Buchhaltung umfangreicher, ist daher – je nach eigenen Buchführungskenntnissen – der Einsatz einer Software ratsam.

Gleich, in welcher Form Sie Ihre laufende Buchhaltung erledigen: Am Ende müssen Ihre Vorgaben mit dem Formular des Finanzamts übereinstimmen. Denn für die Einnahmen-Überschuss-Rechnung gibt es einen amtlichen Vordruck, den Sie ab einer bestimmten Größenordnung für Ihre Steuererklärung verwenden müssen. Daher ist es empfehlenswert, eigene Vorlagen der vorgeschriebenen Form und den Zuordnungen des Finanzamts anzupassen.

Mehr Informationen zum Thema »Buchführung und Software« finden Sie in Kapitel 5 auf S. 151.

Grundregeln der Einnahmen-Überschuss-Rechnung

Im Prinzip ist die Gewinnermittlung per Einnahmen-Überschuss-Rechnung nicht so schwierig. Die Gewinnermittlung bezieht sich hier immer auf das Kalenderjahr. Entscheidend ist das sogenannte Zufluss-/Abfluss-Prinzip. Denn gleich, ob es sich um eine Einnahme oder eine Ausgabe handelt, fast jeder betriebliche Vorgang macht sich irgendwann in Form von Zu- oder Abfluss von Geld bemerkbar. Bei der Einnahmen-Überschuss-Rechnung geht es ausschließlich um diese Geldbewegungen. Entscheidend ist dabei das Jahr der Zahlung. Wann eine Forderung fällig ist, ist bei der Einnahmen-Überschuss-Rechnung nicht wichtig.

Mehr Informationen zum Thema »Anlage EÜR« finden Sie in diesem Kapitel auf S. 87.

Kurz gesagt, gilt bei der Einnahmen-Überschuss-Rechnung folgende Faustregel:

- Einnahmen werden in dem Jahr berücksichtigt, in dem sie tatsächlich auf dem Konto eingegangen sind.
- Ausgaben werden in dem Jahr berücksichtigt, in dem sie tatsächlich gezahlt worden sind.

Den aktuellen Vordruck für die Anlage EÜR finden Sie auf der beigefügten CD.

Ein Beispiel: Ein Sprecher hat vom 11. bis 16. Dezember mehrere Filme für ein Unternehmen vertont und anschließend über seine Leistung eine Rechnung gestellt. Diese wird aber erst am 3. Februar des Folgejahres beglichen. Das Honorar wird damit im neuen Jahr versteuert. Der freiberufliche Sprecher hat für sich Ende des Jahres außerdem einen neuen Drucker bestellt, der am 22. Dezember geliefert wird. Er bezahlt die Rechnung des Online-Shops am 24. Januar – damit werden diese Kosten im Folgejahr von den Einnahmen als Betriebsausgaben abgezogen.

Susanne Vogelbacher, Steuerberaterin, Köln

»Unabhängig von der Zuordnung der Betriebsausgabe beginnt eine Abschreibung bereits bei Datum der Lieferung – im genannten Beispiel also am 22. Dezember. Dies ist unabhängig von der tatsächlichen Zahlung. Auch der Vorsteuerabzug ist mit Vorlage der Rechnung bereits im Jahr der Lieferung möglich.«

Bei den Einnahmen hat das Zufluss-Prinzip den Vorteil, dass Honorare erst dann versteuert werden müssen, wenn sie auf Ihrem Konto eingegangen sind. Wann Sie die Rechnung geschrieben haben, ist für die Gewinnermittlung nicht entscheidend. Das ist ein wichtiges Plus für Ihre persönliche Liquidität: Sie müssen auf diese Weise keine Steuern für Honorare bezahlen, die Sie noch gar nicht auf dem Konto haben.

Bei den Ausgaben ergeben sich durch die Abfluss-Regel Möglichkeiten, steuerlich zu gestalten – etwa dadurch, dass größere Investitionen vorgezogen oder Ausgaben ins nächste Jahr verschoben werden.

Mehr Informationen zum Thema »Betriebsausgaben« finden Sie in Kapitel 4 auf S. 99.

Je nachdem, wie Sie oder Ihre Kunden die Rechnungen begleichen, bestimmt die Zahlungsweise den Zeitpunkt des Zuflusses oder Abflusses. Entscheidend ist, dass der betreffende Empfänger »Verfügungsmacht über den

Betrag erhält«, wie es im Rechtsdeutsch heißt. Wird also beispielsweise ein Betrag überwiesen, gilt die Summe am Tag der Gutschrift auf dem anderen Konto als zugeflossen.

Zahlungsart	Zeitpunkt Zufluss Betriebseinnahme	Zeitpunkt Abfluss Betriebsausgabe
Überweisung	Gutschrift auf dem Konto	Eingang des Überweisungsbelegs bei der Bank (bei Online-Banking: Eingabe der Überweisung)
Lastschrift	Gutschrift auf dem Konto	Abbuchung vom Konto
EC-Karte	Gutschrift auf dem Konto	Unterschrift auf dem Zahlungsbeleg oder Eingabe der PIN-Nummer
Kreditkarte	Zahlung durch Kreditkarteninstitut	Unterschrift auf dem Zahlungsbeleg
Bar	Erhalt	Ausgabe
Scheck	Entgegennahme	Übergabe

Abbildung 3.1: Zufluss-/Abflussprinzip; Quelle: Eigene Erstellung

Interessant ist dies vor allem für die Zahlung mit Kredit- oder EC-Karte – gerade rund um den Jahreswechsel. Angenommen, Sie bezahlen betriebliche Kosten mit Ihrer Kreditkarte, bucht die Gesellschaft den Betrag in aller Regel erst im Folgemonat mit der Gesamtsumme für den betreffenden Zeitraum ab. Bei Kreditkartenzahlungen aber gilt: Das Geld ist bereits geflossen, wenn Sie den Beleg unterschrieben haben. Damit können Sie die Kosten noch dem alten Jahr zuordnen.

Einzige Ausnahme vom Zufluss-Abfluss-Prinzip ist die sogenannte Zehn-Tage-Regel. Diese betrifft regelmäßig wiederkehrende Einnahmen oder Ausgaben wie Mieten, Zinsen oder Versicherungsprämien. Hier gibt es unterschiedliche Varianten:

- Zahlungen am Jahresende für das Folgejahr Einnahmen und Ausgaben, die zwischen dem 22. und dem 31. Dezember gezahlt werden, aber das nachfolgende Jahr betreffen, werden steuerlich erst im Folgejahr angerechnet.
- Zahlungen im Januar für das Vorjahr Einnahmen und Ausgaben, die zwischen dem 1. und dem 10. Januar für das Vorjahr gezahlt werden, werden steuerlich noch im Vorjahr berücksichtigt.

Die Zehn-Tage-Regel betrifft auch die Umsatzsteuer-Vorauszahlung – zumindest die Umsatzsteuer-Voranmeldung für Dezember oder das vierte Quartal. Diese ist am 10. Januar fällig, betrifft aber noch das Vorjahr. Wird sie bis zum 10. Januar bezahlt, gehört der Betrag steuerlich auf jeden Fall in das vorangegangene Wirtschaftsjahr.

Betriebseinnahme – ja oder nein?

Bei den meisten Geldzugängen auf Ihrem Geschäftskonto gibt es kaum Zweifel, dass es sich um Erlöse aus Ihrer Selbstständigkeit handelt. Bezahlte Rechnungen von Kunden, Abschlagszahlungen für einen laufenden Auftrag, monatlich vereinbarte Pauschalen – all dies sind klassische Betriebseinnahmen.

Aber es gibt auch Betriebseinnahmen, von denen man nicht sofort annimmt, dass sie welche sind. Das gilt zum Beispiel für

- Umsatzsteuer-Erstattungen vom Finanzamt,
- Ausschüttungen der VG Wort,
- Verkauf von Betriebsvermögen,
- Lohnsteuer-Erstattungen für Mitarbeiter,
- Erstattung von Fahrt- oder anderen Reisekosten durch den Auftraggeber,
- Existenzgründerzuschüsse und Stipendien (Ausnahme: Gründungszuschuss der Agentur für Arbeit),
- Zuschüsse zur Altersvorsorge (zum Beispiel von Versorgungswerken).

Christian Jütten, Leiter der Mitgliederbetreuung Pensionskasse Rundfunk

»Viele Freiberufler bei Funk und Fernsehen sind Mitglieder in der Pensionskasse Rundfunk oder im Presseversorgungswerk. Dadurch erhalten sie Zuschüsse (»Anstaltsbeiträge«) von ihren Auftraggebern zur Altersvorsorge. Die Anstaltsbei-

träge werden zusammen mit den Eigenbeiträgen, welche vom Honorar einbehalten werden, direkt an die Pensionskassen und Versorgungswerke weitergeleitet. Damit erhält der betroffene Freiberufler einen Teil seines Geldes zwar nicht direkt auf sein Konto. Aber gleich, ob Anstaltsbeitrag oder normales Honorar: Es fließt Geld für den Freien. Und damit sind auch die Anstaltsbeiträge steuerpflichtige Einnahmen.

Jährlich im Frühjahr versenden wir unaufgefordert Bescheinigungen der im Vorjahr gezahlten Beiträge und unterscheiden dabei nach den drei möglichen Kategorien: Eigenbeiträge, Anstaltsbeiträge (unversteuert) und Anstaltsbeiträge (versteuert). Daraus können die Mitglieder ersehen, welche Einnahmen sie in ihrer Einnahmen-Überschuss-Rechnung noch angeben müssen.«

Alle genannten Beträge werden steuerlich als Einnahmen behandelt und sind daher in der Einnahmen-Überschuss-Rechnung unter den Betriebseinnahmen aufzuführen.

Susanne Vogelbacher, Steuerberaterin, Köln

»Immer wieder vergessen Selbstständige, den Reisekosten-Erstattungen vom Kunden die entsprechenden Ausgaben gegenüberzustellen. Bekommen Sie Fahrtkosten oder andere Ausgaben für eine Geschäftsreise vom Auftraggeber zurückgezahlt, ist das eine Einnahme, die Ihren Gewinn erhöht. Daher müssen Sie immer daran denken, Ihre eigenen Ausgaben, die Sie für die Reise hatten, als Betriebsausgabe geltend zu machen – damit Sie am Ende steuerlich gesehen nicht draufzahlen. Und nicht vergessen: Auch Reisekosten-Erstattungen unterliegen der Umsatzsteuer!«

Allerdings ist wiederum nicht jede Einnahme auf dem Geschäftskonto mit einer betrieblichen Einnahme gleichzusetzen. Keine Betriebseinnahmen sind etwa

- bestimmte Stipendien,
- bestimmte Kunstfördermittel,
- Darlehen,

Mehr Informationen zum Thema »Durchlaufende Posten« finden Sie in Kapitel 2 auf S. 55.

- durchlaufende Posten,
- der Gründungszuschuss der Agentur für Arbeit,
- Leistungen der Krankenkassen,
- das Elterngeld
- die Übungsleiterpauschale.

Stipendien: steuerpflichtig oder steuerfrei?

Ob ein Stipendium als Einnahme versteuert werden muss oder nicht, hängt meist von seinem Zweck ab. So sind die finanziellen Zuschüsse dann steuerfrei, wenn sie dazu dienen, Forschung, wissenschaftliche oder künstlerische Ausbildung oder Fortbildung zu fördern. Stipendien zur Existenzgründung sind dagegen häufig steuerpflichtig. Wie Stipendien steuerlich beurteilt werden, ist in einem Schreiben der Oberfinanzdirektion Frankfurt am Main zusammengefasst (OFD Frankfurt S 2121 A – 13 – St 213). Gelder von gemeinnützigen Vereinen oder Stiftungen sind oft ebenfalls steuerfrei. Kommt die finanzielle Unterstützung aus dem Ausland, müssen Sie dem Finanzamt die Gemeinnützigkeit mit geeigneten Unterlagen nachweisen.

Allerdings müssen Sie bestimmte Zahlungen – etwa die Übungsleiterpauschale oder das Elterngeld – in Ihrer Steuererklärung angeben.

§ **Gemeinnützig und steuerfrei**

Eigentlich ist das Hauptmerkmal ehrenamtlicher Tätigkeit, dass sie der »Ehre halber« – sprich ohne Bezahlung – ausgeübt wird. Manchmal kommt zur Ehre noch eine Aufwandsentschädigung hinzu. Diese Einnahmen interessieren den Fiskus ausnahmsweise einmal nicht. Denn gemeinnützige Zusatztätigkeiten sind bis zu 2.400 Euro im Jahr steuerfrei. Mit dieser Steuerbegünstigung will der Staat gemeinnützige Körperschaften unterstützen, die auf ehrenamtliche Helfer angewiesen sind. Entscheidend für den Steuervorteil ist, dass die Tätigkeit einen pädagogischen oder künstlerischen Charakter hat. Die nebenberufliche Pflege alter, kranker oder behinderter Menschen wird ebenfalls steuerlich begünstigt. Der nebenberufliche Sporttrainer oder

Chorleiter kann ebenso von dem Steuerfreibetrag profitieren wie derjenige, der Fortbildungsunterricht für Anwalts- oder Steuerberaterkammern erteilt oder in einem Prüfungsausschuss Mitglied ist. Wichtig ist, dass die Tätigkeit nebenberuflich ausgeübt wird – also 15 Wochenstunden nicht überschreitet. Steuerfrei bleiben die Einnahmen zudem nur, wenn sie von einer öffentlich-rechtlichen oder gemeinnützigen Körperschaft kommen. Ganz wichtig: Die Kammer oder die Universität müssen eine Bescheinigung nach § 3 Nr. 26 EStG ausstellen. Dann ist der Steuerfreibetrag gesichert. Tipp: Der Betrag von 2.400 Euro pro Jahr ist ein Freibetrag, keine Freigrenze. Übersteigen Ihre nebenberuflichen Einnahmen diese Summe, können Sie die Steuervergünstigung trotzdem in Anspruch nehmen. Zu versteuern ist dann lediglich der Betrag, der über die 2.400 Euro hinausgeht.

Dies dient nicht nur der Information des Finanzamts: Beim Elterngeld beispielsweise geht es darum, dass diese Einkommensersatzleistung dem Progressionsvorbehalt unterliegt. Die Finanzbeamten schlagen die Einkommensersatzleistung auf die übrigen Einkünfte obenauf. Danach wenden sie den höheren prozentualen Steuersatz, der sich dadurch ergibt, auf das tatsächliche übrige Einkommen an. Damit erhöht die Einkommensersatzleistung in aller Regel den individuellen Steuersatz. Die Übungsleiterpauschale tragen Sie in der Anlage S für die Einkünfte aus selbstständiger Tätigkeit ein, mögliches Eltern- oder Mutterschaftsgeld im Mantelbogen der Steuererklärung.

Mehr Informationen zum Thema »Steuererklärung« finden Sie in Kapitel 6 auf S. 189.

Einlagen und Entnahmen

Gerade bei Freiberuflern geht es finanziell oft hin und her zwischen den Konten: Mal müssen Sie etwas Geld auf das Geschäftskonto überweisen, weil Sie wieder auf Honorare warten und nicht in den Dispo geraten wollen. Mal haben Sie nur die EC-Karte vom betrieblichen Konto dabei und heben Geld vom Firmenkonto ab. Diese Geldbewegungen werden nicht versteuert. Trotz-

Mehr Informationen zum Thema »Liquidität« finden Sie in Kapitel 5 auf S. 177.

dem sollten Sie sie erfassen, um sich leichter ein Bild von der wirtschaftlichen Situation Ihres Unternehmens machen zu können. Zwei Fragen stehen dabei im Vordergrund:

1. Wie viel Geld entnehme ich jeden Monat aus meinem Unternehmen?
2. Muss ich aus meinem privaten Vermögen regelmäßig Geld einlegen, damit das Geschäft läuft?

Mehr Informationen zum Thema »Buchführung« finden Sie in Kapitel 5 auf S. 151.

Die Einlage und Entnahme von Geld bleibt bei der Gewinnermittlung in aller Regel außen vor. Falls Sie selbst mithilfe einer Buchführungssoftware buchen, müssen Sie diese Geldbewegungen allerdings mit den entsprechenden Kostenstellen belegen – also »Privateinlage« oder »Privatentnahme«. Zu diesen Privatentnahmen zählen beispielsweise:

- Entnahme von Bargeld für den laufenden Lebensunterhalt,
- Bezahlen der Lebens- oder Krankenversicherung,
- Einkommensteuervorauszahlung.

Anders sieht es aus, wenn Sie private Wirtschaftsgüter für Ihr Unternehmen nutzen. Zu Beginn der Selbstständigkeit können dies etwa die Büroeinrichtung und das Notebook sein. Später dreht es sich oft um die Frage, ob das Auto zum Betriebsvermögen gehören sollte. Allerdings haben Sie nicht immer die Wahl: Nutzen Sie das Fahrzeug oder ein anderes Wirtschaftsgut zu mehr als 50 Prozent betrieblich, müssen Sie den Gegenstand ins Unternehmen einbringen. Umgekehrt dürfen Sie dies nicht tun, wenn die betriebliche Nutzung zehn Prozent unterschreitet.

Mehr Informationen zum Thema »Abschreibungen« finden Sie in Kapitel 4 auf S. 137.

In allen anderen Fällen – die betriebliche Nutzung bewegt sich also zwischen zehn und 50 Prozent – können Sie es sich aussuchen, ob Sie den Gegenstand ins Unternehmen einlegen oder nicht. Der Steuerfachmann nennt dies »gewillkürtes Betriebsvermögen«. Wenn Sie ein Auto, eine Telefonanlage oder eine Regalwand vom privaten in den betrieblichen Bereich überführen wollen, müssen Sie dies schriftlich festhalten. Wichtig ist, den Wert zu ermitteln, den der Gegenstand zum Zeitpunkt der Einlage hat. Denn diese Privateinlage ist im Grunde genommen nichts anderes als ein Kauf aus zweiter Hand. Und die »Kosten« dafür dürfen Sie entweder direkt als Betriebsausgabe absetzen oder über die Nutzungsdauer abschreiben. Welchen Wert Sie ansetzen dürfen, hängt davon ab, wie alt der Gegenstand ist. Liegt der tatsächliche Kauf weniger als drei Jahre zurück, können Sie den Einlagewert ermitteln, indem Sie die anteilige Abschreibung von den Anschaffungskosten abziehen. Ist der Kauf länger her, ist der sogenannte Teilwert entscheidend. Damit ist der aktuelle Marktwert des Wirtschaftsguts gemeint, den Sie schätzen müssen. Tipp: Das Thema Abschreibungen ist höchst komplex und birgt Stolperfallen für den Steuerlaien. Lassen Sie sich bei Unsicherheiten vom Fachmann helfen.

Nicht jede Privatentnahme ist steuerlich relevant. Allerdings gelten für bestimmte Güter Ausnahmen. Die wichtigsten Beispiele dafür sind:

- Privatfahrten mit dem betrieblich genutzten Auto,
- Privattelefonate mit dem betrieblichen Telefonanschluss und
- Entnahmen von Wirtschaftsgütern, die künftig privat genutzt werden.

Werden diese Güter auch privat verwendet, gilt dies steuerlich als Einnahme. Unabhängig davon, wie viele Telefonanschlüsse Sie haben und ob es um Festnetz oder Mobiltelefon geht, können Sie die betrieblichen Telefonate und Internetverbindungen entweder

- exakt aufteilen und von den privaten trennen oder
- den betrieblichen Kostenanteil schätzen.

Bei Freiberuflern, die keinen getrennten beruflichen Telefon- und Internetanschluss haben, ist eine detaillierte Einzelaufstellung sinnvoll. Gibt es keine Aufzeichnung über die tatsächliche

Nutzung, geht das Finanzamt in der Regel von einem Privatanteil von 50 Prozent aus. Die andere Hälfte kann der Freiberufler als Betriebsausgabe abziehen. Achtung: Wenn Sie umsatzsteuerpflichtig sind, unterliegt der Privatanteil an der Telekommunikation ebenfalls der Umsatzsteuer.

Beim Auto im Betriebsvermögen kann der private Nutzungsanteil entweder mit einem Fahrtenbuch oder vereinfacht mit der sogenannten 1-Prozent-Methode errechnet werden: Als fiktive Betriebseinnahme wird dabei monatlich ein Prozent des inländischen Listenpreises angesetzt.

Mehr Informationen zum Thema »Fahrtenbuch« finden Sie in Kapitel 4 auf S. 113.

Achtung: Dies ist erst ab einer betrieblichen Nutzung von mehr als 50 Prozent erlaubt, die Sie durch Aufzeichnungen nachweisen müssen. Im amtlichen Vordruck für die Einnahmen-Überschuss-Rechnung, in der Anlage »EÜR« des Finanzamtes, haben Sie die Möglichkeit, diese Art von Betriebseinnahmen in gesonderte Felder einzutragen.

Dienstwagenbesteuerung nach dem Bruttolistenpreis

Es ist gängige Praxis, den geldwerten Vorteil der privaten Nutzung eines Firmenwagens anhand des Bruttolistenneupreises zu errechnen. Das Problem dabei ist, dass dieser Neupreis häufig jenseits aller Realität angesetzt ist. Die handelsüblichen Verkaufspreise liegen meist deutlich darunter. Durch den Ansatz des höheren Bruttolistenpreises muss der Steuerzahler einen höheren geldwerten Vorteil versteuern. Trotzdem hat der Bundesfinanzhof in einem Urteil erneut bekräftigt, dass keine verfassungsrechtlichen Bedenken gegen die 1-Prozent-Methode bestehen (Az. VI R 51/11). Das Gericht folgte damit nicht dem Einwand des Klägers, dass heutzutage auch Neufahrzeuge kaum noch zum ausgewiesenen Bruttolistenneupreis verkauft würden und der Gesetzgeber deshalb von Verfassungs wegen gehalten sei, Anpassungen vorzunehmen. Wer sich nicht an die Maßgabe einer grob typisierenden Regelung halten wolle, könne sich für die Fahrtenbuchmethode entscheiden.

Was muss, das muss: die Anlage EÜR

Ab einer Umsatzgrößenordnung von 17500 Euro im Jahr müssen Sie für Ihre Einnahmen-Überschuss-Rechnung das Formular »Anlage EÜR« der Finanzverwaltung nutzen. Liegen Ihre Einnahmen unterhalb dieser Grenze, dürfen Sie Ihre Einnahmen und Ausgaben ohne Vorgaben aufstellen. Allerdings müssen Ihre Daten für Dritte – sprich für das Finanzamt und seine Prüfer – nachvollziehbar sein.

Alle anderen Freiberufler sind verpflichtet, den amtlichen Vordruck zu nutzen. Dies ist inzwischen durch den Bundesfinanzhof bestätigt. Das Gericht ist der Auffassung, dass die Anlage EÜR zu besseren Kontroll- und Vergleichsmöglichkeiten führt und damit zur Gleichmäßigkeit der Besteuerung beiträgt (Az. X R 18/09). Das Verfahren müsse sich nicht zwangsläufig für den Steuerpflichtigen vereinfachen; eine Verfahrensvereinfachung für die Finanzverwaltung reiche aus.

Noch mehr Formulare ...

Mit der Anlage EÜR ist es noch nicht getan. Zusätzlich zur Anlage EÜR müssen Sie beim Finanzamt ein Anlageverzeichnis über sämtliche Wirtschaftsgüter im Unternehmen einreichen. Und den Gewinn (oder Verlust), den Sie in Ihrer Einnahmen-Überschuss-Rechnung ermitteln, müssen Sie zusätzlich in das Formular »Anlage S« für Einkünfte aus selbstständiger Tätigkeit übertragen. Alle Formulare müssen Sie – inklusive des Mantelbogens der Steuererklärung – seit 2011 elektronisch an das Finanzamt übermitteln. Dies funktioniert entweder über das Elster-Portal oder über die gängigen Buchführungsprogramme. Die elektronische Übermittlung gilt fast ohne Ausnahme: Härtefallregelungen sind zwar gesetzlich vorgesehen, in der Praxis aber schwer durchzusetzen. Allein das Argument, keinen Computer oder Internetanschluss zu besitzen, reicht den Finanzbehörden nicht mehr aus.

Nehmen wir uns das Formular (im Beispiel die Anlage EÜR 2014) Schritt für Schritt vor und schauen uns die wichtigsten Positionen an:

2014

Name des Steuerpflichtigen bzw. der Gesellschaft/Gemeinschaft/Körperschaft

Anlage EÜR

Bitte für jeden Betrieb eine gesonderte Anlage EÜR einreichen!

Zeile		Kz	
1	Name des Steuerpflichtigen bzw. der Gesellschaft/Gemeinschaft/Körperschaft		
2	Vorname		
3	**(Betriebs-)Steuernummer**		77 · 14 · 1
	Einnahmenüberschussrechnung nach § 4 Abs. 3 EStG für das Kalenderjahr 2014 — Beginn — Ende		99 · 15
4	**davon abweichend**	131	2014 · 132
5	Art des Betriebs	100	
6	Rechtsform des Betriebs		
7	Einkunftsart	103	Land- und Forstwirtschaft = 1, Gewerbebetrieb = 2, Selbständige Arbeit = 3
8	Betriebsinhaber	104	Stpfl./Ehemann/Lebenspartner(in) A = 1, Ehefrau/Lebenspartner(in) B = 2, Beide Ehegatten/Lebenspartner(innen) = 3
9	Wurde im Kalenderjahr/Wirtschaftsjahr der Betrieb veräußert oder aufgegeben? (Bitte Zeile 78 beachten)	111	Ja = 1
10	Wurden im Kalenderjahr/Wirtschaftsjahr Grundstücke/grundstücksgleiche Rechte entnommen oder veräußert?	120	Ja = 1 oder Nein = 2

1. Gewinnermittlung — 99 · 20

Betriebseinnahmen

Zeile		Kz	EUR Ct
11	Betriebseinnahmen als umsatzsteuerlicher **Kleinunternehmer** (nach § 19 Abs. 1 UStG)	111	
12	davon nicht steuerbare Umsätze sowie Umsätze nach § 19 Abs. 3 Satz 1 Nr. 1 und 2 UStG — 119		*(weiter ab Zeile 17)*
13	Betriebseinnahmen als **Land- und Forstwirt,** soweit die Durchschnittssatzbesteuerung nach § 24 UStG angewandt wird	104	
14	Umsatzsteuerpflichtige Betriebseinnahmen	112	
15	Umsatzsteuerfreie, nicht umsatzsteuerbare Betriebseinnahmen sowie Betriebseinnahmen, für die der Leistungsempfänger die Umsatzsteuer nach § 13b UStG schuldet	103	
16	Vereinnahmte Umsatzsteuer sowie Umsatzsteuer auf unentgeltliche Wertabgaben	140	
17	Vom Finanzamt erstattete und ggf. verrechnete Umsatzsteuer	141	
18	Veräußerung oder Entnahme von Anlagevermögen	102	
19	Private Kfz-Nutzung	106	
20	Sonstige Sach-, Nutzungs- und Leistungsentnahmen	108	
21	Auflösung von Rücklagen und Ausgleichsposten (Übertrag aus Zeile 88)		
22	**Summe Betriebseinnahmen** (Übertrag in Zeile 71)	159	

Betriebsausgaben

99 · 25

Zeile		Kz	EUR Ct
23	Betriebsausgabenpauschale **für bestimmte Berufsgruppen** und/oder Freibetrag nach § 3 Nr. 26, 26a und/oder 26b EStG	190	
24	Sachliche Bebauungskostenpauschale für **Weinbaubetriebe**/ Betriebsausgabenpauschale für **Forstwirte**	191	
25	Waren, Rohstoffe und Hilfsstoffe einschl. der Nebenkosten	100	
26	Bezogene Fremdleistungen	110	
27	Ausgaben für eigenes Personal (z. B. Gehälter, Löhne und Versicherungsbeiträge)	120	
	Absetzung für Abnutzung (AfA)		
28	AfA auf unbewegliche Wirtschaftsgüter (ohne AfA für das häusliche Arbeitszimmer)	136	
29	AfA auf immaterielle Wirtschaftsgüter (z. B. erworbene Firmen-, Geschäfts- oder Praxiswerte)	131	
30	AfA auf bewegliche Wirtschaftsgüter (z. B. Maschinen, Kfz)	130	
	Übertrag (Summe Zeilen 23 bis 30)		

2014AnlEÜR801 – Sept. 2014 – 2014AnlEÜR801

Abbildung 3.2: Formular Einnahmen-Überschuss-Rechnung; Quelle: BMF; https://www.formulare-bfinv.de

Zeilen 11 und 12 Betriebseinnahmen als umsatzsteuerlicher Kleinunternehmer:
Hier tragen Sie nur dann Einnahmen ein, wenn Sie nach den umsatzsteuerlichen Vorschriften Kleinunternehmer sind – also keine Umsatzsteuer in Rechnung stellen. Wichtig: In Zeile 12 gehören die Umsätze, die umsatzsteuerfrei oder nicht steuerbar sind.

Zeile 14 bis 17 Betriebseinnahmen und Umsatzsteuer:
Alle anderen Unternehmer tragen in Zeile 14 ihre Nettoeinnahmen ein – also die umsatzsteuerpflichtigen Betriebseinnahmen abzüglich der damit eingenommenen Umsatzsteuer. Diese gehört in Zeile 16. Gab es umsatzsteuerfreie Betriebseinnahmen, gehören diese in Zeile 15. Haben Sie im Laufe des Jahres vom Finanzamt Umsatzsteuer zurückerhalten, etwa, wenn Ihre Voranmeldung einen Erstattungsanspruch ergab , kommt dieser Betrag in Zeile 17.

Zeile 18 – 20 Entnahmen und Privatnutzung:
Verkaufen Sie betriebliches Vermögen oder entnehmen Sie etwas ins Private, wird dies als steuerpflichtige Einnahme behandelt. Verkaufen Sie beispielsweise Ihr betrieblich genutztes Smartphone, gehört der Erlös in Zeile 18. Aber nicht immer fließt Geld. Trotzdem haben Sie einen privaten Nutzen, gewissermaßen einen geldwerten Vorteil, aus Firmenbesitz. Geläufige Beispiele dafür sind das überwiegend betrieblich genutzte Auto oder der Telefonanschluss. Werden diese Güter auch privat verwendet, gilt dies steuerlich als Einnahme. Diese muss bei Autos in der Zeile 19 eingetragen werden. Wenn Sie kein Fahrtenbuch aufzeichnen, können Sie die Privatentnahme pauschal mit der 1-Prozent-Methode berechnen: Brutto-Listenpreis × ein Prozent × Zahl der Nutzungsmonate. Alle anderen Privatentnahmen – etwa die Entnahme von Waren oder die private Nutzung des Telefons – gehören in Zeile 20.

Zeile 22 ist die Summe aller Betriebseinnahmen, sie muss dann später in Zeile 71 übertragen werden.

Nun geht es weiter mit den Betriebsausgaben. Auch hier gilt das Nettoprinzip: Alle Ausgaben müssen ohne die gezahlte Umsatzsteuer ins Formular eingetragen werden, für die Vorsteuer gibt es eine extra Zeile. Ausnahme: Sie sind Kleinunternehmer oder haben ausschließlich umsatzsteuerfreie Umsätze – oder Sie ermitteln Ihre Vorsteuer pauschal. In allen drei Fällen dürfen Sie Ihre Betriebsausgaben inklusive der Umsatzsteuer anführen.

Mehr Informationen zum Thema »Betriebsausgaben« finden Sie in Kapitel 4 ab S. 99.

Zeile 23 Betriebsausgabenpauschalen

Im Formular geht es erst einmal mit einer Ausnahme weiter. Für bestimmte Branchen – etwa Schriftsteller, Journalisten oder Wissenschaftler – gibt es Betriebsausgabenpauschalen. Machen Sie davon Gebrauch, gehört die Pauschale in Zeile 23. In den weiteren Zeilen muss dann nichts mehr eintragen werden.

In manchen Fällen erhalten Dozenten, Pfleger oder Ausbilder eine steuerfreie Pauschale von bis zu 2.400 Euro. Haben Sie eine solche Übungsleiterpauschale bekommen oder haben Anspruch auf den Ehrenamts-Freibetrag, dann tragen Sie den Betrag ebenfalls in Zeile 23 ein.

Zeile 25 bis 27 Wareneinkauf, Fremdleistungen, Löhne

Die Zeile 26 ist für Kosten vorgesehen, die Sie für Dienstleistungen Dritter ausgegeben haben. Dazu zählen beispielsweise Honorare für freie Mitarbeiter oder Reparatur- und Wartungskosten. In Zeile 27 gehören die Ausgaben für das eigene Personal. Sollten Sie Arbeitnehmer beschäftigen, können Sie hier die Summe der Löhne, Steuern und Sozialversicherungsbeiträge eintragen.

Zeile 28 bis 35 Abschreibungen

Es dürfte kaum eine Einnahmen-Überschuss-Rechnung geben, in der sie nicht vorkommt: die Abschreibung. Ob der neue Multimedia-Computer samt Flachbildschirm und Laserdrucker, die maßgefertigte Einrichtung für den Besprechungsraum oder die Telekommunikationsanlage für das Büro: All dies sind Wirtschaftsgüter, die längerfristig im Betrieb genutzt werden. Wenn Sie Ihren Gewinn per Einnahmen-Überschuss-Rechnung ermitteln, sind Sie verpflichtet, über diese Güter ein Anlageverzeichnis zu führen. Auch dafür gibt es natürlich einen Vordruck des Finanzamts: die Anlage AV EÜR. Immerhin ist dieses Formular kein Muss. Trotzdem muss Ihr individuelles Anlageverzeichnis sämtliche Punkte enthalten, die in der amtlichen Vorlage vorkommen. Die Abschreibungen, also die Anschaffungskosten des Wirtschaftsguts über mehrere Jahre verteilt, müssen in den Zeilen 28 bis 35 eingetragen werden.

Übrigens: Steuerfachleute verwenden in der Regel nicht den Begriff »Abschreibung«, sondern die Bezeichnung »AfA«. Das ist eine Abkürzung für »Absetzung für Abnutzung« – bedeutet aber genau das Gleiche. Da die offiziellen Vordrucke aber von »AfA« und nicht von Abschreibung sprechen, ist es gut zu wissen, was damit gemeint ist.

Abhängig vom Wirtschaftsgut und von der steuerlichen Planung gibt es unterschiedliche Arten der Abschreibung – und diese müssen Sie in verschiedenen Zeilen der Anlage EÜR aufführen. Unterschieden wird zwischen »unbeweglichen, materiellen«, »immateriellen« und »beweglichen« Wirtschaftsgütern. In die erste Kategorie gehören Immobilien, also Gebäude oder selbstständige Gebäudeteile. Zu den unbeweglichen, materiellen Wirtschaftsgütern zählen neben Häusern auch Ladeneinbauten oder Gartenanlagen. Die Abschreibungen dafür tragen Sie in Zeile 28 ein. Ausnahme: die Abschreibungskosten für ein häusliches Arbeitszimmer. Die gehören in Zeile 55.

Zu den immateriellen Wirtschaftsgütern zählen vor allem:

- Patente und Lizenzen,
- Urheberrechte,
- Markenzeichen oder
- Software und das damit verbundene Nutzungsrecht.

Die über die Jahre anteiligen Ausgaben für den Kauf, also die damit verbundene Abschreibung, schreiben Sie in Zeile 29.

Unter dem Begriff »beweglich und materiell« kann man sich am ehesten etwas vorstellen: So gehören das Büromobiliar, Firmenwagen, Computer-/Telefonanlage und Maschinen in diese Abschreibungsschublade. Allerdings zählen zu dieser Kategorie auch Wirtschaftsgüter, die Sie nicht unbedingt wegbewegen können, nämlich zum Beispiel fest mit dem Boden verbundene, technische Anlagen oder andere Gebäudeteile wie die Kühlanlage oder der Safe. Die Abschreibungskosten dafür tragen Sie in Zeile 30 ein.

Mehr Informationen zum Thema »Abschreibungen« finden Sie in Kapitel 4 ab S. 137.

Da es verschiedene Formen der Abschreibung gibt und diese nicht für alle Wirtschaftsgüter gleichermaßen angewandt werden dürfen, ist es ratsam, sich hier steuerlich beraten zu lassen. Dies gilt umso mehr, wenn Sie Sonderabschreibungen (Zeile 31) vornehmen oder den Investitionsabzugsbetrag (Zeile 77) in Anspruch nehmen möchten. Auch der Abzug von geringwertigen Wirtschaftsgütern ist komplizierter geworden (Zeile 33 und 34).

Zeile 36 bis 38 Raumkosten

Die Betriebsausgaben für Mieten (Zeile 36), doppelte Haushaltsführung (Zeile 37) oder betrieblich genutzte Grundstücke (Zeile 38) können Sie ebenfalls absetzen. Achtung: Für das häusliche Arbeitszimmer gelten Sonderregeln. Daher gehören die Kosten hierfür in Zeile 55.

Zeile 39 bis 51 Sonstige unbeschränkt abziehbare Betriebsausgaben

Zu den sonstigen Betriebsausgaben zählen alle Kosten für Gegenstände und Leistungen, die Sie für Ihre unternehmerische Tätigkeit benötigen. Dazu gehören beispielsweise die Ausgaben für die Festnetz- und Mobilkommunikation (Zeile 39) oder auch Reisekosten bei Geschäftsreisen (Zeile 40). Die steuerlichen Verpflegungsmehraufwendungen gehören allerdings in

Zeile 54. Haben Sie ein Seminar besucht, können Sie die Fortbildungskosten angeben (Zeile 41). Daneben gehören in die weiteren Zeilen Ausgaben für Rechts- und Steuerberatung für den betrieblichen Bereich sowie Buchführungskosten (Zeile 42), Ausgaben für Leasing (Zeile 43), Beiträge (Zeile 44), Werbekosten (Zeile 45), Kredit- und andere Schuldzinsen (Zeilen 46 und 47), gezahlte Umsatzsteuer bei den betrieblichen Ausgaben (Zeile 48) und die Umsatzsteuer, die ans Finanzamt abgeführt wurde (Zeile 49).

In Zeile 51 haben Sie die Gelegenheit, sämtliche andere Betriebsausgaben zu sammeln. Dazu zählen Büromaterial, Porto, Kontoführungsgebühren sowie Verspätungs- und Säumniszuschläge – diese allerdings nur, wenn sie im Zusammenhang mit einer betrieblichen Steuer angefallen sind, etwa der Umsatzsteuer.

Mehr Informationen zum Thema »Betriebsausgaben« finden Sie in Kapitel 4 ab S. 99.

Zeile 52 bis 57 Beschränkt abziehbare Betriebsausgaben

Bei bestimmten Betriebsausgaben wird vermutet, dass ein privater Anlass nicht ausgeschlossen ist. Für einige dieser Ausgaben hat der Gesetzgeber daher schon Grenzen eingezogen. Diese betreffen vor allem betriebliche Ausgaben für Bewirtungen und Geschenke. Geschenke an Geschäftspartner sind als Betriebsausgaben abziehbar (Zeile 52) – allerdings nur bis zu einer Grenze von 35 Euro jährlich pro beschenkten Geschäftsfreund. Neben Ihren Kunden dürfen Sie auch freien Mitarbeitern, Dienstleistern oder Beratern ein Präsent überreichen. Eine geschäftliche Beziehung muss aber in jedem Fall bestehen.

Bewirtungen aus geschäftlichem Anlass sind nur zu 70 Prozent abziehbar (Zeile 53). Wollen Sie Bewirtungskosten als Betriebsausgaben absetzen, müssen Sie strenge Formvorschriften beachten. Das Wichtigste dabei ist das ordnungsgemäße Ausfüllen der Bewirtungsbelege.

Mehr Informationen zum Thema »Bewirtungskosten« finden Sie in Kapitel 4 auf S. 129.

In Zeile 55 gehören die Ausgaben, die Sie für ein häusliches Arbeitszimmer investieren. Diese Kosten können Sie dann absetzen, wenn das Home Office den qualitativen Mittelpunkt Ihrer gesamten beruflichen und betrieblichen Tätigkeit darstellt. Wenn dies nicht unbedingt der Fall ist, Sie aber keinen anderen Arbeitsplatz zur Verfügung haben, dürfen Sie die Kosten bis zu einem Jahresbetrag von 1250 Euro geltend machen.

Mehr Informationen zum Thema »Häusliches Arbeitszimmer« finden Sie in Kapitel 4 auf S. 103.

<u>Zeile 58 bis 63 Kraftfahrzeugkosten und andere Fahrtkosten</u>

Die Frage, ob ein Auto als Firmenwagen genutzt werden soll oder nicht, birgt für Unternehmer regelmäßig sehr komplexe Antworten. Manchmal kann es vorteilhafter sein, berufliche Fahrten mit den jeweiligen Pauschalen abzurechnen (Zeile 62 und 63). Auch hier ist es empfehlenswert, sich von einem Fachmann beraten zu lassen.

Ab Zeile 71 wird in der Anlage EÜR der Gewinn ermittelt: Hier können Sie Ihre Ausgaben (Zeile 64) von Ihren Einnahmen (Zeile 71) abziehen. In aller Regel haben Sie dann in Zeile 80 endlich Ihren Gewinn oder Verlust berechnet – und in Zeile 84 die Gesamtsumme stehen.

Bilanzieren: Wann lohnt sich der Wechsel?

Jeder Unternehmer darf seinen Gewinn durch Bilanzierung ermitteln, aber nicht alle müssen. Viele Freiberufler bleiben von der Existenzgründung bis zur Betriebsaufgabe bei der Einnahmen-Überschuss-Rechnung, weil sie einfacher und kostengünstiger ist. Die Entscheidung fürs Bilanzieren kann aber im Einzelfall gute Gründe haben, zum Beispiel, weil eine Bilanz Rückstellungen oder Teilwertabschreibungen erlaubt. Manchmal sind es die Kreditgeber, die mit Blick auf größere Transparenz eine Bilanzierung verlangen. In jedem Fall sollte dieser Schritt –

der übrigens immer nur zu Beginn eines Jahres möglich ist – wohlüberlegt sein und keinesfalls ohne die Beratung eines Fachmanns getan werden. Denn die Anforderungen an diese Art von Buchführung sind sehr viel höher als bei einer Einnahmen-Überschuss-Rechnung.

	Einnahmen-Überschuss-Rechnung	Bilanzierung
Geldbewegung	Einnahmen werden bei Zufluss, Ausgaben bei Abfluss verbucht.	Forderungen und Verbindlichkeiten werden nach wirtschaftlicher Zugehörigkeit aufgezeichnet.
Buchung	Einnahmen und Ausgaben werden einfach verbucht.	Jeder Betrag wird doppelt gebucht – einmal als Soll, einmal als Haben.
Gewinnermittlung	Einnahmen-Überschuss-Rechnung	Bilanz plus Gewinn- und Verlust-Rechnung
Analyse	Gewinn im laufenden Kalenderjahr wird ermittelt.	Wirtschaftliche Wertentwicklung und Finanzierung des Unternehmens werden dargestellt.

Abbildung 3.3: Einnahmen-Überschuss-Rechnung und Bilanzierung: die wichtigsten Unterschiede; Quelle: Eigene Erstellung

Die Bilanzierung verwirklicht das System der »doppelten Buchführung«. Dieser Begriff rührt daher, dass jeder Geschäftsvorfall unter den Aspekten der Herkunft und der Verwendung doppelt – einmal auf der Soll- und einmal auf der Habenseite – zu buchen ist. Jeder Geschäftsvorfall wird also doppelt erfasst:

- Jeder Vorfall wird doppelt gebucht.
- Der Gewinn wird auf doppelte Art und Weise ermittelt, und zwar zum einen in der Bilanz, zum anderen in der Gewinn- und Verlustrechnung (GuV).

Beide Seiten sind Teil des Systems Bilanzierung. Dieses System wird umgangssprachlich auch mit dem Wort »Bilanz« bezeichnet. Streng genommen ist die Bilanz aber nur ein Teil dieser Art von Gewinnermittlung.

In der Bilanz werden alle Vermögenswerte und Schulden addiert. Auf der linken Seite, die sich »Aktiva« nennt, sieht man, in welchen Werten diese Geldmittel angelegt sind. Hier finden sich das Anlagevermögen und das Umlaufvermögen. Beide zusammen bilden im Wesentlichen die Aktivseite einer Bilanz. Anlagevermögen heißt nichts anderes als: alle Wirtschaftsgüter, die dazu bestimmt sind, dauerhaft dem Geschäftsbetrieb zu dienen – also Grundstücke, Gebäude, Maschinen, Fahrzeuge, Betriebs- und Geschäftsausstattung, Finanzanlagen sowie Patente und Lizenzen. Umlaufvermögen ist die Sammelbezeichnung für alles, was im Gegensatz zum Anlagevermögen nicht dauerhaft dem Geschäftsbetrieb dient. Dazu zählen Vorräte, Forderungen, Kassenbestände oder auch Guthaben bei Kreditinstituten.

Rechts bei den »Passiva« ist zu lesen, was an Geld zur Verfügung steht – und ob dies aus eigenen Mitteln stammt (Eigenkapital) oder beispielsweise aus Krediten (Fremdkapital). Auch Verbindlichkeiten – zum Beispiel gegenüber Banken oder Lieferanten – gehören in diesen Teil der Bilanzgliederung.

Beide Seiten einer Bilanz spiegeln die gleiche Sache auf verschiedene Art und Weise:

- Die Aktivseite beschreibt das positive betriebliche Vermögen am Bilanzstichtag, meist zum 31. Dezember.
- Die Passivseite stellt dar, wie das betriebliche Vermögen finanziert ist, etwa über Schulden und/oder aus eigenen finanziellen Mitteln.

In der Bilanz wird eine Momentaufnahme zu einem Stichtag vorgenommen. Die Gewinnermittlung vergleicht also die Situation mit der Vorjahresbilanz.

Die Gewinn-und-Verlust-Rechnung (GuV) zeigt die andere Seite der Medaille. Hier wird genau der gleiche Gewinn wie in der Bilanz dargestellt – nur wird er hier anders errechnet. Denn in der Gewinn- und Verlust-Rechnung werden die betrieblichen Aufwendungen den Erträgen gegenübergestellt.

Der Gewinn bzw. Verlust lässt sich über die Gewinn-und-Verlust-Rechnung folgendermaßen errechnen:

… Erträge

– Aufwendungen

= Gewinn (oder Verlust)

Macht die Bilanz die Vermögenslage zum Stichtag transparent, so berichtet die GuV über den Erfolg des Geschäftsjahres und dessen Quellen. Mit anderen Worten: Die GuV ist das Gewinn- oder Erfolgskonto der Bilanz.

In der GuV geht es immer nur um Leistungen, die im Geschäftsjahr erwirtschaftet worden sind. Der Zahlungseingang ist nicht entscheidend. Gleiches gilt für die Kosten. Auch hier ist der Maßstab das Geschäftsjahr – und nicht der Zeitpunkt, an dem die Aufwendungen bezahlt wurden. Deshalb sind die Erträge und Aufwendungen der GuV nicht gleichzusetzen mit den Betriebseinnahmen und Betriebsausgaben bei der Einnahmen-Überschuss-Rechnung!

Um den Gewinn oder Verlust einer GuV zu ermitteln, müssen Sie ein gesetzlich vorgeschriebenes Berechnungsschema verwenden.

Um die Bilanzierung abzuschließen, ist – zumindest für Kapitalgesellschaften – noch ein Anhang erforderlich. Dort werden viele Zahlen der Bilanz und GuV noch einmal aufgegliedert und erläutert. Hier ist auch der Platz, um über Änderungen bei der Bewertungsmethodik zu informieren – etwa, was Abschreibungsmodalitäten betrifft.

Aufgrund der hohen Komplexität sollten Bilanz und GuV stets von einem Steuerberater erstellt werden. Inwieweit die Bilanzierung für Freiberufler tatsächlich sinnvoll sein kann, muss im Fall der Fälle das individuelle Gespräch mit dem Fachmann zeigen. In aller Regel gilt jedoch: Die Vorschriften zur Erstellung einer Einnahmen-Überschuss-Rechnung sind weniger komplex und insofern haben es Einnahmen-Überschuss-Rechner leichter.

4 Keine Angst vor den Belegen – Steuern sparen, mit Steuern gestalten

Gerade Selbstständige haben zahlreiche Möglichkeiten, mit der Steuererklärung Geld zu sparen: So lautet zumindest eine weit verbreitete Annahme. Aber was kann ich als Freiberufler tatsächlich steuerlich geltend machen und wie? Was muss ich beachten, welche Stolperfallen lauern? Was kann ich pauschal angeben und was muss ich belegen? Und was genau hat es mit Abschreibungen auf sich? Das Kapitel erläutert, welchen Entscheidungsspielraum Selbstständige haben, welche Kosten absetzbar sind und welche Spielregeln zu beachten sind.

Kosten fürs Unternehmen absetzen: Was sind Betriebsausgaben?

Jeder Selbstständige darf – wie es im Einkommensteuergesetz (EStG) heißt – alle Ausgaben, die mit seinem Unternehmen zusammenhängen, als Betriebsausgaben abziehen:

Einkommensteuergesetz, § 4 Absatz 4

Betriebsausgaben sind die Aufwendungen, die durch den Betrieb veranlasst sind.

Tipp: Eine genauere Definition gibt es im Einkommensteuerrecht nicht. Der Spielraum für Betriebsausgaben ist also wesentlich größer als bei den Einnahmen. Ob die Ausgaben notwendig oder üblich oder gar angemessen sind, spielt ebenso wenig eine Rolle wie die Frage, ob die Anschaffung zweckmäßig war.

Selbst wenn Sie Ihr Unternehmen noch gar nicht betreiben, können Sie bereits Betriebsausgaben abziehen. Denn aus Sicht des Steuerrechts beginnt Ihre freiberufliche Tätigkeit bereits mit den ersten Vorbereitungen auf Ihre spätere Tätigkeit. Entstehen

Ihnen hier Kosten, können Sie diese als sogenannte vorweggenommene Betriebsausgaben steuerlich absetzen. Allerdings müssen Sie eine Beziehung zu den angestrebten Einnahmen glaubhaft machen.

Grundsätzlich gilt also: Die Höhe und den Zeitpunkt vieler Betriebsausgaben bestimmen Sie selbst. Manch einer ist daher versucht, unbedingt zu investieren, nur um Steuern zu sparen. Denken Sie aber dabei an eine Faustregel: Um einen Euro Steuern zu sparen, muss man (mindestens) drei Euro ausgeben. Nur aus Steuerspargründen sollten Sie daher nie eine Betriebsausgabe vornehmen, sondern dies immer aus unternehmerischen Gründen und betriebswirtschaftlichen Notwendigkeiten tun. Eines ist ebenfalls klar: Mit der privaten Lebensführung darf das Ganze nichts zu tun haben. Ihre Ausgaben fürs Private – ob Haushalt, Freizeit oder Urlaub – sind und bleiben privat und können nicht als Betriebsausgaben steuerlich geltend gemacht werden. Weder das Abo für die Tageszeitung noch die Kosten für den Business-Anzug können in der Einnahmen-Überschuss-Rechnung angesetzt werden.

Fallen die Ausgaben – zumindest teilweise – in den betrieblichen Bereich, können sie anteilig als Betriebsausgaben Anerkennung finden:

1. Die private Veranlassung ist untergeordnet.
   Eine klare Grenze gibt es dafür nicht, in aller Regel wird sie jedoch bei etwa zehn Prozent gezogen. Hellhörig wird das Finanzamt aber dann, wenn die Kosten überwiegend ins Private hineinreichen und möglicherweise überhöht erscheinen.
2. Die Kosten sind gemischt veranlasst.
   Der Klassiker sind Geschäftsreisen, die mit einem Privatbesuch verbunden werden. Aber auch andere Fälle sind hier denkbar. Bei gemischten Aufwendungen müssen die Kosten nach Zeitanteil oder einem anderen Maßstab aufgeteilt werden können.

Darüber hinaus hat der Gesetzgeber den Abzug bestimmter Betriebsausgaben, bei denen die Abgrenzung zum Privaten sich regelmäßig als schwierig herausstellt, bereits von vornherein beschränkt. Dazu zählen etwa Bewirtungen, Geschenke und bestimmte Fahrt- und Reisekosten.

Mehr Informationen zum Thema »Gemischt veranlasste Aufwendungen« finden Sie in diesem Kapitel auf S. 133.

Selbstständige müssen in aller Regel jede Betriebsausgabe nachweisen und belegen können. Mit einer Rechnung oder Quittung funktioniert das am besten. Möglich ist der Beleg auch über eine Teilnahmebestätigung oder Korrespondenz. Gibt es keinen derartigen Nachweis, können Sie einen sogenannten Eigenbeleg erstellen – zum Beispiel für Trinkgelder oder Telefongebühren. Sie sollten dies aber nicht zu häufig tun, da sonst das Finanzamt misstrauisch wird.

Ein Eigenbeleg sollte – wie jede andere Quittung – folgende Punkte enthalten:

- Betrag,
- Datum,
- Zweck,
- Empfänger der Zahlung,
- Ihre Unterschrift.

Achtung: Mit einem Eigenbeleg können Sie Betriebsausgaben glaubhaft machen. Allerdings betrifft dies ausschließlich die Einnahmen-Überschuss-Rechnung – und damit die Gewinnermittlung für die Einkommensteuer. Für den Vorsteuerabzug und damit für die Umsatzsteuererklärung – reicht ein solcher Beleg nicht. Denn hier müssen die formalen Rechnungsvorschriften eingehalten werden.

Grundsätzlich dürfen Sie Belege natürlich nicht verändern. Beim Einkauf im Großmarkt oder bei der Bestellung im Online-Shop kann es aber vorkommen, dass sowohl betriebliche als auch private Ausgaben auf einer Rechnung stehen. Hier ist es erlaubt, dass Sie die ent-

Mehr Informationen zum Thema »Pflichtangaben in Rechnungen« finden Sie in Kapitel 1 auf S. 25.

sprechenden Betriebsausgaben zum Beispiel mit einem Textmarker hervorheben. Achten Sie in solchen Fällen darauf, dass solche Positionen meist zunächst netto ausgewiesen werden und die Umsatzsteuer erst auf die Gesamtsumme aufgeschlagen wird. Daher müssen Sie für den Betriebsausgabenabzug den Nettobetrag um die Umsatzsteuer erhöhen. Denken Sie auch daran, dass diese anteilige Umsatzsteuer als abzugsfähige Vorsteuer geltend gemacht werden kann.

Helmut Friederici, Steuerberater, Dortmund

»Immer wieder kommt es vor, dass Steuerpflichtige zwar eine Rechnung für eine Betriebsausgabe vorliegen haben. Diese Rechnung wurde aber möglicherweise von einer dritten Person – etwa dem Ehepartner – beglichen. In solchen Fällen dürfen Selbstständige die Kosten trotzdem als Betriebsausgabe ansetzen, weil es sich um einen sogenannten abgekürzten Zahlungsweg handelt. Vorsicht ist allerdings geboten, wenn die Rechnung nicht auf den Steuerpflichtigen ausgestellt ist: Dann kann dieser sie auch nicht in seiner Gewinnermittlung als Betriebsausgabe und auch nicht die Vorsteuer in seiner Umsatzsteuererklärung geltend machen.«

Mehr Informationen zu den Themen »Ablage und Betriebsprüfungen« finden Sie in den Kapiteln 5 und 6 auf S. 153 und 208.

Ihrer Steuererklärung müssen Sie in aller Regel keine Belege beifügen. Benötigt der Finanzbeamte Quittungen, um einzelne Sachverhalte aufzuklären, fordert er Sie bei Ihnen ausdrücklich an. Sie sollten aber in jedem Fall darauf achten, dass Ihre Belege in Ordnung sind – auch für den Fall einer Betriebsprüfung.

Betriebsausgaben ... von A bis Z

Es gibt zahlreiche Betriebsausgaben und Möglichkeiten, Kosten geltend zu machen. Aber Finanzverwaltung und Finanzgerichte haben bei einigen Aufwendungen den Spielraum hierfür definiert. Die folgenden Punkte stellen die wichtigsten Betriebsausgaben dar, die sofort im gleichen Jahr geltend gemacht werden können. Das Thema Abschreibungen wird in einem eigenen Unterkapitel (S. 137) behandelt.

Einer der größten Sammelposten bei den Betriebsausgaben sind die *Arbeitsmittel*. Dazu zählt im Prinzip alles, was Sie alltäglich für Ihre berufliche Tätigkeit benötigen, beispielsweise:

- Büromaterial,
- Computer und andere elektronische Geräte,
- Einrichtung und Ausstattung des Büros.

Bei den Anschaffungskosten müssen Sie darauf achten, ob Sie die finanziellen Grenzen für den Sofortabzug einhalten – oder ob das Arbeitsmittel in den Bereich der Abschreibungen fällt. Wie bei allen anderen Betriebsausgaben müssen Sie außerdem prüfen, ob das jeweilige Arbeitsmittel überwiegend beruflich genutzt wird.

Ein Beispiel: Benötigen Sie Ihren Computer zu mehr als 90 Prozent beruflich, dürfen Sie sämtliche Kosten dafür geltend machen. Nutzen Sie ihn auch privat (zu zehn Prozent und mehr), müssen Sie die Aufwendungen aufteilen. Aus Vereinfachungsgründen erlaubt Ihnen das Finanzamt, den Privatanteil zu schätzen. In aller Regel dürfen Sie in solchen Fällen 50 Prozent der Computerkosten betrieblich geltend machen.

Arbeitsmittel in der Anlage EÜR

Die Arbeitsmittel tragen Sie in der Anlage EÜR ein in die Zeile 51 »Übrige unbeschränkt abziehbare Betriebsausgaben«. Handelt es sich um eine Abschreibung, gehört das Arbeitsmittel in die Zeilen 28 bis 35. Wenn Sie Arbeitsmittel mieten oder leasen, können Sie die Kosten in Zeile 43 aufführen.

Nutzen Sie ein externes Büro, ist die Sache relativ klar: Die Kosten dafür sind abzugsfähig. Das häusliche *Arbeitszimmer* hingegen war und ist immer wieder ein strittiger Punkt zwischen Steuerpflichtigem und Finanzamt. Inzwischen können Sie in folgenden Situationen Ihr Home Office steuerlich geltend machen:

- Der Mittelpunkt der beruflichen und betrieblichen Tätigkeit liegt im häuslichen Arbeitszimmer.
  Dieser Maßstab richtet sich nicht nach zeitlichen Kriterien. Hier geht es darum, ob Sie alles, was für Ihren Beruf prägend ist, daheim am Schreibtisch erledigen. Ist dies der Fall, dürfen Sie Ihre Kosten unbeschränkt ansetzen.
- Das häusliche Büro ist vorhanden, einen anderen Platz zum Arbeiten gibt es nicht.
  Wer kein anderes Büro hat als das Zuhause, darf die anteiligen Kosten bis zu 1250 Euro pro Jahr für das Home Office geltend machen. Dies ist kein Pauschbetrag, die Ausgaben müssen nachgewiesen werden.

Darüber hinaus muss das häusliche Arbeitszimmer nahezu ausschließlich für berufliche Zwecke genutzt werden und über eine ausreichende Größe verfügen. Sprich, das, was von der Wohnung übrig bleibt, muss im wahrsten Sinne des Wortes zum Leben reichen. Folgende Spielregeln gelten beim Finanzamt für die Größe des Arbeitszimmers:

- Ein-Zimmer-Wohnung:
  Der Platz zum Wohnen ist zu klein, Wohn- und Bürobereich mischen sich zu stark. Die Folge: kein Ausgabenabzug.
- Zwei-Zimmer-Wohnung:
  Das Büro sollte möglichst nicht mehr als ein Drittel der Wohnfläche einnehmen. Ansonsten gibt es Streit mit dem Finanzbeamten.
- Drei-Zimmer-Wohnung:
  Paare mit Kindern müssen mindestens eine Drei-Zimmer-Wohnung bieten, um ein Arbeitszimmer geltend machen zu können. Der Arbeitsraum muss außerdem räumlich vom Rest der Wohnung getrennt sein. Das bedeutet, es muss in aller Regel eine Wand und eine Tür geben, die den Raum vom Wohnbereich abgrenzen.

Arbeitsecke = Arbeitszimmer?

Nicht in jeder Wohnung besteht die Möglichkeit, ein Zimmer für ein separates Büro zu reservieren. So behilft sich mancher Freiberufler damit, den Schreibtisch einfach ins Schlafzimmer zu stellen oder eine Arbeitsecke im Wohnzimmer einzurichten. Bislang reichten solche Arbeitsecken nicht aus, um es zum steuerlichen Abzug zu schaffen. Wer die Kosten für ein häusliches Büro geltend machen wollte, musste schon einen abgetrennten Raum bieten können. Dies könnte sich nun durch ein Urteil des Finanzgerichts Köln ändern (Az. 10 K 4126/09). Im entschiedenen Fall hatte ein Unternehmer beantragt, 50 Prozent der Kosten für ein Zimmer abzusetzen, das er zur Hälfte als Wohnzimmer und zur Hälfte dafür nutzte, seine Büroarbeiten zu erledigen. Das Gericht gab der Klage statt, beschränkte den Abzug aber auf maximal 1 250 Euro, da das Zimmer nicht den Mittelpunkt der gesamten betrieblichen Tätigkeit darstelle. Die Richter argumentieren mit Blick auf die Entscheidung des Bundesfinanzhofs zur Aufteilung von Reisekosten: Die Münchner Richter hatten vor einiger Zeit das strikte Aufteilungsverbot bei sogenannten gemischt veranlassten Aufwendungen gekippt. Seitdem dürfen Aufwendungen aus sowohl beruflichem als auch privatem Anlass grundsätzlich aufgeteilt und der betriebliche Anteil abgezogen werden. Was bislang vor allem für Reisekosten gilt, muss nach Auffassung des Finanzgerichts Köln nun auch für das häusliche Arbeitszimmer – sprich die Arbeitsecke – umgesetzt werden. Gegen das Urteil ist eine Revision beim Bundesfinanzhof anhängig (Az. X R 32/11), das Verfahren wird nach Angaben des Gerichts im Laufe des Jahres 2015 entschieden werden. Deshalb sollten Sie gegen Steuerbescheide, in denen Ihre Arbeitsecke nicht anerkannt worden ist, Einspruch einlegen.

Die Ausstattung des Arbeitszimmers muss die überwiegend betriebliche Nutzung widerspiegeln. Inzwischen ist zwar auch die Finanzverwaltung davon überzeugt, dass ein Sofa oder eine Liege in einem häuslichen Büro zu »betrieblichen« Zwecken – etwa zur Lektüre oder zur kurzfristigen Entspannung – genutzt werden können. Ein Bett oder ein Kleiderschrank dagegen haben in einem Home Office nichts zu suchen – zumindest dann nicht, wenn der Nutzer selbiges steuerlich geltend machen will.

Erfüllt Ihr heimisches Büro all diese Kriterien, können Sie die Aufwendungen für das Arbeitszimmer – gegebenenfalls bis zur Grenze von 1250 Euro – absetzen. Zu den möglichen Kosten gehören:

- die anteilige Miete,
- Heizkosten,
- Strom,
- die anteiligen Kosten für die Hausratversicherung,
- Ausgaben für Renovierung oder Reparaturen im häuslichen Arbeitszimmer,
- Reinigung,
- Grundbesitzabgaben, anteilige Darlehenszinsen und Abschreibungen auf das Gebäude, wenn es sich um Eigentum handelt.

Absetzbar sind die anteiligen Aufwendungen für die gemietete Wohnung oder das selbst genutzte Eigenheim prozentual zur Gesamtwohnfläche. Das gilt auch, wenn Sie nicht alleiniger Eigentümer des Gebäudes sind, sondern das Gebäude zum Teil Ihrem Partner oder Ihrer Partnerin gehört.

Das Home Office aus Sicht der Verwaltung

Die gesetzlichen Regeln zum häuslichen Arbeitszimmer sind komplex und bieten Raum für Interpretationen. Das hat auch das Bundesfinanzministerium (BMF) erkannt und behandelt in einem ausführlichen Schreiben das Thema Arbeitszimmer. Das BMF-Schreiben finden Sie auf den Internetseiten des Ministeriums, es trägt das Aktenzeichen IV C 6 – S 2145/07/10002.

Achtung: Benutzen Sie nicht nur ein Arbeitszimmer in Ihrer eigenen Immobilie, sondern stellt das häusliche Büro und eventuell ein Lager den Mittelpunkt Ihrer beruflichen Tätigkeit dar, müssen Sie auf mögliche Stolpersteine achten. Die beruflich genutzten Räume werden zum Betriebsvermögen, wenn ihr Wert den Betrag von 20500 Euro übersteigt. Maßgeblich sind der Zeitpunkt, an dem Sie Ihre berufliche Tätigkeit zu Hause aufnehmen und der anteilige Zeitwert Ihres Grundstücks und Gebäudes in diesem Augenblick. Solange Sie zu Hause arbeiten, ist alles in Ordnung. In dem Moment jedoch, in dem Sie umziehen oder Ihren Betrieb aufgeben, geht das Arbeitszimmer aus dem Betriebs- ins Privatvermögen über. Mit steuerlichen Konsequenzen: Denn der Übergang ins Private erhöht möglicherweise Ihren Gewinn. Die Wertentwicklung Ihrer beruflich genutzten Immobilie zwischen den beiden Zeitpunkten »Eröffnung« und »Schließung des Home Office« führt im Allgemeinen zu einer Gewinnerhöhung – gewissermaßen so, als hätten Sie sich selbst etwas verkauft.

Arbeitszimmer in der Anlage EÜR

Ihre Kosten für das häusliche Arbeitszimmer tragen Sie in der Anlage EÜR in die Zeile 55 – »Aufwendungen für ein häusliches Arbeitszimmer« – ein. Dorthin gehören auch die mögliche anteilige Abschreibung sowie anteilige Schuldzinsen für eine kreditfinanzierte Immobilie.

Treffen die Kriterien für ein häusliches Arbeitszimmer bei Ihnen nicht zu, haben Sie immer noch die Möglichkeit, bestimmte Gegenstände in Ihrem Büro als Arbeitsmittel anzusetzen. Denn diese Kosten können Sie auch dann steuerlich geltend machen, wenn Sie die Aufwendungen für Ihr Arbeitszimmer nicht abziehen dürfen. Auf diese Weise können Ausgaben für das heimische Büro – etwa für den Schreibtisch, das Bücherregal oder den Computer – doch noch bei der Steuererklärung berücksichtigt werden.

Wer aus beruflichen Gründen auswärts arbeiten und dort eine zweite Wohnung unterhalten muss, kann die damit zusammenhängenden Kosten steuerlich geltend machen. Allerdings gewährt das Finanzamt nur unter bestimmten Bedingungen Steuernachlässe für die *doppelte Haushaltsführung*:

- Der Lebensmittelpunkt muss weiterhin am eigentlichen Wohnort liegen.
- Die Zweitwohnung am Beschäftigungsort muss beruflich veranlasst sein.
- Es muss ein eigener Hausstand existieren.

Bei verheirateten Paaren liegt der Lebensmittelpunkt grundsätzlich dort, wo auch der Ehepartner wohnt. Nicht verheiratete Paare und Alleinstehende haben es schwerer, eine doppelte Haushaltsführung glaubhaft zu machen. Angaben beim Einwohnermeldeamt können nur ein Indiz sein, es spielt also keine Rolle, wo der Haupt- und der Nebenwohnsitz gemeldet sind. Auch die Zahl der Fahrten zur Hauptwohnung ist nicht entscheidend.

Als Zweitwohnung gilt jede Unterkunft, die dem Steuerpflichtigen zur Verfügung gestellt wird. Es ist also gleichgültig, ob es sich um eine Mietwohnung, ein möbliertes Apartment oder eine Gemeinschaftsunterkunft handelt. Ist die Wohnung nicht möbliert, dürfen auch Aufwendungen für Einrichtung und Ausstattung geltend gemacht werden. Die Kosten für Bett, Regal, Schrank, Töpfe und Kaffeemaschine erkennt das Finanzamt allerdings nur dann an, wenn der Hausrat nicht aus der Hauptwohnung am Lebensmittelpunkt mitgenommen werden kann. Darüber hinaus können folgende Aufwendungen angesetzt werden:

- Kosten für die Wohnungssuche
  Dazu zählen Inserate oder Provisionen für den Makler.
- Umzugskosten:
  Hier können Transport- und Reisekosten oder Ausgaben für Umzugshelfer angesetzt werden.
- Die erste und die letzte Fahrt zum Beschäftigungsort:
  Hier sind entweder die Kosten in tatsächlicher Höhe oder

alternativ die Kilometerpauschale für die gefahrenen Kilometer in Höhe von 30 Cent absetzbar; zusätzlich Nebenkosten wie etwa Parkgebühren.

- Aufwendungen für den Zweithaushalt:
  Hier sind die Miete, Nebenkosten sowie mögliche Ausgaben für die Renovierung absetzbar. Bislang waren die abzugsfähigen Kosten flächenmäßig auf 60 Quadratmeter begrenzt. Mit der Reform des Reisekostenrechts wurde 2014 eine Höchstgrenze von 1 000 Euro pro Monat eingeführt. Diese gilt für die Miete inklusive der Betriebskosten.
- Wöchentliche Heimfahrten:
  Pro Woche darf eine Familienheimfahrt angesetzt werden – allerdings nur mit der Entfernungspauschale in Höhe von 30 Cent. Die Entfernungspauschale deckt im Gegensatz zur Kilometerpauschale nur die einfache, kürzeste Entfernungsstrecke ab. Tatsächliche Fahrtkosten werden nicht anerkannt.
- Telefonkosten statt Heimfahrt:
  Abzugsfähig sind die Ausgaben für ein 15-minütiges Telefongespräch. In Ausnahmefällen sind auch längere Gespräche absetzbar.
- Verpflegungsmehraufwendungen:
  Innerhalb der ersten drei Monate dürfen Sie die Pauschale für die Verpflegungsmehraufwendungen geltend machen.

Mehr Informationen zum Thema »Verpflegungspauschale« finden Sie in diesem Kapitel auf S. 125.

Doppelte Haushaltsführung in der Anlage EÜR

Ihre Aufwendungen für eine doppelte Haushaltsführung gehören in der Anlage EÜR in die Zeilen 37 (»Miete/Aufwendungen für doppelte Haushaltsführung«) sowie 62 und 63 (Familienheimfahrten).

Ganz gleich, ob Online-Workshop, Seminar oder Fachkongress: *Fortbildungskosten* können Sie als Betriebsausgaben geltend machen, wenn die Fortbildung beruflich veranlasst war. Wenn dies nicht auf den ersten Blick ersichtlich ist – etwa bei einem Sprachkurs –, soll-

Mehr Informationen zum Thema »Gemischt veranlasste Aufwendungen« finden Sie in diesem Kapitel auf S. 133.

ten Sie dem Finanzamt aufzeigen, wie sich das Erlernte betrieblich nutzen lässt. Dazu kommt, dass bei manchen Veranstaltungen eine private Mitveranlassung nicht auszuschließen ist. Dann müssen Sie die Kosten – falls möglich – aufteilen.

Fortbildung in der Anlage EÜR

Den Ausgaben für Ihre Fortbildung widmet die Finanzverwaltung in der Anlage EÜR eine eigene Zeile: In Zeile 41 tragen Sie unter der Position »Fortbildungskosten« Ihre Aufwendungen für das lebenslange Lernen ein.

Nicht jeder Freiberufler leistet sich Angestellte. Aber kaum ein Selbstständiger kommt ohne Zuarbeit aus. Diese sogenannten *Fremdleistungen* – zum Beispiel die Pflege der Homepage durch den Webmaster oder das Sortieren der Belege durch die selbstständige Buchhalterin – sind vollständig als Betriebsausgaben abzugsfähig.

Achtung: Beziehen Sie regelmäßig von Künstlern oder Publizisten erbrachte Leistungen für das eigene Unternehmen, kann es sein, dass Sie die Künstlersozialabgabe zahlen müssen. Der Abgabesatz zur Künstlersozialversicherung beläuft sich derzeit auf 5,2 Prozent, Bemessungsgrundlage sind alle in einem Kalenderjahr an selbständige Künstler und Publizisten gezahlten Entgelte, also zum Beispiel Honorare für Texter oder Grafiker. Weitere Informationen finden Sie auf den Internetseiten der Künstlersozialkasse http://www.kuenstlersozialkasse.de. Die Künstlersozialabgabe können Sie übrigens wiederum als Betriebsausgabe geltend machen.

§ **Achtung Künstlersozialabgabe: Neues Prüfraster ab 2015**

Gerade kleinere Unternehmen machen sich nicht allzu viele Gedanken über die Künstlersozialabgabe . Das soll sich ändern. Denn seit 2015 gelten neue Prüfraster: Nun werden alle Verwerter sowie Unternehmen mit mindestens 20 Angestellten regelmäßig geprüft. Sie müssen mindestens alle vier Jahre damit rechnen, auf mögliche Melde- und Zahlungspflichten durchleuchtet zu werden. Firmen mit weniger Beschäftigten kommen in ein so genanntes Prüfkontingent. Im Schnitt müssen diese Unternehmen alle zehn Jahre mit einer Künstlersozialabgabe-Prüfung rechnen.

Allerdings bringt das neue Gesetz auch Vorteile mit sich: Wenn Sie nur unregelmäßig und in geringem Umfang Aufträge an Künstler oder Publizisten erteilen – etwa um für das eigene Unternehmen Werbung zu machen –, fallen Sie künftig unter die Geringfügigkeitsgrenze. Diese liegt bei 450 Euro. Wenn Ihre Aufträge an kreative Dienstleister in einem Kalenderjahr diese Summe nicht übersteigen, müssen Sie künftig keine Künstlersozialabgabe mehr zahlen. Allerdings greifen die neuen Vorschriften erst für das Kalenderjahr 2015 (Meldepflicht bis 31. März 2016). Ganz wichtig: Damit Sie sich auf die 450-Euro-Grenze berufen können, müssen Sie weiterhin Aufzeichnungen über die betreffenden Aufträge führen.

Fremdleistungen in der Anlage EÜR

Ihre Zahlungen an freie Mitarbeiter und Dienstleister tragen Sie in der Anlage EÜR in die Zeile 26 »Bezogene Fremdleistungen« ein.

Kraftfahrzeugkosten und andere Fahrtkosten sind grundsätzlich als Betriebsausgaben abziehbar – Kfz-Kosten immer dann, wenn das Auto zum Betriebsvermögen gehört, andere Fahrtkosten abhängig davon, wohin die Reise geht.

Vorab sei grundsätzlich gesagt: Ob und in welchen Fällen es sich lohnt, ein Auto ins Betriebsvermögen zu nehmen und es damit zum Firmenwagen zu machen, sollte immer individuell geprüft werden. Denn neben der Frage, ob die Voraussetzungen dafür erfüllt werden können, ist es auch abhängig davon,

Mehr Informationen zum Thema »Dienstreise« finden Sie in diesem Kapitel auf S. 123.

- ob es ein älteres oder neueres Fahrzeug ist,
- ob in absehbarer Zeit eine Neuanschaffung geplant ist,

- wie diese gegebenenfalls finanziert werden soll und
- ob ein Vorsteuerabzug möglich ist.

Sollten Sie also überlegen, Ihr privates Auto ganz offiziell betrieblich zu nutzen, beraten Sie sich in jedem Fall mit einem Fachmann. Hier finden Sie einige allgemeine Informationen und Richtsätze zur Thematik.

Voraussetzung für einen Firmenwagen ist, dass das Fahrzeug betrieblich genutzt wird. Ist dies zu weniger als zehn Prozent der Fall, dürfen Sie Ihr Auto gar nicht ins Betriebsvermögen übernehmen. Dann gehört das Fahrzeug zum notwendigen Privatvermögen. In den meisten Fällen bewegt sich die betriebliche Nutzung jedoch zwischen zehn und 50 Prozent. Hier können sich Selbstständige aussuchen, ob das Auto zum Betriebsvermögen hinüberwechselt oder im Privatvermögen bleibt. Bei einer betrieblichen Nutzung von mehr als 50 Prozent gehört das Fahrzeug auf jeden Fall zum Betriebsvermögen. Die betriebliche Nutzung von mehr als 50 Prozent ist über einen Zeitraum von drei Monaten nachzuweisen, indem Sie Aufzeichnungen über die Fahrten führen. Beachten Sie dabei, dass auch die Fahrten zwischen Ihrer Wohnung und Ihrem Unternehmen zur betrieblichen Nutzung gehören.

Wenn Sie Ihr Auto im Betriebsvermögen haben, können Sie sämtliche damit verbundenen Kosten als Betriebsausgaben geltend machen. Dazu gehören – bei einem Kauf – die Anschaffungskosten, bei der Nutzung des bisherigen Privatwagens als Firmenwagen sein Zeitwert. Diese Kosten können nur abgeschrieben werden. Die laufenden Kosten können sofort als Betriebsausgabe geltend gemacht werden. Dazu zählen vor allem:

- das Tanken,
- Kfz-Reparaturen,
- Ölwechsel,
- Autowäsche,
- Sommer- und Winterreifen,
- Kfz-Versicherungen und -Steuern.

Wenn Sie umsatzsteuerpflichtig sind, können Sie aus allen Rechnungen, die mit dem Auto zusammenhängen, die Vorsteuer bei der Umsatzsteuererklärung erfassen.

Wer sein Fahrzeug im Betriebsvermögen hat, muss die angenommene oder tatsächliche private Nutzung als geldwerten Vorteil versteuern. Um diesen zu ermitteln, sind zwei Berechnungsmethoden erlaubt: die 1-Prozent-Methode oder der Nachweis per Fahrtenbuch. Mit der 1-Prozent-Methode werden die privat veranlassten Kosten eines betrieblichen Fahrzeugs pauschal ermittelt. Als fiktive Betriebseinnahme wird monatlich ein Prozent des Brutto-Listenpreises angesetzt. Diese Methode erfordert in aller Regel keine Fahrtenaufzeichnung. Allerdings kann das Ergebnis auch ungünstig ausfallen, weil die private Nutzung nur pauschal ermittelt wird und die tatsächliche Situation nicht abbildet. Die Alternative zur 1-Prozent-Methode ist das Führen eines Fahrtenbuchs. Darin sind genaue und umfangreiche Angaben zu den beruflichen Fahrten und Kilometerangaben zu den Privatfahrten zu machen. Bei einem Auto, das sogenanntes gewillkürtes Betriebsvermögen bildet (also zwischen zehn und 50 Prozent betrieblich genutzt wird), müssen Sie den Privatanteil sogar mit dem Fahrtenbuch ermitteln.

Fahrtenbuch – aber gründlich

Wie ein ordnungsgemäßes Fahrtenbuch aussehen muss, hat der Bundesfinanzhof nochmals klargestellt (Az. VI R 33/10). Im zugrunde liegenden Fall standen im Fahrtenbuch lediglich das Datum, Ortsangaben und ab und zu der Name eines Kunden. Im Einspruchsverfahren ergänzte die Klägerin das Fahrtenbuch nachträglich durch eine Auflistung eines Tageskalenders. Der Bundesfinanzhof urteilte, dass dies den Mindestanforderungen an ein ordnungsgemäßes Fahrtenbuch nicht genüge. Die Fahrten seien nicht vollständig aufgezeichnet. Fahrten sollten also stets sofort und vollständig eingetragen werden.

Wenn Sie ein Fahrtenbuch führen, sollten Sie auf folgende Punkte achten:

- Machen Sie die Eintragungen zeitnah in »geschlossener Form« – also in einem gebundenen Heft oder einer nicht veränderbaren Datei.
- Nennen Sie für beruflich veranlasste Fahrten Datum, Fahrtziel, den aufgesuchten Kunden oder Geschäftspartner und die Tätigkeit.
- Notieren Sie bei jeder Fahrt den Anfangs- und Endkilometerstand.
- Dokumentieren Sie private Unterbrechungen.
- Nachträgliche Manipulationen müssen ausgeschlossen sein.

Wenn Sie die Fahrtenbuch-Methode anwenden, müssen am Jahresende die eingetragenen Privatfahrten summiert und ins Verhältnis zur Gesamtfahrleistung gestellt werden. Daraus können Sie dann den Anteil ermitteln, der auf die private Nutzung entfällt. Übrigens: Sie dürfen während eines Kalenderjahres nicht zwischen den beiden Berechnungsmethoden wechseln. Das ist nur dann erlaubt, wenn das Fahrzeug gewechselt wird. Ansonsten soll mit der Beibehaltung einer Methode verhindert werden, dass für Monate mit hoher Privatnutzung die 1-Prozent-Methode und für die anderen der Nachweis per Fahrtenbuch angewandt wird. Darüber hinaus ist ein Fahrtenbuch, das nicht während des ganzen Kalenderjahres geführt wird, nicht ordnungsgemäß.

Gleich ob Sie die betriebliche Nutzung Ihres Firmenwagens per Fahrtenbuch oder 1-Prozent-Methode darlegen: Die Anschaffung des Autos können Sie nicht sofort im gleichen Jahr als Betriebsausgabe abziehen, sondern Sie müssen das Ganze abschreiben.

Kfz-Kosten in der Anlage EÜR

Kraftfahrzeugkosten und andere Fahrtkosten tragen Sie in der Anlage EÜR in die Zeile 60 ein. Der ermittelte Privatanteil gehört in die Zeile 19 »Private Kfz-Nutzung«.

Haben Sie Mitarbeiter im Betrieb – gleich ob fest angestellt oder als Minijobber beschäftigt –, können Sie die Ausgaben für eigenes *Personal* als Betriebsausgaben abziehen. Dazu zählen Aufwendungen für Löhne, Gehälter oder Sozialversicherungsbeiträge. Auch die Lohnsteuer für die Festangestellten und pauschal für Aushilfskräfte zu zahlende Lohnsteuer und Sozialversicherungsbeiträge sind als Betriebsausgaben in Ihrer Einnahmen-Überschuss-Rechnung anzugeben.

Personal in der Anlage EÜR

Ihre Aufwendungen für Angestellte und Minijobber gehören in der Anlage EÜR in die Zeile 27 »Ausgaben für eigenes Personal (z. B. Gehälter, Löhne und Versicherungsbeiträge)«.

Raumkosten für ein externes Büro akzeptiert das Finanzamt in aller Regel ohne Probleme – also etwa die Miete für die Kanzlei oder den Platz in einer Bürogemeinschaft inklusive aller Nebenkosten. Einzige Ausnahme: Eine mögliche Kaution, die Sie zu Beginn des Mietverhältnisses geleistet haben, dürfen Sie in aller Regel nicht ansetzen. Denn dieses »Pfand« erhalten Sie – gegebenenfalls abzüglich möglicher Renovierungskosten – nach Beendigung des Mietverhältnisses zurück. Nur wenn Sie in einem solchen Fall ohne Grund und trotz Aufforderung Ihr Geld vom Vermieter nicht zurückbekommen, dürfen Sie die Kaution als Betriebsausgabe geltend machen.

Raumkosten in der Anlage EÜR

Ihre Aufwendungen für außerhäusliche Büroräume können Sie in der Anlage EÜR in die Zeile 36 »Miete/Pacht für Geschäftsräume und betrieblich genutzte Grundstücke« eintragen.

Achtung: Diese Zeile ist für die externen Raumkosten reserviert, die Ausgaben für das häusliche Arbeitszimmer gehören hier nicht hin.

In Sachen Steuern kommen Sie irgendwann an einen Punkt, wo Sie *Rechts- und Steuerberatung* oder Hilfe für Ihre *Buchführungs*-Arbeiten in Anspruch nehmen. Lassen Sie sich beraten, können Sie die Rechnung des Anwalts oder Steuerberaters als Betriebsausgabe für Beratung erfassen. Dies gilt mit Einschränkung für die Kosten der Einkommensteuererklärung: Hier können Sie nur die Kosten als Betriebsausgaben abziehen, die sich dem Unternehmen zuordnen lassen. Ob dies der Fall ist, können Sie in aller Regel bereits der Rechnung Ihres Steuerberaters entnehmen: Die einzelnen Positionen, die nach der Gebührentabelle abgerechnet worden sind, zeigen, ob die Ausgaben betrieblich veranlasst waren oder nicht. Wenn Sie sich bei der Buchführung von einem Dienstleister helfen lassen, sind auch diese Kosten abzugsfähig.

Tipp: Dieses Buch informiert Sie über alle Themen, die von steuerlicher Relevanz für Ihre Selbstständigkeit sind. Damit können Sie die Kosten dafür ebenfalls als Betriebsausgabe verbuchen – vorzugsweise unter der Position »Fachliteratur«.

Beratung in der Anlage EÜR

Die Kosten für die Rechtsberatung, die anteiligen Aufwendungen für die Steuerberatung sowie mögliche Ausgaben für Buchführung können Sie in der Anlage EÜR in die Zeile 42 »Rechts- und Steuerberatung, Buchführung« einstellen.

Schuldzinsen können Sie immer dann als Betriebsausgabe ansetzen, wenn der dazugehörige Kredit betrieblich veranlasst war. Überziehungszinsen für das Geschäftskonto und andere Nebenkosten des Geldverkehrs können nur dann vollständig in der Einnahmen-Überschuss-Rechnung berücksichtigt werden, wenn das Konto ausschließlich betrieblich genutzt wird. Schon gelegentliche Abhebungen mit der EC-Karte oder das Überweisen der Einkommensteuer gelten als private Nutzung des Geschäftskontos. In solchen Fällen müssen die Zinsen nach einem komplizierten Verfahren aufgeteilt werden. Sind die Privatentnahmen eines Geschäftsjahres zudem höher als der Gewinn und die privaten Einzahlungen in den Betrieb, sind diese Mehrentnahmen pauschal mit sechs Prozent zu verzinsen. Die so ermittelten Zinsen sind nicht abzugsfähig, wenn sie einen Betrag von 2050 Euro übersteigen. Fallen Zinsen für die Finanzierung von Gegenständen des Betriebs an, etwa für die Anschaffung eines Autos oder die Büroeinrichtung, sind diese Zinsen in voller Höhe abzugsfähig.

☞ **Helmut Friederici, Steuerberater, Dortmund**

»Schuldzinsen sind nur bis zu einem Freibetrag von 2050 Euro pro Jahr unbeschränkt als Betriebsausgabe abziehbar. Damit sind alle Zinsen und Geldbeschaffungskosten gemeint, die zur Finanzierung betrieblicher und privater Vorgänge aufgewendet werden, ob für Reparaturen, Lohnzahlungen, betriebliche Anschaffungen oder Privatentnahmen, damit Sie Ihren Lebensunterhalt bestreiten können. Übersteigen diese Schuldzinsen den Freibetrag, kann das Problem nicht abziehbarer Schuldzinsen entstehen. Denn in der Vergangenheit hat so mancher Steuerpflichtige versucht, private Schuldzinsen durch Überentnahmen vom Geschäftskonto zu Betriebsausgaben zu machen und von der Steuer abzusetzen. Daher erkennt das Finanzamt nur noch solche Zinsen in voller Höhe an, die tatsächlich für einen Kredit gezahlt werden, mit dem ein betriebliches Wirtschaftsgut des Anlagevermögens angeschafft wurde. Alle anderen Schuldzinsen sind beim Abzug in der Höhe begrenzt. Liegen diese Zinsen am Jahresende über dem Betrag von 2050 Euro, führen die privaten Überentnahmen zu einem zumindest teilweisen Verlust beim Abzug von Schuldzinsen.«

Es ist also in jeder Hinsicht sinnvoll, Privates vom Geschäftlichen zu trennen und zwei Konten zu führen: eines fürs Geschäftliche, eines für alles Private.

Schuldzinsen in der Anlage EÜR

Den Anteil Ihrer Schuldzinsen, der auf den Betrieb entfällt, tragen Sie in der Anlage EÜR in die Zeilen 46 und 47 ein – unterteilt in »Schuldzinsen zur Finanzierung von Anschaffungs- und Herstellungskosten von Wirtschaftsgütern des Anlagevermögens« (Zeile 46) und »Übrige Schuldzinsen« (Zeile 47).

Nicht alle betrieblichen *Steuern* sind auch steuerlich abzugsfähig. Sind sie abzugsfähig, dann können sowohl die Vorauszahlungen als auch die Abschlusszahlungen der jeweiligen Steuerart in der Gewinnermittlung geltend gemacht werden. Zu den abzugsfähigen Steuern zählen:

- die Umsatzsteuer (Vorsteuer),
- die Lohnsteuer für Angestellte des Unternehmens,
- die Kfz-Steuer für ein Betriebsfahrzeug,
- die Grundsteuer für ein betriebliches Grundstück.

Steuernachzahlungen, die sich aus einer Betriebsprüfung ergeben, können ebenfalls als Betriebsausgabe behandelt werden, ebenso mögliche Zinsen auf Steuernachforderungen. Darüber hinaus dürfen Sie bei betrieblichen Steuern Verspätungs- und Säumniszuschläge als Betriebsausgabe geltend machen.

Zu den privaten Steuern gehören vor allem

- die Einkommensteuer,
- die Kirchensteuer,
- die Erbschaft- und Schenkungsteuer,
- die Grundsteuer für private Grundstücke und
- der Solidaritätszuschlag.

All diese Steuerarten dürfen Sie nicht als Betriebsausgabe abziehen.

Steuern in der Anlage EÜR

Die Umsatzsteuer auf Ihre betrieblichen Einnahmen gehört ebenso wie mögliche Umsatzsteuererstattungen des Finanzamts in die Zeilen 16 und 17 der Anlage EÜR. Die Vorsteuer und von Ihnen gezahlte Umsatzsteuer ist in die Zeilen 48 und 49 einzutragen. Dort müssen Sie unterscheiden zwischen den Vorsteuer-Beträgen, die Sie mit Eingangsrechnungen an Ihre Lieferanten bezahlt haben, und der Umsatzsteuer, die Sie ans Finanzamt zahlen mussten. Die Lohnsteuer tragen Sie – gemeinsam mit den anderen Ausgaben für angestelltes Personal – in Zeile 27 ein. Kfz-Steuer für ein Betriebsfahrzeug gehört in Zeile 59.

Ihre komplette betriebliche *Telekommunikation* – also Telefon und Internet – wird als Betriebsausgabe eingestuft, ist also abzugsfähig. Allerdings geht das Finanzamt immer davon aus, dass Sie auch bei mehreren Telefonanschlüssen und Internetzugängen hin und wieder ein privates Telefonat vom Firmenanschluss führen oder im Netz kurz privat surfen. Daher müssen Sie sich den Abzug eines Privatanteils gefallen lassen. Entweder weisen Sie Ihre betrieblichen Kosten vollständig nach – oder Sie teilen die Nutzung geschätzt auf.

Mehr Informationen zum Thema »Telekommunikation und Privatentnahme« finden Sie in Kapitel 3 auf S. 85.

Ist die Telefonie noch per Einzelverbindungsnachweis recht unkompliziert machbar, wird es in Sachen Internet schon etwas schwieriger. Von Ihrem Telefonanbieter oder Provider erhalten Sie monatlich lediglich eine Rechnung mit der Angabe der gesamten Verbindungen und deren Kosten – oder sogar nur einer Flatrate. Dies sagt noch nicht viel darüber aus, wann und wie Sie das Internet beruflich genutzt haben. Wenn Sie Ihren tatsächlichen betrieblichen Anteil ermitteln wollen, führen Sie am besten eine Art Fahrtenbuch für jeden beruflichen Besuch im Internet. Im Internet-Fahrtenbuch müssen Datum, Uhrzeit, Dauer und die besuchte Website verzeichnet werden. Außerdem sollten Sie aufschreiben, was der Grund für die berufliche Internet-Nutzung war, also beispielsweise die Bestellung von Fachliteratur oder die Recherche für eine Präsentation.

Tipp: Falls Sie sich nicht mehr erinnern können, wo Sie in den vergangenen Wochen im Internet gesurft haben, hilft die History-Liste. Einfach im Internet bei der Startseite auf der Tastatur gleichzeitig die Tasten »Strg« und »h« drücken – sofort erscheint eine zeitlich aufgeteilte Übersicht mit allen Internetseiten, die Sie in den vergangenen Wochen besucht haben. Sind Sie online gegangen, um berufsbedingt E-Mails zu verschicken oder zu lesen, lässt sich dies anhand des Ablageordners Ihres Mailprogramms nachträglich feststellen. Drei Monate reichen als repräsentatives Protokoll aus. Dabei müssen es allerdings drei zusammenhängende Monate sein, also beispielsweise Oktober bis Dezember. Daraus lässt sich ein Durchschnittswert ermitteln.

Ein Beispiel: Sie haben über drei Monate ein Internet-Fahrtenbuch geführt und können damit berufliche Verbindungskosten von insgesamt 630 Euro nachweisen. In den drei Monaten betrugen die Kosten sämtlicher Verbindungsentgelte 900 Euro. Daraus ergibt sich ein beruflicher Anteil von 70 Prozent.

Steuerlich geltend machen können Sie bei den Telekommunikationskosten nicht nur die Verbindungsentgelte, sondern beispielsweise auch den Anteil für

- die Grundgebühr,
- die Flatrate,
- die Miete der Telefonanlage,
- den Kaufpreis des externen Routers,
- das Bereitstellungsentgelt für die Einrichtung eines neuen oder die Übernahme eines bestehenden Anschlusses.

Beim Surfen fallen oft nicht nur Provider-Kosten an, sondern auch Kosten für Zugangsberechtigungen, beispielsweise für Datenbanken oder Informationsdienste. Auch diese Ausgaben, die häufig per Kreditkarte oder Bankeinzug bezahlt werden, können Sie steuerlich geltend machen. Diese Ausgaben sind in voller Höhe als Betriebsausgaben abziehbar. Genau wie bei der

Fachliteratur muss allerdings ein Bezug zu Ihrem Unternehmen gegeben sein.

Verfügen Sie über einen Internetauftritt, so können Sie die laufenden Kosten dafür als Betriebsausgaben abziehen. Dazu zählen auch die Gebühren des Internetproviders für Ihre Domain. Bei der Anschaffung unterscheidet das Finanzamt allerdings zwischen dem Aufbau der Website und der Anschaffung des Domainnamens. Die Anschaffungskosten und die Ausgaben für den Aufbau der Internetpräsenz können wie ein Computerprogramm über drei Jahre abgeschrieben werden. Selbst, wenn eine Agentur oder ein Webdesigner Ihren Internet-Auftritt gestaltet hat, können Sie die Anschaffungskosten nur über mehrere Jahre anteilig geltend machen. Anschaffungskosten für einen Domainnamen werden als immaterielles, nicht abschreibungsfähiges Wirtschaftsgut angesehen. Achten Sie außerdem darauf, dass möglicherweise GEMA-Gebühren anfallen können.

Mehr Informationen zum Thema »Abschreibung« finden Sie in diesem Kapitel auf S. 137.

Telekommunikation in der Anlage EÜR

Die anteiligen Betriebsausgaben für Ihre gesamte Telekommunikation tragen Sie in der Anlage EÜR in die Zeile 39 »Aufwendungen für Telekommunikation (z.B. Telefon)« ein.

Darüber hinaus gibt es noch mehr Betriebsausgaben, die sofort und unbeschränkt abzugsfähig sind. Dazu zählen zum Beispiel Kosten für *Porto* und *Fachliteratur*. Wichtig ist bei Fachzeitschriften und Büchern, dass sie tatsächlich betrieblich genutzt werden. Große Buchhandlungen drucken auf ihren Quittungen inzwischen automatisch den Titel der gekauften Bücher, bei kleineren Buchläden müssen Sie sich eine entsprechende Quittung ausstellen lassen, in der der Titel des Buches festgehalten ist. Für Zeitungen und Zeitschriften gilt im Prinzip das Gleiche wie für Fachliteratur, wobei es hier noch schwieriger ist, das private Interesse vom beruflichen abzugrenzen. So wird in aller

Regel als Betriebsausgabe nicht anerkannt, wenn Sie eine Tageszeitung abonniert haben – oder etwa ein Sport- oder Computermagazin, sofern Sie nicht Sport- oder EDV-Journalist sind.

Als Selbstständiger sind Sie – freiwillig oder manchmal verpflichtend – in Verbänden, Kammern oder Vereinen Mitglied. *Beiträge*, die Sie dafür zahlen, können Sie als Betriebsausgabe geltend machen. Gleiches gilt für Beiträge an die Berufsgenossenschaft. Auch Prämien für betriebliche *Versicherungen* – zum Beispiel Berufs- oder Vermögensschadenshaftpflicht, Betriebsunterbrechung oder Forderungsausfall – können Sie steuerlich als Betriebsausgabe geltend machen.

Kleidung ist dagegen in aller Regel eine privat veranlasste Ausgabe. Absetzen können Sie ausschließlich Kosten für Berufskleidung, bei denen eine private Nutzung ausgeschlossen ist. Dazu gehören beispielsweise

- der Arztkittel,
- die Anwalts-Robe,
- der Laborkittel,
- Theaterkleidung.

In diesen Fällen sind nicht nur die Anschaffungskosten, sondern auch Ausgaben für Reinigung oder Änderungsarbeiten abzugsfähig.

> *»Beruflich benötigte Kleidung abzusetzen ist schwer. Kein Finanzamt erkennt einen Business-Anzug als Betriebsausgabe an, auch wenn er nur auf Messen zum Einsatz kommt. Doch wenn man sich Kleidungsstücke mit dem eigenen Logo oder Claim benäht, so ist das Werbung. Das lässt sich absetzen.«*
>
> *Ein Investor Relations-Texter, München*

Damit potenzielle Kunden auf Sie aufmerksam werden, haben Sie möglicherweise des Öfteren Ausgaben für *Werbeaktionen*. Diese Kosten mindern als Betriebsausgaben Ihren Gewinn. Hier können Sie auch kleine Werbegeschenke, die Sie beispielsweise beim Weihnachtsmailing verschicken, geltend machen. Zu den abzugsfähigen Betriebsausgaben zählen etwa

- Werbekosten für Visitenkarten und sonstige vergleichbare Geschäftsausstattung,
- Mailings aller Art,
- Anzeigen und Inserate,
- Radio- und Fernsehwerbung,
- Messen und andere Werbestände,
- Flyer, Broschüren und Infomaterial,
- Werbegeschenke als Streuartikel, Einzelwert nicht mehr als zehn Euro.

Sonstige Betriebsausgaben in der Anlage EÜR

Alle Betriebsausgaben, die nicht konkret in einer anderen Zeile benannt sind, können Sie in einer Summe in die Zeile 51 »Übrige unbeschränkt abziehbare Betriebsausgaben« eintragen. Beiträge und Versicherungen gehören in die Zeile 44, Werbekosten können Sie in Zeile 45 aufführen.

Unterwegs fürs Geschäft: Reisekosten

Manche Freiberufler – etwa Kameraleute oder Fotografen – sind beruflich viel unterwegs, andere wiederum besuchen nur ab und zu ein Seminar, einen Kongress oder eine Messe. Viele Kosten, die hier anfallen, können als Betriebsausgaben geltend gemacht werden – immer vorausgesetzt, dass die Auswärtstätigkeit beruflich veranlasst ist. Zu den Reisekosten zählen die Aufwendungen für

- Fahrten,
- Verpflegung,
- Übernachtung,
- Reisenebenkosten.

Wohin es auch geht: Wenn Sie eine Dienstreise unternehmen, müssen Sie dies dokumentieren. Dies ist möglich mit einem Fahrtenbuch, Hotelrechnungen, Korrespondenz oder Teilnahmebestätigungen. Wichtig ist, dass Sie mit den Unterlagen nachweisen können, dass die Reise betrieblich veranlasst war. Den beruflichen Anlass der Reise müssen Sie ebenso darlegen wie die Reisekosten selbst. Empfehlenswert ist es, für jede Geschäftsreise eine separate Reisekostenabrechnung zu erstellen. Machen Sie dies am besten direkt nach der Dienstreise und heften Sie alle Belege, die Ihnen vorliegen, an Ihre individuelle Abrechnung. Das Ganze können Sie dann direkt zu Ihren Buchungsunterlagen nehmen.

Die Vorlage für eine individuelle Reisekostenabrechnung finden Sie auf der beigefügten CD.

Ganz gleich, wohin Sie Ihre Geschäftsreise führt: Sie müssen zunächst einmal dorthin kommen – mit dem Auto, mit dem Zug oder mit dem Flugzeug. Reisen Sie mit Ihrem Privatfahrzeug, haben Sie die Wahl: Sie können entweder Ihre tatsächlichen Kilometerkosten ansetzen oder aber Sie nutzen die Pauschale für Dienstreisen. Beim Ansatz der tatsächlich entstandenen Kosten sammeln Sie Belege aller Kosten, die für das Auto im Laufe des Jahres entstanden sind – etwa für Benzin, Reparaturen, Autowäsche oder Versicherung. Die Gesamtsumme teilen Sie durch die in einem Jahr gefahrenen Kilometer. So erhalten Sie die Kosten für jeden gefahrenen Kilometer, den Sie mit der beruflich gefahrenen Strecke multiplizieren. Wenn Sie auf das Belege sammeln verzichten wollen, können Sie jeden gefahrenen Kilometer ganz einfach mit einer Pauschale berechnen. Diese pauschalen Kilometersätze liegen für ...

... die Benutzung eines ...	**pro Kilometer bei ...**
Pkw	0,30 Euro
andere motorbetriebene Fahrzeuge (etwa Motorrad oder Moped)	0,20 Euro

Abbildung 4.1: Pauschale Kilometersätze; Quelle: Eigene Erstellung

Achtung: Mit der Reisekostenreform 2014 wurden die vorher geltenden Pauschalen zusammengeführt – und die Pauschale für Fahrräder gestrichen. Was für E-Bikes gelten soll, ist noch unklar. Auch die Pauschale für Kolleginnen und Kollegen, die Sie mitnehmen, ist im Bundesreisekostengesetz nicht mehr vorgesehen.

Wichtig: Reisen Sie mit Ihrem Firmenwagen – also mit Ihrem Auto, das Bestandteil Ihres Betriebsvermögens ist –, dürfen Sie keine individuelle Berechnung vornehmen oder die pauschalen Kilometersätze ansetzen. Denn in einem solchen Fall erfassen Sie bereits alle Kosten, die mit dem Auto zusammenhängen, in Ihrer Einnahmen-Überschuss-Rechnung.

Wenn Sie mit öffentlichen Verkehrsmitteln auf Geschäftsreise gehen, können Sie die tatsächlichen Kosten komplett geltend machen. Achten Sie darauf, dass Sie alle Belege sammeln – also nicht nur die Bahnfahrkarte oder das Flugticket, sondern auch die Quittung für das Taxi oder den Fahrschein aus dem Nahverkehr vor Ort. Im Bahnverkehr können Sie auch Zuschläge für den ICE oder die erste Klasse sowie Reservierungskosten ansetzen.

Essen müssen Sie immer. Aus diesem Grund sind Ihre tatsächlichen Kosten für das Essen im Hotelrestaurant oder in der Kantine des Tagungshauses nicht als Betriebsausgabe abzugsfähig. Allerdings gesteht Ihnen das Finanzamt zu, dass es in der Regel teurer ist, sich auf Reisen zu verpflegen als zu Hause. Daher gibt es für Auswärtstätigkeiten und Geschäftsreisen die sogenannten Verpflegungspauschbeträge, auf die Sie Anspruch haben, wenn Sie mehr als acht Stunden von zuhause abwesend sind.

Abwesenheitsdauer am Kalendertag	Pauschbetrag
Bis zu acht Stunden	Kein Pauschbetrag
mehr als 8 Stunden	12 Euro
24 Stunden	24 Euro
An- und Abreisetag bei mehrtägigen Geschäftsreisen	12 Euro

Abbildung 4.2: Verpflegungspauschbeträge;
Quelle: Eigene Erstellung.

Diese Pauschbeträge gelten seit der Reisekostenreform 2014.

Seitdem wird nur noch nach ein- und mehrtägiger Auswärtstätigkeit unterschieden:

- Wer einen Tag auf Dienstreise ist, bekommt ab einer Abwesenheit von mehr als acht Stunden einen Pauschbetrag von zwölf Euro.
- Sind Sie mehrere Tage auf Dienstreise, erhalten Sie für den An- und Abreisetag einen Pauschbetrag von ebenfalls zwölf Euro – ohne dass die Mindestabwesenheit geprüft wird.
- Für die Tage zwischen An- und Abreise (Abwesenheit von 24 Stunden) können Sie nach wie vor den Pauschbetrag von 24 Euro in Anspruch nehmen.

Die Neuregelung greift erstmals für die Gewinnermittlung im Jahr 2014.

Verpflegung in der Anlage EÜR

Die Pauschbeträge für Ihre Verpflegungsmehraufwendungen können Sie in der Anlage EÜR in Zeile 54 eintragen.

Wenn Sie mehrere Tage auf Geschäftsreise sind und auswärts übernachten müssen, dürfen Sie die Ausgaben dafür steuerlich geltend machen. Allerdings können Sie nur die Kosten ansetzen, die Ihnen auch tatsächlich entstanden sind und die Sie belegen können – etwa mit einer Hotelrechnung. Zudem sind nur die Übernachtungskosten abzugsfähig. Ausgaben für Frühstück, Halb- oder Vollpension zählen nicht dazu, ebenso wenig die Minibar oder Ähnliches.

Enthält Ihre Hotelrechnung einen Pauschalpreis, also Übernachtung und Mahlzeiten inklusive, müssen Sie aufpassen. Denn Hotelübernachtungen sind mit dem ermäßigten Umsatzsteuersatz belegt, Frühstück und anderes Essen dagegen mit 19 Prozent Mehrwertsteuer.

Außerdem ist folgende Kürzung vorzunehmen bei

- Übernachtung mit Frühstück: Kürzung um 4,80 Euro;
- Übernachtung mit Mittag- oder Abendessen: Kürzung um 9,60 Euro.

Hotelbetreiber sind verpflichtet, ihre Leistungen auch nach Steuersätzen getrennt aufzulisten. Bitten Sie für den Fall der Fälle – am besten schon bei Reservierung oder beim Einchecken – trotzdem darum, dass das Frühstück und andere Mahlzeiten in der Rechnung separat ausgewiesen werden. Gleiches gilt für Telefonkosten und die Hotelgarage, wenn auch aus anderem Grund. Denn berufliche Telefonate können Sie auf Dienstreisen ebenso als Betriebsausgabe geltend machen wie Parkgebühren, Eintrittsgelder für Messen und Kongresse, Trinkgelder oder Auslagen für Gepäckaufbewahrung. Dies alles zählt zu den Reisenebenkosten. Bei dieser Gelegenheit können Sie an der Rezeption direkt prüfen, ob die Rechnung an den richtigen Empfänger und auf Ihre Geschäftsadresse ausgestellt ist. So sichern Sie sich zugleich den Vorsteuerabzug.

Wenn Sie im Ausland unterwegs sind, müssen Sie Ihre Übernachtungskosten ebenfalls nachweisen. Und auch hier gilt: Sind Frühstück oder weiteres Essen im Hotelpreis inbegriffen, müssen Sie die Rechnung kürzen.

- Übernachtung mit Frühstück: Kürzung um 20 Prozent des jeweiligen Länderpauschbetrags für Verpflegung;
- Übernachtung mit Mittag- oder Abendessen: Kürzung um 40 Prozent des jeweiligen Länderpauschbetrags für Verpflegung.

Verpflegung im Ausland

Im Ausland gelten für den Mehraufwand an Verpflegung je nach Land – und manchmal dort noch nach einzelnen Städten gestaffelt – unterschiedliche Pauschbeträge. Bei Dienstreisen in die Schweiz können Sie beispielsweise für 24-stündige Abwesenheit einen Pauschbetrag von 48 Euro in Anspruch nehmen, bei einem Aufenthalt in Genf sogar 62 Euro. In den Niederlanden gilt ein maximaler Pauschbetrag von 46 Euro, in Großbritannien von 42 Euro (London: 57 Euro). Sämtliche Pauschbeträge für Verpflegungsmehraufwendungen werden vom Bundesfinanzministeriums regelmäßig aktualisiert. Das BMF-Schreiben finden Sie auf den Internetseiten des Ministeriums, es trägt das Aktenzeichen IV C 5 – S 2353/08/10006 :005.

Sie finden das BMF-Schreiben auch auf der beiliegenden CD-Rom.

Grundsätzlich dürfen Sie die gezahlte Umsatzsteuer aus Rechnungen, die Ihnen bei Geschäftsreisen entstehen, als Vorsteuer abziehen. Voraussetzung ist eine korrekte Rechnung, die aus dem Inland stammt. Ausländische Vorsteuerbeträge aus EU-Ländern können allerdings nicht beim deutschen Finanzamt geltend gemacht werden. Wenn Sie diese Beträge erstattet bekommen möchten, müssen Sie beim Bundeszentralamt für Steuern einen Antrag auf Vorsteuer-Vergütung stellen. Die Anträge auf Umsatzsteuervergütung sind innerhalb bestimmter Fristen elektronisch über das Internetportal des Amts einzureichen: http://www.bzst.de. Die Behörde prüft nur die Unternehmereigenschaft des Antragstellers und leitet den Antrag dann an den EU-Mitgliedstaat weiter, in dem die Umsatzsteuer erhoben wurde. Dieser EU-Mitgliedstaat bearbeitet die Anträge und erstattet gegebenenfalls die gezahlte Umsatzsteuer.

Beschränkt abzugsfähig: Bewirtung und Geschenke

Bei bestimmten Betriebsausgaben vermutet das Finanzamt, dass ein privater Anlass nicht ausgeschlossen ist. Ganz oben auf dieser Liste stehen die Bewirtung von Geschäftspartnern, Geschenke sowie Verträge mit Angehörigen. Für einige dieser Ausgaben hat der Gesetzgeber daher schon Grenzen eingezogen. Diese Betriebsausgaben sind damit nur beschränkt abziehbar.

Beschränkt Abziehbares in der Anlage EÜR

Alle Betriebsausgaben, die Sie von Gesetzes wegen nur beschränkt absetzen dürfen, können Sie in der Anlage EÜR in den Zeilen 52 bis 57 eintragen. Für Freiberufler sind – neben den Abzugsmöglichkeiten des häuslichen Arbeitszimmers – vor allem die Zeilen 52 und 53 für Geschenke und Bewirtung interessant.

Bewirtungen aus geschäftlichem Anlass sind grundsätzlich nur zu 70 Prozent abziehbar. Denn essen müssen Sie immer, ob der Anlass nun betrieblich ist oder nicht. Die Bewirtung muss in jedem Fall klar vom privaten Umfeld abgegrenzt werden. Machen Sie sich darauf gefasst, dass Ihr Sachbearbeiter beim Finanzamt in puncto Bewirtungskosten immer etwas skeptisch eingestellt ist. Der berufliche oder betriebliche Anlass muss deutlich aus dem Beleg der Bewirtung hervorgehen. Kunden, Lieferanten, Berater oder potenzielle Interessenten zählen damit zum möglichen Geschäftspartnerkreis. Sie können aber auch mit Ihren Kollegen essen gehen – wenn Sie etwa berufliche Informationen über ein gemeinsames Projekt austauschen wollen. Zu einem geschäftlichen Anlass zählen beispielsweise

- Vertragsverhandlungen,
- Projektgespräche,
- Informations- und Ideenaustausch.

Unter Bewirtung versteht das Einkommensteuerrecht den »Verzehr von Speisen, Getränken und sonstigen Genussmitteln«. Außerdem absetzbar: Nebenkosten wie Trinkgelder oder die Gebühr für die Garderobe oder die Toilette. »Bewirten« dürfen Sie überall – nicht nur in einem Restaurant oder Hotel, sondern auch im Zug oder in Ihrem Betrieb. Einzige Ausnahme: Die Bewirtung darf nicht bei Ihnen zu Hause stattfinden, denn dann lässt sich das Ganze nicht mehr vom privaten Bereich abgrenzen. Ähnliches gilt für die Bewirtung von Ehepartnern oder Lebensgefährten: Diese Aufwendungen können nur dann als Betriebsausgabe angesetzt werden, wenn deren Teilnahme aus betrieblicher Sicht notwendig erscheint.

Für den Abzug als Betriebsausgabe gibt es strenge Formvorschriften. Dies bedeutet in erster Linie, den Bewirtungsbeleg ordnungsgemäß auszufüllen.

Formvorschriften für Bewirtung

Die Aufzeichnungsvorschriften für Bewirtungen sind im Einkommensteuergesetz (EStG) festgelegt. Dort heißt es in § 4 Absatz 5 Nr. 2: »Zum Nachweis der Höhe und der betrieblichen Veranlassung der Aufwendungen hat der Steuerpflichtige schriftlich die folgenden Angaben zu machen: Ort, Tag, Teilnehmer und Anlass der Bewirtung sowie Höhe der Aufwendungen. Hat die Bewirtung in einer Gaststätte stattgefunden, so genügen Angaben zu dem Anlass und den Teilnehmern der Bewirtung; die Rechnung über die Bewirtung ist beizufügen.«

Als Gastgeber benötigen Sie einen maschinell erstellten und registrierten Rechnungsbeleg, der auf Ihren Namen lautet. Darüber hinaus müssen Ort, Datum, alle verzehrten Speisen und Getränke sowie die einzelnen Preise, die Namen aller Teilnehmer und der Anlass der Bewirtung aufgeführt sein. Ganz wichtig: Beim Anlass reicht es nicht, als Stichwort lediglich »Geschäftsessen«, »Kontaktpflege« oder »Akquisegespräch« zu notieren. Je detaillierter, desto besser, zum Beispiel »Bestandsaufnahme Social-Media-Strategie« oder »Vertragsverhandlungen zu Projekt X«. Mit Ihrer Unterschrift bestätigen Sie die Richtigkeit Ihrer Angaben. Der Beleg muss zeitnah erstellt werden, füllen Sie ihn daher am besten direkt im Restaurant aus.

Das Muster einer Bewirtungsrechnung sowie die Vorlage für einen Bewirtungsbeleg finden Sie auf der beigefügten CD.

Ab einer Summe von 150 Euro sollten Sie außerdem darauf achten, dass die Steuernummer des Restaurants angegeben ist, damit Ihnen der Vorsteuerabzug nicht verloren geht. Denn obwohl Sie die Bewirtungskosten nur zu 70 Prozent als Betriebsausgaben bei der Gewinnermittlung für die Einkommensteuer geltend machen dürfen, haben Sie bei der Umsatzsteuer bessere Karten: Hier dürfen Sie nämlich die komplette Mehrwertsteuer aus der Rechnung als Vorsteuer abziehen. Denken Sie auch daran, den Bewirtungsbeleg zu kopieren. Meist handelt es sich bei den Restaurant-Quittungen um Belege auf Thermopapier, die eine zehnjährige Aufbewahrungsfrist nicht lesbar überstehen.

Bewirtung, aber kein Geschäft

Was bei einer Bewirtung nicht nachgewiesen werden muss, ist der tatsächliche Geschäftsabschluss. So urteilte zum Beispiel das Finanzgericht München (Az. 14 K 4676/06). In dem Fall hatte das Finanzamt einem EDV-Berater die Anerkennung der Bewirtungskosten verweigert. Begründung: Es sei nicht nachgewiesen worden, dass das Geschäftsessen nachvollziehbare Einnahmen gebracht habe. Die Münchner Richter folgten dieser Argumentation nicht. Schließlich könne man auch nach dem Schalten von Anzeigen oder dem Verteilen von Flyern nicht nachprüfen, ob und in welchem Umfang sich dadurch ein Geschäftserfolg eingestellt habe. Die Kosten dafür seien trotzdem abzugsfähig. Fazit: Ob das Geschäftsessen tatsächlich zu nachvollziehbaren Einnahmen geführt hat, geht das Finanzamt nichts an.

Tipp: Bestimmte »Bewirtungen« lassen sich zu 100 Prozent als Betriebsausgaben abziehen. Dies ist dann der Fall, wenn es sich zum Beispiel nur um kleine Aufmerksamkeiten handelt, die Sie für eine Besprechung auf den Tisch stellen. Hier kommt es nicht so sehr auf die Höhe der Ausgaben für die Bewirtung an, sondern vor allem darauf, ob es sich um eine »übliche Geste der Höflichkeit« handelt. Dazu gehören warme und kalte Getränke sowie Gebäck, Kuchen oder belegte Brötchen. Der Preis macht nicht den Unterschied zwischen Aufmerksamkeit und Bewirtung. Selbst wenn zu einem Geschäftsabschluss Champagner eingeschenkt wird, können die Kosten dafür noch zu 100 Prozent geltend gemacht werden. Werden später jedoch Bratwurst und Kartoffelsalat serviert, handelt es sich um eine Bewirtung.

Geschenke für Geschäftspartner sind ebenfalls nur eingeschränkt als Betriebsausgaben abziehbar. Beschenken dürfen Sie neben Kunden freie Mitarbeiter, Dienstleister oder Berater – etwa zum Geburtstag oder einem anderen persönlichen Anlass. Eine geschäftliche Beziehung muss in jedem Fall bestehen. Außerdem darf der Wert des Geschenkes 35 Euro nicht überschreiten. Diese Grenze gilt pro Beschenktem und pro Jahr; sprich, Sie können einem Geschäftspartner auch mehrmals im Jahr etwas schenken, solange der Gesamtwert aller Geschenke 35 Euro nicht übersteigt. Umgekehrt dürfen Sie Kosten für ein teureres Geschenk nicht anteilig geltend machen. Denn bei der 35-Euro-Grenze handelt es sich nicht um einen Freibetrag, sondern eine Freigrenze. Überschreiten Sie diese Schwelle, dürfen Sie das Geschenk gar nicht als Betriebsausgabe ansetzen.

Das Muster für einen Eigenbeleg Geschenke finden Sie auf der beigefügten CD.

Auch bei Geschenken gelten besondere Aufzeichnungspflichten: Sie müssen die Ausgaben für Geschenke gesondert erfassen und dafür ein Extra-Konto verwenden. Außerdem sollten Sie eine Liste machen, wer die Geschenke bekommen hat. Schreiben Sie am besten direkt auf die Quittung den Namen des Beschenkten und den Anlass.

Betriebsausgaben pauschal – geht das überhaupt?

Grundsätzlich sollten Sie all Ihre Betriebsausgaben nachweisen können. In der Praxis erkennen Finanzbeamte aber auch bei kleineren Beträgen und in geringem Umfang Pauschalen für bestimmte Kosten an – wenn sie realistisch ausfallen.

Für bestimmte Branchen gibt es sogar ganz offiziell Betriebsausgabenpauschalen. Journalisten und Schriftsteller dürfen 30 Prozent ihrer Einnahmen als Betriebsausgaben pauschal ansetzen. In Euro und Cent ist dieser Betrag auf maximal 2455 Euro pro Jahr begrenzt. Wer nebenberuflich schriftstellerisch, künstlerisch oder wissenschaftlich arbeitet, kann eine Pauschale von 25 Prozent der Einnahmen als Betriebsausgaben geltend machen – maximal 614 Euro pro Jahr. Eine nebenberufliche Tätigkeit darf den zeitlichen Umfang von maximal einem Drittel einer Vollzeitbeschäftigung allerdings nicht überschreiten.

Aber Vorsicht: Die Betriebsausgabenpauschale ist auf den ersten Blick verführerisch, weil so lästiges Belege Sammeln und Zusammenrechnen entfällt. Trotzdem sollte die Pauschale genau geprüft und mit spitzem Bleistift gegengerechnet werden. Denn die Pauschalen fallen – je nach individuellem Umsatz – recht niedrig aus und sind zudem nach oben begrenzt. Wer mehr als 8 500 Euro Einnahmen im Jahr hat, muss schon sehr niedrige Ausgaben haben, damit sich die Betriebsausgabenpauschale überhaupt lohnt.

Halb und halb: gemischt betrieblich-private Ausgaben

Alles oder nichts: Dieses Prinzip gilt beim Abzug von Betriebsausgaben nicht mehr. Denn vor einiger Zeit hat der Bundesfinanzhof (BFH) in einer Grundsatzentscheidung seine Rechtsprechung zu Kosten, die zum Teil privat und zum Teil betrieblich veranlasst sind, geändert (Az. GrS 1/06). In dem Beschluss hieß es, dass sich aus dem Einkommensteuergesetz kein allgemeines Aufteilungs- und Abzugsverbot für solche Kosten entnehmen lässt. Sprich: Wenn die beruflich veranlassten Teilkosten feststehen und nicht von untergeordneter Bedeutung sind, dürfen sie auch steuerlich geltend gemacht werden.

Gemischtes: Absetzbar, wenn trennbar

Nachdem der Bundesfinanzhof vor einiger Zeit eine Kehrtwende in der Rechtsprechung vollzogen hatte, können nun gemischt beruflich und privat veranlasste Aufwendungen aufgeteilt werden. Das frühere strikte Aufteilungs- und Abzugsverbot ist damit vom Tisch und das Bundesfinanzministerium (BMF) hat Grundsätze dafür aufgestellt, wann steuerliche Abzüge möglich sind. Das Aktenzeichen des BMF-Schreibens lautet IV C 3 – S 2227/07/10003 :002.

Zunächst einmal wird das Finanzamt die Kosten nur anerkennen, wenn es einen echten beruflichen Anlass gibt. Bei einer teils geschäftlich veranlassten Reise – etwa zu einem Kongress oder einem Workshop – kann beispielsweise das Programm als Nachweis dienen. Auch E-Mail-Korrespondenz oder anderer Schriftverkehr kann den beruflichen Anteil dokumentieren. Beläuft sich der berufliche Anteil auf mindestens 90 Prozent, können sämtliche Kosten steuerlich geltend gemacht werden. Umgekehrt können die Aufwendungen, bis auf die unmittelbar anfallenden Seminargebühren, überhaupt nicht in der Steuererklärung angesetzt werden, wenn der berufliche Anlass im Übrigen weniger als zehn Prozent beträgt.

Voraussetzung dafür ist, dass die Kosten aufteilbar sind. Die Kriterien dafür müssen nachvollziehbar sein. Oft bietet sich eine Aufteilung nach Zeitanteilen an.

Ein Beispiel: Ein Designer aus Frankfurt nimmt an einem Fachkongress in Kopenhagen teil. Dieser dauert vier Tage. Danach fährt er noch zu einem Kurzurlaub an die Ostsee und fliegt anschließend wieder zurück nach Deutschland. Die Teilnehmergebühr für die Tagung sowie andere Kosten, die mit dem Kongress zusammenhängen, kann er ohne Probleme ansetzen. Andere Ausgaben müssen aufgeteilt werden. Dies gilt vor allem für den Flug. Für diesen bezahlt er rund 900 Euro. Insgesamt ist er sieben Tage in Dänemark, davon entfallen vier Tage auf den Fachkongress. Die Kosten für den Flug muss der Designer also in einem Maßstab von 4/7 zu 3/7 aufteilen. Er kann also für den Flug einen Anteil von 514 Euro als Reisekosten geltend machen.

Gemischte Reisekosten: Der Partner darf mit

In einer weiteren Entscheidung zu gemischt veranlassten Aufwendungen erklärte der Bundesfinanzhof, dass die Teilnahme des Ehepartners oder Lebensgefährten grundsätzlich nicht zu einem Abzugsverbot der beruflich veranlassten Kosten führt (Az. III B 21/12). Auch sei damit nicht zu rechtfertigen, dass die entstandenen Aufwendungen in geringerem Maße steuerlich berücksichtigt werden.

Im zugrunde liegenden Fall hatte eine Sozialpädagogin damit begonnen, einen Roman zu schreiben, der in Neuseeland, Australien und Chile spielt. Gemeinsam mit ihrem Lebensgefährten unternahm sie eine Reise nach Australien und Neuseeland, wo sie vier Tage im Stadtarchiv von Auckland recherchierte. Daneben machten die beiden Ausflüge und besichtigten verschiedene Städte. Die Recherche hatte die Autorin schriftlich in einem Reiseplan dokumentiert und wollte die Kosten dafür sowie die anteiligen Ausgaben für den Flug steuerlich geltend machen. Das Finanzgericht hatte ihr in erster Instanz bereits Recht gegeben und auch der Bundesfinanzhof entschied, dass aus einer teilweise beruflichen Reise wegen der Teilnahme des Partners keine Privatreise wird. Die Klägerin konnte damit anteilig ihre Reisekosten sowie die Ausgaben für die Recherchetage als Betriebsausgaben ansetzen.

Die meisten gemischt veranlassten Aufwendungen dürften bei Reisen anfallen. Hier ist es nun möglich, auswärtige berufliche Tätigkeiten mit einem privaten Urlaub zu kombinieren, ohne den Abzug als Betriebsausgabe zu verlieren. Ob Sie nun zu einem potenziellen Kunden fahren, an einer Besprechung mit einem Projektteam teilnehmen oder eine Messe besuchen: Solange dieser Teil der Fahrt aus betrieblichem Grund veranlasst ist, sind die Kosten absetzbar. Neben den tatsächlich entstandenen Reisekosten können Sie hier die Verpflegungspauschbeträge als Betriebsausgaben ansetzen. Denken Sie dabei daran, dass im Ausland je nach Land höhere Pauschbeträge gelten.

Mehr Informationen zum Thema »Verpflegungspauschbetrag« finden Sie in diesem Kapitel auf S. 125.

Wenn Sie mit dem eigenen Auto fahren und womöglich einen Kollegen mitnehmen, dürfen Sie auch hier die pauschalen Kilometersätze in Ihre Gewinnermittlung aufnehmen. Darüber hinaus summieren sich bei einer Reise oft weitere Ausgaben, die einzeln genommen keine hohen Beträge sind. Aber insgesamt lohnt es sich, Belege zu sammeln. Folgende Reisenebenkosten sind beispielsweise denkbar:

- Parkgebühren, Maut, Garagenmiete,
- Ausgaben für die Fähre,
- Kosten für Gepäckaufbewahrung,
- Gebühren für berufliche Telefonate,
- Beiträge zu einer Reisegepäckversicherung (beruflicher Anteil muss klar sein),
- Auslagen für die Bewirtung von Geschäftspartnern,
- Ausgaben für einen Leihwagen oder ein Taxi.

Es muss aber nicht unbedingt eine Reise sein, die gemischt veranlasste Aufwendungen beinhaltet. Denkbar ist dies auch in anderen Bereichen – etwa beim häuslichen Arbeitszimmer. Können die gemischt veranlassten Kosten nicht nach Zeit, Menge oder nach Köpfen – etwa bei einer geschäftlichen Feier, zu der auch Bekannte eingeladen sind – aufgeteilt werden, darf geschätzt werden. Ist allerdings das Berufliche mit dem Privaten so stark verwoben, dass keine genauen Grenzen definiert werden können, hat es sich mit dem Steuerabzug erledigt. Das ist zum Beispiel der Fall, wenn der private Geburtstag mit Verwandten, Freunden und ebenfalls eingeladenen Geschäftspartnern gefeiert wird. Auch die Ausgaben für ein zweites Zeitungsabonnement sind weiterhin nicht abzugsfähig, selbst wenn Sie sich hier über beruflich wichtige Angelegenheiten informieren. Die Finanzverwaltung hat noch einmal klargestellt, was zu den »unverzichtbaren Aufwendungen für die Lebensführung« gehört.

Dazu zählen vor allem Kosten für

- Kleidung,
- Wohnung,
- Ernährung,
- allgemeine Schulbildung,
- persönlichen Bedarf des täglichen Lebens,
- Brillen.

Diese Aufwendungen sind bereits durch das steuerliche Existenzminimum abgegolten – oder möglicherweise in Ihrer Steuererklärung als Sonderausgaben oder außergewöhnliche Belastung abziehbar. In die Gewinnermittlung für die Einnahmen-Überschuss-Rechnung gehören solche Kosten jedoch nicht.

Längst abgeschrieben? Abschreibungen und Investitionsabzugsbetrag

»Diesen Posten musste das Unternehmen abschreiben« – ein Satz, den man in der Wirtschaftsberichterstattung öfter zu hören bekommt. Was aber ist tatsächlich mit dem Begriff »Abschreibung« gemeint? Das Prinzip, das hinter einer Abschreibung steckt, ist recht einfach: Viele Wirtschaftsgüter, die Sie für Ihren Betrieb anschaffen, nutzen Sie über mehrere Jahre. Daher müssen Sie die Kosten für den Kauf über mehrere Jahre verteilen können. So werden für jedes Jahr die Kosten bei der Steuer als Betriebsausgabe geltend gemacht, die – zumindest theoretisch – durch den Einsatz des Wirtschaftsgutes entstehen. Der Fachbegriff lautet daher »Abschreibung für Abnutzung« – abgekürzt AfA.

Abschreiben können Sie nur etwas, das sich entweder

- durch Gebrauch abnutzt oder
- mit der Zeit an Wert verliert.

Bei bestimmten Wirtschaftsgütern findet der Fiskus, dass sie nicht an Wert verlieren oder sich nicht abnutzen. Dazu gehören

- anerkannte Kunst wie beispielsweise Bilder bekannter Maler,
- Antiquitäten, die nur als Dekoration dienen,
- Aufwendungen für die eigene Domain,
- Grund und Boden.

Diese nicht abnutzbaren Wirtschaftsgüter dürfen Sie nicht abschreiben. Das Gleiche gilt – im positiven Sinne – für kurzlebige Wirtschaftsgüter. Die Anschaffungskosten für solche Gegenstände dürfen Sie im Jahr der Anschaffung als Betriebsausgabe vollständig ansetzen. Bei allen übrigen Wirtschaftsgütern wird in Sachen Abschreibung in drei Kategorien unterschieden:

1. Bewegliche, materielle Wirtschaftsgüter
   Die meisten längerlebigen Gegenstände werden hier eingeordnet, etwa das Büromobiliar, der Firmenwagen, Computer- und Telefonanlagen. Ein bewegliches Wirtschaftsgut kann aber auch eine fest mit dem Boden oder dem Gebäude verbundene technische Anlage sein – zum Beispiel ein Safe.
2. Unbewegliche, materielle Wirtschaftsgüter
   In diese Kategorie gehören Immobilien, also Gebäude oder selbstständige Gebäudeteile. Ladeneinbauten, die Pflasterung der Garageneinfahrt oder Gartenanlagen zählen ebenfalls hierzu.
3. Immaterielle Wirtschaftsgüter
   Das sind Dinge, die Sie nicht anfassen können, die aber trotzdem einen Wert darstellen. Beispiele dafür sind Software, Patente und Lizenzen, Urheberrechte oder Markenzeichen.

Um die Abschreibung eines Wirtschaftsguts zu berechnen, werden Anschaffungs- und Anschaffungsnebenkosten zugrunde gelegt. Diese Ausgaben sind der Ausgangspunkt für Ihre Berechnungen. Dabei ist es völlig gleichgültig, ob Sie ein Schnäppchen gemacht oder ob Sie zu teuer eingekauft haben. Allerdings wird das Finanzamt hellhörig, wenn Sie Rechnungen von Verwandten bekommen. Hier prüfen die Beamten in aller Regel, ob der Kaufpreis zu hoch angesetzt wurde.

Bei einem Ratenkauf ist der vollständige Kaufpreis, nicht das gewährte Darlehen, ausschlaggebend für Ihre Abschreibung. Bekommen Sie wegen pünktlicher Zahlung Skonti eingeräumt, müssen Sie diese Prozente vom Preis und damit von den Anschaffungskosten abziehen.

Achtung: Wenn Sie die Umsatzsteuer aus Rechnungen, die Sie bezahlen, als Vorsteuer abziehen dürfen, gehört die Mehrwertsteuer Ihrer Neuerwerbung nicht zu den Anschaffungskosten. Für eine Abschreibung müssen Sie dann also den Netto-Kaufpreis nehmen. Kaufen Sie beispielsweise ein Auto auf Kredit, so gehören die Zinsen oder die Gebühren für den Darlehensvertrag nicht zu den Anschaffungskosten. Diese Ausgaben dürfen Sie sofort – sprich noch im gleichen Jahr – als Betriebsausgabe abziehen. Das Gleiche gilt für die Vorsteuer, die Sie mit der Rechnung an den Lieferanten gezahlt haben.

Anschaffungsnebenkosten müssen Sie zu Ihren Anschaffungskostenhinzurechnen. Ziehen Sie nämlich solche Kosten noch im Jahr des Kaufs als sofort abzugsfähige Betriebsausgabe von Ihren Einnahmen ab, kann das Ärger bei der nächsten Betriebsprüfung geben. Achten Sie deshalb auf folgende Anschaffungsnebenkosten:

- Grunderwerbsteuer,
- Kosten für einen Notar,
- Maklerprovision,
- Vermessungsgebühren,
- Speditionskosten,
- Verpackung und Porto,
- Kosten der Montage oder auch
- Zulassungs- und Überführungskosten für ein Auto.

Auch nachträgliche Kosten, beispielsweise der Einbau einer Klimaanlage in ein Fahrzeug oder die Standardsoftware fürs Laptop, müssen zu den Anschaffungskosten hinzugerechnet werden.

Wenn Sie beispielsweise einen Computer oder ein Auto für Ihr Unternehmen kaufen, dürfen Sie auch die Abschreibung in Anspruch nehmen. Schwierig wird es allerdings, wenn nicht Sie, sondern ein Dritter die Rechnung bezahlt hat – zum Beispiel der Ehepartner. Dann kann es Probleme geben, dem Finanzamt klar zu machen, dass es sich um ein Wirtschaftsgut handelt, das von Ihnen betrieblich genutzt wird – und für das Ihnen die Abschreibung zusteht. Ist dann auch noch die Rechnung nicht auf Ihr Unternehmen ausgestellt, verlieren Sie in jedem Fall den Vorsteuerabzug.

Ein Grundprinzip der Abschreibung ist, dass Sie Ihre Kosten auf die voraussichtliche Zeit verteilen, die Sie das Gerät, den Wagen oder die Möbel nutzen. Viele Unternehmer haben ein Interesse daran, diese Nutzungsdauer möglichst kurz zu halten. Denn wenn die Kosten auf mehrere Jahre verteilt werden müssen, sind die jährlichen Betriebsausgaben umso höher, je kürzer die Nutzungsdauer ist. Wenn Sie ein Auto für die Firma kaufen und dafür 21 000 Euro bezahlen, wäre es natürlich schön, wenn Sie diese Summe lediglich auf zwei Jahre aufteilen müssten – und damit in jedem Jahr jeweils 10 500 Euro als Betriebsausgabe geltend machen können, um somit Ihre Steuerlast zu senken.

Leider können Sie sich die Nutzungsdauer, während der Sie das entsprechende Wirtschaftsgut voraussichtlich verwenden, – zumindest in steuerlicher Hinsicht – nicht aussuchen. Und auch das Finanzamt kann die Nutzungsdauer eigentlich nur schätzen. Damit es zwischen beiden Seiten nicht ständig zum Streit kommt, hat das Bundesfinanzministerium gemeinsam mit den Wirtschaftsverbänden eine Tabelle erarbeitet. In der »AfA-Tabelle für die allgemein verwendbaren Anlagegüter« können Sie nachschlagen, über welche Zeitspanne Sie ein bestimmtes neu angeschafftes Wirtschaftsgut abschreiben sollen. Ein Fahrzeug müssen Sie beispielsweise über sechs Jahre abschreiben, es sei denn, Sie können aufgrund sehr hoher Fahrleistungen eine kürzere Nutzungsdauer glaubhaft machen. Büromöbel etwa sind über 13 Jahre abzuschreiben.

Wenn Sie in der offiziellen Tabelle etwas nicht entdecken, orientieren Sie sich einfach an einem Wirtschaftsgut, das ganz ähnlich ist. Haben Sie beispielsweise ein All-In-One-Drucker, -Kopierer, -Fax gekauft, orientieren Sie sich einfach an dem vergleichbaren Gerät, das die kürzeste Nutzungsdauer hat. So können Sie die Kosten für das All-In-One Gerät auf drei Jahre verteilen, obwohl ein Kopierer für sich alleine beispielsweise auf sieben Jahre abgeschrieben werden müsste.

Die AfA-Tabelle der Finanzverwaltung finden Sie auf den Internetseiten des Bundesfinanzministeriums http://www.bundesfinanzministerium.de/Web/DE/Themen/Steuern/Weitere_Steuerthemen/Betriebspruefung/AfA_Tabellen/afatabellen.html

Abschreibefristen: Das Finanzamt muss, der Steuerzahler darf

Die amtlichen AfA-Tabellen stellen für die Finanzämter eine verbindliche Dienstanweisung dar. Der Steuerpflichtige hingegen muss sich nicht unbedingt daran halten. Das entschied das Finanzgericht Niedersachsen (Az. 9 K 98/14). Anlass des Verfahrens war ein Fall, in dem die Finanzverwaltung für eine Halle statt einer jährlichen Abschreibung von vier Prozent lediglich drei Prozent zulassen wollte.

Das Finanzgericht stellte klar, dass die Finanzämter an die amtlichen AfA-Tabellen gebunden sind und nicht zu Ungunsten der Steuerzahler davon abweichen dürfen. Umgekehrt dürfen Steuerpflichtige aber eine kürzere Nutzungsdauer – und damit höhere jährliche Abschreibungsbeträge – geltend machen. Voraussetzung: Sie begründen dies stichhaltig, etwa damit, dass der betroffene Gegenstand stark beansprucht wird. So müssen Sie beispielsweise ein Fahrzeug laut AfA-Tabelle über sechs Jahre abschreiben. Können Sie allerdings glaubhaft machen, dass Sie aufgrund sehr hoher Fahrleistungen das Auto nicht so lange nutzen können, sind auch kürzere Abschreibungsfristen erlaubt.

Es gibt unterschiedliche Methoden, ein Wirtschaftsgut abzuschreiben. Der Klassiker ist die *lineare Abschreibung*. Die lineare Abschreibung können Sie fast immer anwenden, sowohl bei beweglichen als auch bei unbeweglichen Wirtschaftsgütern. Linear bedeutet: Ihre Anschaffungskosten werden gleichmäßig über die voraussichtliche Nutzungsdauer verteilt.

Achtung: Da Sie in der Regel nicht alle Ihre betrieblichen Anschaffungen am 1. Januar eines Jahres machen, unterscheiden sich die Beträge, die Sie im ersten und letzten Jahr abschreiben, von denen, die Sie in den anderen Jahren absetzen. Maßgeblich für den Abschreibungsbeginn ist der Zeitpunkt, an dem Sie das Wirtschaftsgut in Betrieb nehmen oder erstmalig nutzen. Zur Vereinfachung gilt: Kaufen Sie das neue Gerät am Ende eines Monats, dürfen Sie die volle Monatsabschreibung geltend machen. Wenn Sie sich die Mühe machen wollen, dürfen Sie aber auch den zeitlichen Anteil bis auf den Tag genau ausrechnen.

Ein Beispiel: Sie haben sich im Oktober ein neues Auto gekauft, das Sie überwiegend betrieblich nutzen. Bruttopreis: 21 000 Euro. Ein Pkw muss über sechs Jahre abgeschrieben werden, damit würde sich die anteilige lineare Abschreibung pro Jahr auf 3 500 Euro belaufen. Da die Anschaffung in den Oktober fällt, dürfen Sie im ersten Jahr auch nur für drei Monate die Abschreibung geltend machen– also 875 Euro. Das Gleiche trifft für das letzte Jahr der Abschreibung zu: Hier schreiben Sie einen Betrag von 2 625 Euro ab. In den fünf Jahren dazwischen können Sie jährlich 3 500 Euro für das Auto abschreiben. Wichtig: Auch wenn Sie den Abschreibungsanteil monats- oder tagesgenau ermitteln, müssen Sie dies sowohl im ersten wie im letzten Jahr der Abschreibung berücksichtigen. Die Abschreibungsanteile aus diesen beiden Jahren ergeben zusammen den jährlichen Abschreibungsbetrag.

Die lineare Abschreibung ist die gängigste Form der Abschreibung, jedoch nicht die einzige. Daneben gibt es noch die degressive Abschreibung – allerdings nur für bewegliche Wirtschaftsgüter und nur für solche, die in der Vergangenheit angeschafft wurden. Denn seit 2011 ist die degressive Abschreibung nicht mehr zulässig und war nur für Gegenstände möglich, die entweder

- zwischen dem 1. Januar 2009 und 31. Dezember 2010 oder
- zwischen dem 1. Januar 2006 und dem 31. Dezember 2007 oder
- zwischen dem 1. Januar 2001 und dem 31. Dezember 2005

gekauft wurden.

Für Anschaffungen ab dem 1. Januar 2011 existiert zwar nur noch die Möglichkeit der linearen Abschreibung, da die degressive Variante abgeschafft wurde. Aber: Wenn Sie für Investitionen vor dem 1. Januar 2008 oder im Zeitraum 1. Januar 2009 bis 31. Dezember 2010 die degressive Abschreibung gewählt haben, dürfen Sie diese auch in der Gewinnermittlung 2014 weiter anwenden.

Die *degressive Abschreibung* ist eine »fallende« Abschreibung. Der Prozentsatz bei dieser Form der Abschreibung bleibt zunächst einmal jedes Jahr gleich, aber der Bemessungsbetrag wird jedes Jahr kleiner. Denn hier wird vom jeweiligen Buchwert ausgegangen, sprich von dem, was vom Wert noch übrig ist.

Ein Beispiel: Ein Heilpraktiker hat für seine Praxis einen Anmeldetresen im Wert von 2500 Euro erstanden. Die Nutzungsdauer für Büromöbel beträgt laut AfA-Tabelle 13 Jahre, der lineare Abschreibungssatz würde sich also auf 7,69 Prozent belaufen. Der Heilpraktiker hat bei einer Anschaffung Anfang des Jahres 2010 die degressive Abschreibung gewählt, durfte damit das 2,5-Fache der linearen Abschreibung (maximal 25 Prozent des Buchwertes) ansetzen. Die degressive Jahresabschreibung beträgt also 480,75 Euro (7,69 Prozent × 2,5 = 19,23 Prozent von 2500 Euro). Für das nächste Jahr bleibt ein Restbetrag von 2019,25 Euro. Im folgenden Jahr wird also der prozentuale Anteil von 19,23 Prozent nicht mehr vom ursprünglichen Kaufpreis, sondern von dem, was noch übrig ist – also von den 2019,25 Euro – berechnet. Er darf also im Folgejahr nur noch 388,30 Euro abschreiben – und so weiter. Sobald die lineare Abschreibung höher ist als die degressive, kann zur linearen Abschreibung gewechselt werden.

Anschaffungen im Zeitraum von...	Degressive Abschreibungsrate	
1.1.2009 bis 31.12.2010 ...	2,5-Fache der linearen Abschreibung, maximal 25 Prozent des Buchwerts	
1.1.2006 bis 31.12.2007	3-Fache der linearen Abschreibung, maximal 30 Prozent des Buchwerts 1.1.2001 bis 31.12.2005	2-Fache der linearen Abschreibung, maximal 20 Prozent des Buchwerts

Abbildung 4.3: Degressive Abschreibung;
Quelle: Eigene Erstellung

Bei Wirtschaftsgütern mit einer Nutzungsdauer von bis zu fünf Jahren lohnt sich die degressive Abschreibung nicht, da es bei dieser Variante je nach Anschaffungszeitpunkt eine Deckelung gibt. Die degressive Abschreibung ist vor allem bei einer Nutzungsdauer von mindestens sechs Jahren zu empfehlen.

Kleinere Unternehmen können zusätzlich zur normalen Abschreibung noch eine *Sonderabschreibung* in Anspruch nehmen. Voraussetzung ist, dass ihr Gewinn im Jahr vor der Anschaffung nicht über 100 000 Euro gelegen hat. Haben Sie im betreffenden Jahr einen Investitionsabzugsbetrag genutzt, müssen Sie den Gewinn um diesen Wert erhöhen. Für das Wirtschaftsgut gelten folgende Voraussetzungen:

- Es muss sich um ein bewegliches, abnutzbares Wirtschaftsgut handeln.
- Es muss mindestens bis zum Ende des folgenden Jahres im Betrieb bleiben.
- Das Wirtschaftsgut muss zu mindestens 90 Prozent betrieblich genutzt werden.

Die Sonderabschreibung darf sowohl für neue als auch für gebrauchte Wirtschaftsgüter angesetzt werden. Sind die Voraussetzungen erfüllt, dürfen Sie in einem Zeitraum von fünf Jahren eine Sonderabschreibung von 20 Prozent geltend machen. Wahlweise können Sie die Sonderabschreibung auf verschiedene Jahre innerhalb des Zeitraums verteilen. Diese Variante der Abschreibung dürfen Sie zusätzlich zur normalen Abschreibung in Ihrer Gewinnermittlung berücksichtigen. Sie haben damit eine Gestaltungsmöglichkeit, Ihren Gewinn und damit Ihre Steuerlast zu senken. Rechnen Sie also genau nach und lassen Sie sich gut beraten – hier kann es sich womöglich lohnen, zu warten und die Sonderabschreibung an das Ende der fünf Jahre zu verschieben, vor allem dann, wenn Sie dann mit höheren Einnahmen rechnen.

Steuern gestalten können Sie auch mit dem *Investitionsabzugsbetrag*. Diese vorgezogene Form der Abschreibung dürfen allerdings ebenfalls nur kleinere Unternehmen nutzen. Ermitteln Sie Ihren Gewinn per Einnahmen-Überschuss-Rechnung, darf der Jahresgewinn 100 000 Euro nicht überschreiten. Bei bilanzierenden Unternehmen darf sich das Betriebsvermögen auf maximal 235 000 Euro belaufen. Ähnlich wie die Sonderabschreibung darf auch der Investitionsabzugsbetrag sowohl für neue als auch für gebrauchte abnutzbare, bewegliche Wirtschaftsgüter angesetzt werden. Das Besondere an dieser Form der Abschreibung: Sie wird im Voraus gebildet. Planen Sie, innerhalb der nächsten drei Jahre beispielsweise neue technische Geräte zu kaufen, können Sie für die geplanten Anschaffungen bis zu 40 Prozent der voraussichtlichen Kosten steuermindernd geltend machen. Es genügt die Absicht, zu investieren. Sie müssen nichts bestellen und benötigen auch kein konkretes Angebot des Lieferanten. Allerdings müssen Sie dem Finanzamt die voraussichtlichen Anschaffungskosten und die Funktion des Wirtschaftsguts im Betrieb mitteilen.

Voraussetzung für den Investitionsabzugsbetrag: Das Wirtschaftsgut wird zu mindestens 90 Prozent betrieblich genutzt. Außerdem dürfen sämtliche gebildeten und noch nicht aufgelösten Investitionsabzugsbeträge die Grenze von 200 000 Euro nicht überschreiten. Dann können Sie von den voraussichtlichen Anschaffungskosten 40 Prozent als Abschreibung vorab berücksichtigen, und zwar

- von den Netto-Anschaffungskosten, wenn Sie zum Vorsteuerabzug berechtigt sind,
- von den Brutto-Anschaffungskosten, wenn Sie Kleinunternehmer sind oder steuerfreie Umsätze erzielen.

Ein Beispiel: Die Tanzlehrerin Daria Potthast denkt darüber nach, einige neue freistehende Einzel- und Doppelballettstangen zu kaufen. Diese werden voraussichtlich insgesamt 5 800 Euro kosten. Die Anschaffung plant sie für 2015. Die Tanzlehrerin kann somit im Jahr 2014 in der Gewinnermittlung einen Investitionsabzugsbetrag in Höhe von 2 320 Euro geltend machen – 40 Prozent von 5 800 Euro.

Im Jahr der Anschaffung wird der Investitionsabzugsbetrag aufgelöst. Dadurch erhöht sich der Gewinn, und zwar genau um den Betrag, den sie vorher abgesetzt hat – im Beispiel also um 2 320 Euro. Allerdings müssen Sie die Anschaffungskosten um exakt diesen Betrag kürzen. Auf diese Weise gleichen sich Gewinnerhöhung und Gewinnminderung aus. Jedoch verringert sich dadurch auch die Berechnungsgrundlage für die normale Abschreibung. Im Beispiel können für die Ballettstangen also nicht mehr 5 800 Euro, sondern nur noch 3 480 Euro über die kommenden Jahre als Betriebsausgabe steuerlich geltend gemacht werden. Zusätzlich kann aber noch die Sonderabschreibung in Anspruch genommen werden.

Wenn Sie es sich anders überlegen und auf die Anschaffung verzichten, ändert das Finanzamt rückwirkend den Steuerbescheid des Jahres, in dem der Investitionsabzugsbetrag geltend gemacht wurde. Damit erhöht sich der Gewinn für das betreffende Jahr und es entsteht eine Steuernachforderung. Für die zusätzlich angefallenen Steuern fordert das Finanzamt Verzugszinsen in Höhe von sechs Prozent pro Jahr ein. Allerdings beginnt die Verzinsung erst 15 Monate nach Ende des Jahres, für das die Rücklage gebildet worden ist.

Nicht zu unterschätzen: geringwertige Wirtschaftsgüter

Bei manchen betrieblichen Anschaffungen geht das Finanzamt davon aus, dass die gekauften Wirtschaftsgüter sich aufgrund ihres niedrigen Werts auch schnell abnutzen. Solche sogenannten geringwertigen Wirtschaftsgüter (GWG) können Unternehmer auf unterschiedliche Art und Weise abschreiben. Wie diese GWG steuerlich geltend gemacht werden und ob sie sofort in voller Höhe als Betriebsausgabe abzogen werden dürfen oder über ihre voraussichtliche Nutzungsdauer abgeschrieben werden müssen, hängt vom Anschaffungswert ab.

1. Anschaffungskosten bis 150 Euro netto
   Sofortabzug im Jahr der Anschaffung;
2. Anschaffungskosten bis 410 Euro netto
   Sofortabzug oder Abschreibung nach gewöhnlicher Nutzungsdauer;
3. Anschaffungskosten zwischen 150,01 Euro und 1000 Euro netto
   Bildung eines Sammelpostens, Abschreibung über fünf Jahre.

Zwischen den Varianten zwei und drei können Sie wählen, müssen sich allerdings für ein Jahr festlegen. Sie dürfen also nicht zwischen Sofortabschreibung und Sammelposten hin- und herwechseln. Wenn Sie die zweite Möglichkeit wählen, dürfen Sie sämtliche geringwertigen Wirtschaftsgüter auch über ihre Nutzungsdauer abschreiben. Dieses Wahlrecht können Sie für jedes Wirtschaftsgut einzeln ausüben. Entscheiden Sie sich dagegen für die sogenannte Poolregelung, müssen Sie für alle Gegenstände, deren Anschaffungskosten zwischen 150,01 und 1 000 Euro betragen, einen Sammelposten bilden. Dieser wird über fünf Jahre mit 20 Prozent jährlich abgeschrieben. Das bedeutet, dass die Anschaffungskosten gleichmäßig über fünf Jahre verteilt als Betriebsausgaben geltend gemacht werden müssen. Das gilt auch dann, wenn ein Gegenstand aus dem Sammelposten beispielsweise nach drei Jahren verkauft oder verschrottet wird.

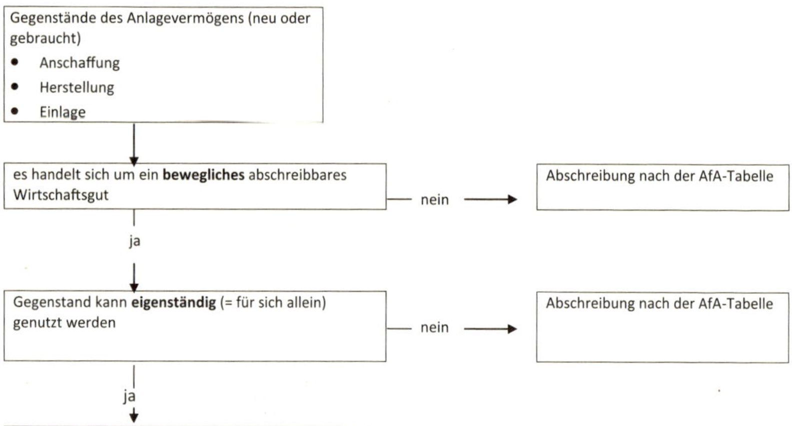

Anschaffungskosten	**1. Variante Abschreibung**	**2. Variante Abschreibung**	**3. Variante Abschreibung**
bis 150 €	sofort	sofort	statt der 2. Variante: Abschreibung nach der AfA-Tabelle
zwischen 150 und 410 €	Poolabschreibung über 5 Jahre	sofort	
zwischen 410 und 1.000 €	Poolabschreibung über 5 Jahre	Abschreibung nach der AfA-Tabelle	
über 1.000 €	Abschreibung nach der AfA-Tabelle	Abschreibung nach der AfA-Tabelle	

Abbildung 4.4: Geringwertige Wirtschaftsgüter
http://www.krudewig-steuermedien.de

Alle geringwertigen Wirtschaftsgüter sollten in der Buchführung einzeln aufgezeichnet werden.

Folgende Angaben sind hier wichtig:

- Tag der Anschaffung oder Einlage ins Betriebsvermögen,
- Bezeichnung,
- Anschaffungskosten.

Eine Aufnahme ins Anlageverzeichnis ist nicht notwendig.

Das Anlage(n)verzeichnis

Zusätzlich zur Anlage EÜR hält das Finanzamt ein Formular für das Anlageverzeichnis bereit. Sie müssen diesen Vordruck »Anlage AVEÜR« nicht nutzen. Allerdings sind Sie verpflichtet, in einem Verzeichnis alle Wirtschaftsgüter des Betriebsvermögens einzeln aufzulisten.

Wenn Sie sich für ein selbst erstelltes Verzeichnis entscheiden, sollten Sie folgende Punkte darin integrieren:

- Tag der Anschaffung oder Einlage,
- Bezeichnung,
- Anschaffungskosten.
- Buchwert zu Jahresbeginn,
- Buchwert am Jahresende,
- Jahresabschreibung,
- mögliche Sonderabschreibung,
- gegebenenfalls Abgangswert bei Verkauf oder Entnahme.

Die Vorlage für ein individuelles Anlageverzeichnis finden Sie auf der beigefügten CD.

Diese Aufzeichnungen sind wichtig, weil das Finanzamt nachfragen könnte, was es mit den einzelnen Wirtschaftsgütern auf sich hat. Spätestens bei einer Betriebsprüfung kann ein detailliert geführtes Anlagenverzeichnis hilfreich sein. Übrigens: Wenn Sie ein Wirtschaftsgut über das letzte Jahr der Abschreibung hinaus betrieblich nutzen, bleibt es im Anlagenverzeichnis. Sie können es dort entweder mit einem Buchwert von einem Euro führen oder auf null abschreiben. Das Wirtschaftsgut wird erst aus der Liste gestrichen, wenn es verkauft oder entnommen wird.

2014AnlAVEÜR811

Name des Steuerpflichtigen bzw. der Gesellschaft/Gemeinschaft/Körperschaft

Anlage AVEÜR 2014

Anlageverzeichnis/Ausweis des Umlaufvermögens [1] zur Anlage EÜR

77 14 1
99 40

Zeile	Gruppe/ Bezeichnung des Wirtschaftsguts	Anschaffungs-/ Herstellungskosten/ Einlagewert EUR Ct	Buchwert zu Beginn des Gewinnermittlungszeitraums EUR Ct	Zugänge EUR Ct	Sonderabschreibung nach § 7g Abs. 5 und 6 EStG EUR Ct	AfA/ Auflösungsbetrag EUR Ct	Abgänge (insgesamt Übertrag in Zeile 35 der Anlage EÜR) [3] EUR Ct	Buchwert am Ende des Gewinnermittlungszeitraums EUR Ct
1								
2	(Betriebs-)Steuernummer							
	Grundstücke und grundstücksgleiche Rechte							
3	Grund und Boden	100	101	102			105	106
4	Gebäude	110	111	112		114	115	116
5	Andere (z. B. grundstücksgleiche Rechte)	120	121	122		124	125	126
6	Summe					190 (Übertrag in Zeile 28 der Anlage EÜR)		
	Häusliches Arbeitszimmer							
7	Anteil Grund und Boden	200	201	202			205	206
8	Gebäudeteil	210	211	212		214 (zu erfassen in Zeile 55 der Anlage EÜR)	215	216
9	**Immaterielle Wirtschaftsgüter**	320	321	322		324 (Übertrag in Zeile 29 der Anlage EÜR)	325	326
	Bewegliche Wirtschaftsgüter (ohne GWG)							
10	Kraftfahrzeuge	400	401	402	403	404	405	406
11	Büroausstattung	410	411	412	413	414	415	416
12	Andere	420	421	422	423	424	425	426
13	Summe				480 (Übertrag in Zeile 31 der Anlage EÜR)	490 (Übertrag in Zeile 30 der Anlage EÜR)		
14	**Sammelposten 2014**			432		434		436
15	**Sammelposten 2013**	440	441			444		446
16	**Sammelposten 2012**	450	451			454		456
17	**Sammelposten 2011**	460	461			464		466
18	**Sammelposten 2010**	470	471			474		
19	Summe					499 (Übertrag in Zeile 34 der Anlage EÜR)		
	Finanzanlagen							
20	Anteile an Unternehmen etc. [2]	500	501	502			505	506
21	Andere	510	511	512			515	516
22	**Umlaufvermögen** [1]	600		602			605 (zu erfassen in Zeile 25 der Anlage EÜR)	606

1) nur Umlaufvermögen i. S. d. § 4 Abs. 3 Satz 4 EStG (z. B. Wertpapiere, Grund und Boden sowie Gebäude) bzw. § 32b Abs. 2 Satz 1 Nr. 2 Satz 2 Buchstabe c EStG
2) für deren Erträge das Teileinkünfteverfahren bzw. § 8b KStG gilt
3) Summe der Einzelbeträge ohne Betrag aus Zeile 22

2014AnlAVEÜR811

Abbildung 4.5: Formular Anlage AVEÜR;

Quelle: BMF; https://www.formulare-bfinv.de

5 Und überall Daten, Daten, Daten – die Geschäftsanalyse

Gleich, ob Sie es selbst tun oder ob Ihr Steuerberater es Ihnen abnimmt: Wer bucht, gewinnt – und zwar fundierte Kenntnisse über sein eigenes Unternehmen. Eine professionelle Steuersoftware liefert einen detaillierten Einblick in die Geschäftszahlen. So entsteht über die laufende Buchführung zum Beispiel die Betriebswirtschaftliche Auswertung, deren Lektüre viel über das aktuelle Geschäft verrät. Planzahlen für laufende Kosten oder Umsatzziele können in einer EDV-Buchhaltung ebenso gepflegt werden wie die Außenstände offener Posten. Wer fit in Sachen Buchführung ist, kann einen Teil der Arbeit selbst übernehmen. Aber auch wenn Sie sich entscheiden, diesen Teil der Buchführung weiterhin in die kompetenten Hände Ihres Steuerberaters zu legen, ist es trotzdem sinnvoll, über die Systematik der Buchführung Bescheid zu wissen. Denn auf diese Weise können Sie einen geschulten und verständigen Blick hinter die finanziellen Kulissen Ihres Unternehmens werfen.

Buchführung selbst machen oder abgeben? (K)eine Philosophiefrage

Es gibt durchaus Menschen, die es für etwas merkwürdig halten, dass ich meine Umsatzsteuer-Voranmeldung gern erledige. Aber in der Tat freue ich mich darauf, meine Belege fein säuberlich hinter Trennstreifen abzuheften, meine Buchhaltungssoftware aufzurufen und meine Ein- und Ausgangsrechnungen zu kontieren, wie man im Steuerjargon sagt. Es mag zum Teil an der Buchhalterseele liegen, die einer Steuer-Fachjournalistin innewohnt. Zum Teil liegt es aber sicherlich daran, dass man am Ende ein präzises Bild der Geschäftszahlen vor Augen hat. Denn wer über seine Einnahmen und Ausgaben Buch führt, hat automatisch einen Überblick über die finanzielle Situation seines Unternehmens, sieht schwarz auf weiß, ob das Geschäft sich rentiert, ob die Ausgaben zu hoch oder die Einnahmen zu niedrig sind. Die Betriebswirtschaftliche Auswertung lässt erkennen, ob selbstgesteckte Umsatzziele erreicht wurden – oder ob nachjustiert werden muss. Als Freiberufler führen Sie Ihre Bücher also vor allem für Ihr Unternehmen, aber natürlich auch zumindest zum Teil fürs Finanzamt.

Tatsache ist aber, dass viele Freiberufler von Themen, die sich um Zahlen drehen, erst einmal abgeschreckt sind und daher sämtliche Buchhaltungsunterlagen an den Steuerberater weitergeben. Daran ist grundsätzlich nichts Verwerfliches – im Gegenteil: Wenn Sie sich nicht kompetent genug fühlen, diese Aufgabe selbst zu erledigen, sollten Sie die Buchführung sogar einem externen Fachmann überlassen. Denn Buchhaltung lässt sich nicht so nebenbei erlernen, sondern erfordert komplexes Wissen, das man sich in einem längeren Prozess aneignen muss. Ansonsten stellen sich Fehler ein, die Sie spätestens bei der Steuererklärung bares Geld kosten können. Selbst eine ausgefeilte Buchhaltungssoftware nimmt dem Bediener nicht die gedankliche Arbeit ab, und es ist ein Trugschluss zu glauben, dass das Programm den Anwender wie von selbst leitet. Fundiertes Buchführungsfachwissen ist hier nach wie vor vonnöten.

Trotzdem ist es für jeden Unternehmer wichtig, über seine Zahlen Klarheit zu haben und zumindest über Grundkenntnisse in Sachen Buchführung zu verfügen. Denn nur, wer Überblick über seine Einnahmen und Ausgaben hat und die Zahlen aus der Buchführung richtig interpretieren kann, weiß, ob er wirtschaftlich arbeitet. Und auch für Freiberufler gelten die Grundsätze einer ordentlichen Buchführung, etwa vollständige, richtige, zeitgerechte Erfassungen sowie die Klarheit und Übersichtlichkeit der Darstellung. Selbst wenn Sie die Buchhaltung vom Steuerberater erledigen lassen, wird dieser sich freuen, wenn man ihm nicht den Schuhkarton überreicht, sondern bereits vorsortierte Belege.

Alles in Ordnung: Belege gut organisieren

Die Basis für jede Buchführung sind die Belege. Gleich, ob Sie Ihren Gewinn auf einem Blatt Papier ermitteln oder Buchhaltungssoftware nutzen: Die Grundlagen einer korrekten Buchführung werden mit einem gut strukturierten Ablagesystem gelegt. Hier gilt das Prinzip: Jeder Beleg muss ohne langes Suchen für Dritte auffindbar sein. In der Buchhaltung unterscheidet man zwischen drei Belegarten:

1. Fremdbelege
   Dazu zählen Eingangsrechnungen, Gutschriften oder Kontoauszüge.
2. Eigenbelege
   Das sind beispielsweise Ersatzquittungen für fehlende Fremdbelege oder Kopien von Ausgangsrechnungen.
3. Interne Belege
   Das können etwa Anweisungen für Umbuchungen oder Verrechnungen sein.

Tipp: Den Schuhkarton oder tiefe Schubladen sollte es in Ihrer Ablage nicht geben. Wählen Sie kleine Ablagekörbe, damit Sie gezwungen sind, die Belege zeitnah zu sortieren – und lassen Sie die Kästen nicht überquellen. Nehmen Sie sich zunächst vor, einen Tag pro Monat in Ihre Ablage zu investieren. Erst einmal geht es um die Bestandsaufnahme:

- Wie sieht Ihre Ablage derzeit aus?
- Wo bewahren Sie Ihre Belege auf?
- Finden Sie immer mal wieder etwas in Ihren Schubladen oder unter Papierstapeln?
- Nutzen Sie schon Hängeregister und Ordner?

Halten Sie sich immer vor Augen: Suchen kostet Zeit – Zeit, in der Sie an Ihren Aufträgen arbeiten oder die Sie mit Ihrer Familie und Ihren Freunden verbringen können. Ein weit verbreiteter Irrtum lautet »Ich habe keine Zeit zum Aufräumen«. Sie haben keine Zeit, eine Quittung sofort an ihren eigentlichen Bestimmungsort zu legen – aber Sie haben die Zeit, diesen Beleg für die Buchhaltung oder die Steuererklärung zu suchen? Werfen Sie das Argument »keine Zeit« auf den Müll. Sie werden auf Dauer durch eine gute Organisation Ihrer Belege und Ihrer Ablage sehr viel Zeit gewinnen.

»Ich zähle Belege-Sortieren zum Prokrastinieren. Das heißt, wenn ich absolut unmotiviert vor meiner Arbeit sitze und zum sinnlosen Surfen neige, sage ich mir – dann kannst du auch die Belege in die Tabelle hauen. Stumpfsinnig und doch sinnvoll. Das schlechte Gewissen ist beruhigt, die Arbeit noch immer nicht gemacht, aber die Belege sind sortiert. Funktioniert ganz gut.«

Gesa Füßle, Übersetzerin, Hamburg

Schaffen Sie sich ein funktionierendes System, das von Grund auf durchdacht und auf Ihre persönlichen Bedürfnisse zugeschnitten ist. Gehen Sie dabei Schritt für Schritt vor. Gehen Sie sämtliche Ordner, Hängeregister, Kisten, Schubladen und Regale durch. Sortieren Sie alle Papiere vor, die Sie neu organisieren wollen. Hilfreich ist dabei ein grobes Raster: Dieses hat noch nichts mit Ihrer späteren Ablage zu tun, nützt Ihnen aber, um die Ablage zu sichten und zu reduzieren. Ob Sie sich nun mitten in Ihre Papierstapel setzen wollen oder das Vorsortieren am freigeräumten Schreibtisch machen: Nehmen Sie sich einen dicken Filzstift und schreiben die Grobraster jeweils auf ein Blatt Papier. Denkbar sind die folgenden zehn Kriterien:

1. Wegwerfen
2. Aufgaben allgemein
3. Aufgaben dringend
4. Ablage allgemein bekannt
5. Ablage allgemein unbekannt
6. Ablage Buchhaltung bekannt
7. Ablage Buchhaltung unbekannt

8. Lesen
9. Technik
10. Privat

Hier geht es noch nicht darum, die Papiere sofort einem Thema, einem Kunden oder einer Position in der Buchhaltung zuzuordnen, sondern hier dreht sich alles nur ums Vorsortieren. Sie können auch andere Grobraster wählen. Entscheidend ist die erste Kategorie: Fragen Sie sich bei jedem Stück Papier zuerst, ob Sie es nicht wegwerfen können. Die Antwort orientiert sich zum einen an den Aufbewahrungspflichten, zum anderen daran, ob Sie es inhaltlich noch benötigen.

Gehen Sie nach folgendem Grundsatz vor: Unterlagen, die Sie nicht (mehr) aufbewahren müssen und länger als ein Jahr nicht angesehen haben, können Sie wegwerfen. Zur Kategorie »Ablage bekannt« gehören alle Unterlagen, für die Sie bereits einen festen Ablageplatz haben. Sie sind vielleicht einfach noch nicht dazu gekommen, die Belege dort abzuheften. Zur Kategorie »Ablage unbekannt« zählen die Papiere und Belege, die Sie aufbewahren müssen oder wollen, für die in Ihrem Ablagesystem aber bisher noch kein bestimmter Ort vorgesehen ist.

Mehr Informationen zum Thema »Aufbewahrungspflichten« finden Sie in Kapitel 6 auf S. 221.

Der nächste Schritt ist, dass Sie den Status quo Ihrer Ablage schriftlich festhalten. Schreiben Sie in Ihrer Bestandsaufnahme sämtliche Ablagebegriffe auf, die Sie bislang nutzen. Folgende Punkte könnten in Ihrer Ablage eine Rolle spielen:

Kategorie Allgemeines	Kategorie Einnahmen	Kategorie Ausgaben
Altersvorsorge	(Ausgangs-)Rechnungen	Auto
Angebote	Betriebseinnahmen 19 Prozent	Beiträge
Anfragen	Betriebseinnahmen 7 Prozent	Bewirtung
Auftragsbestätigungen, Lieferscheine	Umsatzsteuerfreie Betriebseinnahmen	Buchführungskosten

Kategorie Allgemeines	Kategorie Einnahmen	Kategorie Ausgaben
Auftrags und Projektunterlagen	Nicht steuerbare Betriebseinnahmen	Bürobedarf
Banken, Kontoauszüge	Reisekostenerstattungen, Spesen	Büroeinrichtung
Businesspläne, Umsatzprognosen, Jahresziele	Mahnungen	Darlehen + Schuldzinsen
Kunden		Fortbildung
Löhne		Fremdleistungen
Mitarbeiter		Geringwertige Wirtschaftsgüter
Preislisten und Honorarrahmen		Geschenke
Korrespondenz Steuerberater		Nebenkosten des Geldverkehrs
Korrespondenz Finanzamt, Einsprüche		Porto
Steuerbescheide, Steuer-Voranmeldungen und -Vorauszahlungen		Privatsteuern
Steuerunterlagen vergangener Jahre		Rechts- und Beratungskosten, Abschluss- und Prüfungskosten
Verträge		Reisekosten
Vordrucke und Formulare		Spenden
		Telefon und Internet
		Versicherungen
		Werbekosten
		Zeitschriften und Bücher

Abbildung 5.1: Bestandsaufnahme Ablage;
Quelle: Eigene Erstellung

Sehen Sie sich Ihre Stapel »Ablage unbekannt« an und schauen Sie, ob es Belege gibt, die sich möglicherweise besser unter anderen Überschriften zusammenfassen lassen.

Tipp: Für Ihre Buchhaltungsablage können Sie sich beispielsweise von den Ablagebegriffen in der Finanzamts-Vorlage Anlage EÜR leiten lassen.

Mehr Informationen zum Thema »Anlage EÜR« finden Sie in Kapitel 3 auf S. 87.

Nun müssen Sie eine Entscheidung treffen, wie Sie Ihre Belege ablegen und archivieren möchten. Zum einen ist es eine Typ-Frage, ob Sie eher die Ordner, das Hängeregister oder ein komplettes Organisationssystem wählen. Zum anderen sollten Sie bedenken, wie viel Platz in Ihrem Büro für die Ablage vorhanden ist und welche Ablagemöglichkeiten bereits existieren. Darüber hinaus sollten Sie überlegen, welche Papiere sich für welche Nutzungs- und Archivierungsart am besten eignen. Bevor Sie Ihre Unterlagen ins Archiv räumen, sollten Sie alle Ordner und Archivboxen auf Grundlage der gesetzlichen Aufbewahrungsfristen mit einem Vernichtungsdatum kennzeichnen. So können Sie die Belege einmal im Jahr aussortieren und für neue Unterlagen Platz schaffen.

Bei aktuellen Projekten bieten Hängeregister oder Eckspannmappen Vorteile in Schnelligkeit und Übersichtlichkeit. Zur Archivierung eignen sich eher Boxen, da sie platzsparend sind und die Unterlagen in aller Regel nicht mehr angesehen werden müssen. Für die laufende Buchhaltung haben sich die klassischen Ordnersysteme bewährt. Denn hier können Sie Ihre Belege konsequent in zeitlicher Reihenfolge, gegebenenfalls durchnummeriert und thematisch sortiert, ablegen. Das ist hilfreich, wenn Sie Ihre Steuervoranmeldungen erledigen, und vor allem dann sinnvoll, wenn Sie für Ihre Buchführung EDV-Lösungen nutzen.

Damit die Ordner nicht überquellen, ist es ratsam, die steuerlich relevanten Positionen auf mehrere Ordner zu verteilen. Grundsätzlich sollten Sie Belege über Einnahmen (Ausgangsrechnungen), Betriebsausgaben und Anschaffungen von Betriebsvermögen voneinander trennen. Darüber hinaus sollten Sie die Kontoauszüge für Geschäfts- und andere Konten in einem separaten Ordner aufbewahren. Eine andere, etwas einfachere Möglichkeit ist es, alle Belege anhand der Bankkonten zu sortieren und die Barausgaben nach Datum abzulegen. Erfahrungsgemäß eignet sich dies aber nur bis zu einem bestimmten Belegvolumen. Unterlagen oder Verträge sollten Sie in einem separaten Ordner aufbewahren. Korrespondenz mit dem Finanzamt oder Steuerberater sowie die verschiedenen Steuerbescheide können Sie entweder zum jeweiligen Jahr oder aber ebenfalls in einen zusätzlichen Ordner abheften.

Trennstreifen helfen Ihnen nicht nur beim Ablegen in Ordner, sondern machen auch das spätere Buchen leichter. So können Sie Ihre Belege zunächst zeitlich ordnen, um sie in die Umsatzsteuer-Voranmeldung einzupflegen. Dabei helfen Ihnen Trennstreifen, auf denen entweder die Monate von Januar bis Dezember stehen – oder die vier einzelnen Quartale. Haben Sie Ihre Voranmeldung erledigt, heften Sie die Belege unter die jeweilige Kostenart (zum Beispiel Bürobedarf). So haben Sie alle Quittungen bereits für den Jahresabschluss gut sortiert. Zudem haben Sie auf diese Weise die Fristen gut im Blick. Wenn Sie Trennblätter benutzen, sollten diese breiter als DIN A4 sein. Verwenden Sie also entweder ein Register, das Sie individuell beschriften können oder rechteckige Trennlaschen. Diese können Sie mit jedem normalen Drucker oder per Hand beschriften.

Tipp: Kleine Belege wie Parkscheine oder Portoquittungen kleben Sie am besten auf ein DIN-A4-Blatt. Das hat den Vorteil, dass sie beim Lochen nicht kaputtgehen und Sie sie bei der Buchhaltung nicht übersehen. Zudem sind viele dieser Belege auf Thermopapier gedruckt – und damit schon nach kurzer Zeit nicht mehr lesbar. Sie müssen aber über die ganze Dauer der gesetzlich vorgeschriebenen Aufbewahrungsfrist sämtliche Belege lesbar erhalten.

Ihre Computer-Ablage sollten Sie der Einfachheit halber ähnlich organisieren wie Ihre Papierablage. Sehen Sie sich Ihren Ablageplan an und überlegen Sie, zu welchen Bereichen Sie Dokumente auf Ihrem Computer speichern. Falls notwendig, können Sie Ihren Ablageplan um einen überarbeiteten Computerablageplan ergänzen. Auch hier gilt: Löschen Sie Dateien, die Sie nicht mehr benötigen. Prüfen Sie vorher, welche Dateien Sie gemäß den gesetzlichen Fristen aufbewahren oder speichern müssen. Achtung: Bei der Archivierung von Computerdaten gilt für die Lesbarkeit das Gleiche wie für den Papierausdruck: Die Daten müssen über die gesamte Aufbewahrungsfrist lesbar sein. Gegebenenfalls sollten Sie eine externe Festplatte als Sicherungsalternative wählen. Wenn Sie viel mit CD-ROMs arbeiten, sollten Sie auch diese sortieren. Diese CD-ROM-Gruppen kommen besonders häufig am Arbeitsplatz vor:

Abbildung 5.2: Systematik Computerablage; Bürocoaching Anja Becker, Waltrop, http://www.buero-coaching.de

Interessant für die Buchhaltung sind die Gruppen 8 »Archivdaten« und 9 »Sicherungs-CDs«. Zu den Archivdaten gehören alle Daten, auf die Sie kaum noch zurückgreifen, die aber aus anderen Gründen nicht vernichtet werden dürfen: etwa, weil die gesetzliche Aufbewahrungsfrist noch nicht abgelaufen ist. Mit den Sicherungs-CDs machen Sie tägliche oder wöchentliche Kopien Ihrer aktuellen Dateien.

Die Checkliste für Ihre Ablage

Aufgabe	erledigt
Papierstapel ausräumen und nach Grobraster vorsortieren	
Bestandsaufnahme: Welche Ablagebegriffe existieren bereits, welche müssen ergänzt werden?	
Ablageplan: Welche Ablagebegriffe brauche ich für meine Buchhaltung?	
Aufbewahrungsart festlegen: Wie sollen die Unterlagen jeweils abgelegt werden?	
Ablageort festlegen: Was muss ins Büro, was ins Archiv?	
Aufbewahrungsfristen für Archiv-Unterlagen notieren	
Ablage beschriften (Ablagekästen, Ordner oder Register, Trennstreifen)	
Alle Papiere und Belege abheften	
PC-Ablage auf Basis des Ablageplans organisieren	
Sichere Archivierung klären und umsetzen (CD-ROMs, externe Festplatte oder Ähnliches)	

Bewahren Sie die CDs gut geschützt in Ihrem Büro auf oder lagern Sie sie in andere Räumlichkeiten aus. Wenn Sie ein größeres CD-Archiv haben, verwalten Sie dieses am besten nicht manuell, sondern mit Hilfe einer Archivierungssoftware. Mithilfe dieser Software werden die Namen aller im Archiv vorhandenen Dateien mit der dazugehörigen CD-Nummer gespeichert und können nach verschiedenen Kriterien gesucht werden. Auch ohne eine solche Software ist es ratsam, sich pro CD ein Inhaltsverzeichnis auszudrucken und in einem Ordner abzulegen. Damit haben Sie ein Back-up, wenn beispielsweise der Rechner einmal ausfällt.

Und was kann ich selbst tun? Einführung ins eigenständige Buchen

Wenn man die Buchführung – zumindest in Teilen – selbst in die Hand nehmen will, hat man in aller Regel die Wahl zwischen der klassischen Tabellenkalkulation und einer Buchhaltungs- oder Steuersoftware. Die manuelle Gewinnermittlung auf Papier und in Büchern erleichtert zwar das grundsätzliche Verständnis der Buchführung, ist aber äußerst zeitaufwändig – gerade dann, wenn viele Belege anfallen. Die Software-gestützte Buchhaltung bietet zahlreiche Vorteile:

- Die Software übernimmt Zuordnungsaufgaben schneller und sicherer.
- Die Buchführung ist übersichtlicher.
- Der Jahresabschluss wird dank systematisierbarer Aufgaben schneller erledigt.
- Aus dem vorhandenen Datenmaterial können zusätzliche Auswertungen und Funktionen generiert werden, etwa die Betriebswirtschaftliche Auswertung, Anwendungen für die Geschäftsplanung oder Programme für offene Posten.

Allerdings liegen auch einige Nachteile auf der Hand:

- Für eine korrekte computergestützte Buchführung benötigen Sie bestimmte Fachkenntnisse.
- Viele Programme verfügen über hoch komplexe Funktionen und verwirren dadurch den Anwender.
- Zuordnungsprobleme können zu steuerlich relevanten Fehlern führen.

Angefangen von Soll und Haben über Buchungsabläufe bis hin zum richtigen Kontenrahmen wirken manche Buchhaltungsprogramme auf den Neuling abschreckend. Wenn Sie bereit sind, sich bestimmte Buchführungskenntnisse – am besten in einem Lehrgang – anzueignen, können Sie nicht nur Ihrem Steuerberater zuarbeiten: Sie verstehen auch die Prinzipien hinter den (Buchführungs-)Zahlen. Es soll daher im Folgenden vor allem darum gehen, bei Ihnen Interesse und Verständnis für das Thema »Buchen« zu wecken – und vielleicht die eine oder andere Hemmschwelle abzubauen.

§ **Buchen Sie schon?**

Buchen und *Konten*: zwei Begriffe aus der Buchhaltung, die im Alltagsleben mit ganz anderen Themen verbunden sind. Im Wort »Buchführung« steckt das Buchen schon drin. Es bedeutet nichts anderes, als dass Sie Einnahmen und Ausgaben bestimmten Kostenarten zuordnen. Diese Kostenarten wiederum werden in der Buchhaltungssprache als »Konten« bezeichnet. Diese bilden die zentrale Struktur der Buchführung. Sämtliche Konten sind nummeriert und in einem vorgegebenen System, dem sogenannten Kontenrahmen, gegliedert. Damit wird die richtige Zuordnung aller Geschäftsvorfälle erleichtert. In der Buchhaltung »buchen« Sie also jede Einnahme und jede Ausgabe auf ein bestimmtes »Konto«.

Zunächst einmal ist es wichtig, sich mit dem Kontenplan und damit der Auflistung aller Kostenstellen, die für Ihre Buchhaltung relevant sind, vertraut zu machen. Der Kontenrahmen ist ein vorgegebenes System von Konten, die nach verschiedenen Einnahme- und Ausgabearten vorsortiert sind. Wie bei den Postleitzahlen verweisen die Anfangsnummern der Konten auf einen Bereich, der ähnliche Einnahmen oder Ausgaben beinhaltet. Es gibt unterschiedlichste Kontenrahmen für verschiedene Wirtschaftszweige. Die DATEV – die Genossenschaft der Steuerberater, die zugleich auch Rechenzentrum ist – hat Kontenrahmen entwickelt, von denen der Standardkontenrahmen »SKR 04« der gängigste ist. Er ist sehr übersichtlich und für Einsteiger gut geeignet, zumal er nur vierstellige Kontennummern vergibt.

Den Kontenrahmen SKR 04 finden Sie auf der beigefügten CD.

Tipp: In vielen Buchhaltungsprogrammen können Sie zu Beginn, wenn Sie Ihre Stammdaten anlegen, einen Kontenrahmen wählen. Legen Sie hier »SKR 04« fest, bietet das jeweilige Programm Ihnen nur die dort genannten Konten an. Auf diese Weise benötigen Sie keinen separaten Kontenplan. Im Prinzip wäre es sogar möglich, einen eigenen Kontenrahmen zu definieren. Allerdings müssen Sie dann darauf achten, dass die korrekte Zuordnung für die Einnahmen-Überschuss-Rechnung erhalten bleibt. Einfacher dürfte es daher sein, einen vorgegebenen Kontenrahmen zu nutzen und gegebenenfalls zusätzliche individuelle Unterkonten zu generieren. Im SKR 04 sind die Konten folgendermaßen sortiert:

Kontennummern	Kontenart
0	Anlagevermögen
1	Umlaufvermögen
2	Eigenkapitalkonten
3	Fremdkapitalkonten
4	Betriebliche Erträge
5 + 6	Betriebliche Aufwendungen
7	Weitere Erträge und Aufwendungen
8	Frei für Kostenrechnung
9	Vortragskonten, Statistische Konten

Abbildung 5.3: Struktur Kontenrahmen SKR 04;
Quelle: Eigene Erstellung

Für Ihre Buchhaltung dürften vor allem die Konten der Nummern 0, 1, 2, 4, 5 und 6 relevant sein. Der SKR 04 orientiert sich an den Positionen des Jahresabschlusses. Übrigens: Wenn Sie sich in einem Kontenrahmen zurechtfinden, können Sie ohne große Umstellung auch einen anderen anwenden. Nummern und Bezeichnungen unterscheiden sich zwar, aber die Systematik bleibt die gleiche.

Kontenrahmen an sich sind immer recht umfangreich; da aber in jedem Unternehmen spezielle Ausgaben immer wiederkehren, werden Sie gar nicht alle benötigen. Hier finden Sie eine Auswahl der Konten, die für Einnahmen-Überschuss-Rechner relevant sind:

Einnahme/Ausgabe	**Konto**	**Anlage EÜR Zeile...**
Umsatzerlöse 7 Prozent	4300	14
Umsatzerlöse 19 Prozent	4400	14
Sonstige steuerfreie Umsätze	4110	15
Erlöse als Kleinunternehmer	4185	11
Löhne	6010	27
Gehälter	6020	27
Aushilfslöhne	6030	27
Beiträge zur Berufsgenossenschaft	6120	27
Abschreibungen auf Sachanlagen (ohne Kfz)	6220	30
Abschreibungen auf Kfz	6222	30
Sofortabschreibung GWG	6260	33
Abschreibung Sammelposten	6264	34
Fahrzeugkosten	6500	58-61
Kfz-Steuer	7685	59
Kfz-Versicherungen	6520	59
Laufende Kfz-Betriebskosten	6530	60
Kfz-Reparaturen	6540	60
Mietleasing Kfz	6560	58
Aufwendungen häusliches Arbeitszimmer	6348	55
Miete (Raumkosten)	6310	36
Heizung (Raumkosten)	6320	38
Gas, Strom, Wasser (Raumkosten)	6325	38
Zinsen zur Finanzierung von Anlagevermögen	7326	46
Zinsen für kurzfristige Verbindlichkeiten	7310	47
Geschenke (bis 35 Euro)	6610	52
Bewirtungskosten	6640	53
Reisekosten Unternehmer Verpflegungsmehraufwand	6674	54
Porto	6800	51
Telefon	6805	39
Internetkosten	6810	39
Bürobedarf	6815	51
Zeitschriften, Bücher	6820	41
Fortbildungskosten	6821	41
Reisekosten Unternehmer Übernachtungsaufwand	6680	40
Rechts- und Steuerberatungskosten	6825	42

Einnahme/Ausgabe	Konto	Anlage EÜR Zeile...
Buchführungskosten	6830	42
Versicherungen	6400	44
Beiträge	6420	44
Nebenkosten des Geldverkehrs	6855	51
Werbekosten	6600	45
Sonstige betriebliche Aufwendungen	6300	51
Privatsteuern	2150	-
Sonderausgaben beschränkt abzugsfähig	2200	Anlage Vorsorgeaufwand

Abbildung 5.4: Auszug Kontenrahmen SKR 04, Teil 1;
Quelle: Eigene Erstellung

Darüber hinaus benötigen Sie als Zuordnung noch folgende Konten:

Einnahme/Ausgabe	Konto
Privatentnahmen allgemein	2100
Privateinlagen	2180
Kasse (auch Barzahlung)	1600
Bank	1800

Abbildung 5.5: Auszug Kontenrahmen SKR 04, Teil 2;
Quelle: Eigene Erstellung

Sie können auch – gegebenenfalls gemeinsam mit Ihrem Steuerberater – den Kontenrahmen durchgehen und alle Positionen markieren, die in Ihrem Unternehmen öfter vorkommen. Dieses Blatt heften Sie sich dann entweder direkt auf die Buchhaltung – oder aber Sie schreiben die jeweiligen Kontonummern direkt auf die Trennlaschen, die Sie in Ihrer Ablage verwenden. Notieren Sie einfach auf die Register oder Trennstreifen nicht nur den Begriff, unter dem etwas abgelegt werden soll (zum Beispiel Bürobedarf), sondern direkt auch das entsprechende Konto aus dem Kontenrahmen – zum Beispiel »6805 Telefon« für alle Telefon- und Handyrechnungen. So haben Sie nicht nur alle Belege gut sortiert, sondern beim Buchen direkt immer auch das richtige Konto vor Augen.

Die wichtigsten Begriffe in der Buchführung sind »Soll« und »Haben«. Entgegen landläufiger Auffassung hat dies jedoch nichts mit »sollen« und »haben« zu tun – die Begriffe bezeichnen lediglich die zwei Seiten der Buchführung. »Soll« steht für die linke Seite, »Haben« für die rechte Seite. Ansonsten sind die beiden Begriffe erst einmal Platzhalter, aus denen ein Buchungssatz gebildet wird.

Jeder Geschäftsvorfall, jede Einnahme und jede Ausgabe, lässt sich mit Buchungssätzen darstellen. Die zwei Grundfragen dabei lauten:

1. Was?
2. Wo?

Was wurde eingenommen (oder ausgegeben) und wo ist das Geld zugeflossen (oder abgeflossen)?

Bei der Buchführung herrscht der Grundsatz: Keine Buchung ohne Gegenbuchung in gleicher Höhe. Jeder Geschäftsvorfall erhält also beim Buchen zwei Konten aus dem Kontenrahmen, um genau dies darzustellen. Diese beiden Konten ergeben den Buchungssatz. Der Buchungssatz gibt an, auf welchen Konten ein Geschäftsvorfall zu buchen ist.

Ein Beispiel: Sie kaufen Bürobedarf in Höhe von 250 Euro ein und bezahlen diesen Betrag mit der EC-Karte Ihres Geschäftskontos. Der Buchungssatz dazu würde lauten:

6815 / 1800

6815 ist im SKR 04 das Konto für Bürobedarf, 1800 das Konto für die Bank.

Man bucht übrigens immer »Soll« an »Haben«. Das ist eine technische Bezeichnung, die nichts über das finanzielle Verhältnis der beiden Positionen aussagt. Bei jedem Geschäftsvorfall wird ein Betrag im Soll und der gleiche Betrag im Haben (auf einem anderen Konto) gebucht. Das bedeutet auch, dass bei einem neuen Geschäftsvorfall ein neuer Buchungssatz gebildet werden muss.

Ein weiteres Beispiel: Sie heben von Ihrem Geschäftskonto 50 Euro ab. Der Buchungssatz dafür würde lauten:

2100 / 1800

2100 ist im SKR 04 das Konto für allgemeine Privatentnahmen.

Mit diesen 50 Euro bezahlen Sie ein Seminar, das Sie aus betrieblichen Gründen besuchen. Dies ist ein weiterer Geschäftsvorfall, den Sie wie folgt buchen können:

6821 / 1600

6821 ist im SKR 04 das Konto für Fortbildungskosten, 1600 das Konto für Kassenbestand, das Sie auch für Barzahlungen verwenden können.

Sie sehen an diesem Beispiel: Es handelt sich um den gleichen Betrag, aber um zwei Geschäftsvorfälle. Es sind also zwei Buchungen erforderlich. Je mehr Sie sich mit Buchführung auseinandersetzen, umso klarer wird Ihnen, dass das Bilden von Buchungssätzen eine reine Übungssache ist. Üben allerdings sollten Sie das Buchen, bevor Sie es gegebenenfalls in Ihrer unternehmerischen Praxis anwenden.

Vom Beleg zur Auswertung: Buchhaltung auf elektronisch

Sie haben nun gut sortierte Belege und einen Einblick darin, wie das Buchen auf Konten funktioniert. Nun muss beides zusammengeführt werden. Beachten Sie dabei immer folgenden Grundsatz: Keine Buchung ohne Beleg!

§ Die GoBD - neue Vorschriften (auch) für das Buchen

Seit Januar 2015 gelten die neuen »Grundsätze zur ordnungsmäßigen Führung und Aufbewahrung von Büchern, Aufzeichnungen und Unterlagen in elektronischer Form sowie zum Datenzugriff« (GoBD) . Die wichtigsten Punkte für das elektronische Buchen in der Übersicht:

1. Keine Buchung ohne Beleg

Dieser Grundsatz gilt schon lang, wird nun aber von der Finanzverwaltung konkretisiert. Unbare Geschäftsvorfälle sollen innerhalb von zehn Tagen erfasst werden. Auch die Journalfunktion wird detailliert festgeschrieben. Experten sind allerdings der Ansicht, dass beide Punkte auf Dauer auch schlicht durch eine zeitnahe geordnete Belegablage erfüllt werden können.

2. Bankkontoauszüge müssen detailliert gebucht werden

Nehmen Sie bei der Buchung von Geschäftsvorfällen lediglich auf die Nummer des Kontoauszugs Bezug, ohne diesen Vorgang zum Beispiel durch das Datum zu konkretisieren, verstoßen Sie gegen den Grundsatz der Nachvollziehbarkeit und Zuordnung von Belegen.

3. Änderungen und Löschungen müssen dokumentiert werden

Sie müssen sicherstellen, dass Veränderungen von Daten nachträglich noch erkennbar sind.

4. Datensicherheit beweisen

Sie müssen nachweisen, welche Schritte Sie gewählt haben, um die Datensicherheit zu gewährleisten.

5. Elektronische Daten sicher aufbewahren

Die erforderlichen Daten dürfen Sie nur dann auch auf einem Datenträger aufbewahren, wenn sichergestellt ist, dass die Wiedergabe oder die Daten jederzeit verfügbar sind und unverzüglich lesbar gemacht und ausgewertet werden können.

Ganz wichtig: Als Unternehmer tragen Sie die alleinige Verantwortung dafür, dass die Software, die Sie einsetzen, den Anforderungen der GoBD entspricht. Mögliche Zertifikate von Software-Anbietern bestätigen dies nicht – und auch die Finanzbehörde bescheinigt dies nicht mehr.

Die GoBD sollen dem Einzug der digitalen Datenverarbeitung in die Unternehmen Rechnung tragen und Bürokratie abbauen. Auf den Laien wirken die umfangreichen Vorschriften jedoch wie ein Verwaltungsmonstrum. Aber lassen Sie sich nicht abschrecken: Viele Regelungen sind leichter zu durchschauen, wenn Sie sie mit einem Steuerberater oder einer Steuerberaterin durchgehen.

In aller Regel führt der Weg vom Beleg zur Buchführung über fünf Schritte:

1. Belege prüfen
   Grundsätzlich sollten Sie ein Auge darauf haben, ob der Beleg sachlich und rechnerisch richtig ist. Prüfen Sie außerdem, ob alle Pflichtangaben an eine ordnungsgemäße Rechnung erfüllt sind. Bei Bewirtungsbelegen zusätzlich darauf achten, ob die Formvorschriften eingehalten sind.
2. Belege vorbereiten
   Im nächsten Schritt werden sämtliche Belege kontiert. Das bedeutet, dass der Buchungssatz auf den Belegen notiert wird.
3. Belege vorsortieren
   Um sich selbst das Buchen zu erleichtern, können Sie die Belege vorsortieren – zum Beispiel nach Sachkonten oder nach Barzahlungen und Kontenbewegungen.
4. Belege buchen
   Jetzt werden die Buchungssätze in der Software erfasst. Neben den Konten werden das Datum, die Belegnummer (zum Beispiel die Nummer des Bankkontoauszugs oder der von Ihnen vergebenen Rechnungsnummer) sowie die Belegart mitangegeben. Gegebenenfalls können Sie die gebuchten Belege mit einem Buchungsvermerk stempeln.
5. Belege ablegen
   Zum Abschluss werden die gebuchten Belege in das bestehende Ablagesystem eingeordnet.

Mit den gebuchten Belegen werden sämtliche Einnahmen und Ausgaben automatisch über das System zugeordnet und in die

Einnahmen-Überschuss-Rechnung sowie die Umsatzsteuervoranmeldung überführt. Übrigens: Je nach Software und Kontenrahmen gibt es Kontenfunktionen, die automatisch die Mehrwertsteuer berechnen. In vielen Programmen ist dies jedoch über eine Schlüsselung geregelt. Das bedeutet, dass Sie dem vierstelligen Konto eine 80 für 7 Prozent Mehrwertsteuer voranstellen müssen und eine 90 für 19 Prozent Mehrwertsteuer.

Ein Beispiel: Sie haben für 24,90 Euro Bürobedarf gekauft. Der Buchungssatz würde dann lauten 906815 / 1600. Haben Sie am nächsten Kiosk noch Fachmagazine für 7,50 Euro erstanden, würde der Buchungssatz dafür lauten: 806820 / 1600.

Achtung: Buchen Sie Belege nur dann mit Umsatzsteuer, wenn Ihnen eine ordnungsgemäße Rechnung vorliegt! Ansonsten buchen Sie diese Quittung ohne Umsatzsteuerschlüssel und fordern gegebenenfalls eine korrigierte Rechnung an.

Mehr Informationen zum Thema »Pflichtangaben in Rechnungen« finden Sie in Kapitel 1 auf S. 25.

Wenn Sie selbst buchen wollen und sich in die Materie eingearbeitet haben, nehmen Sie sich nicht zu viel auf einmal vor. Reservieren Sie sich beispielsweise einmal in der Woche eine Stunde für die Buchhaltung und erledigen in dieser Zeit so viel davon, wie Sie eben schaffen. Mit der Zeit gewinnen Sie an Routine. Bedenken Sie aber stets: Grundsätzlich gibt es kein Schwarz und Weiß in der Kontierung. Wichtig ist vor allem, dass Sie innerhalb einer Systematik bleiben.

Susanne Vogelbacher, Steuerberaterin, Köln

»Immer mal wieder muss ich selbstgeführte Buchhaltungen korrigieren und stoße dabei auf falsche Kontierungen. Im Prinzip lassen sich fast alle Fehlkontierungen folgenlos rückgängig machen. Allerdings ist bei manchen Buchungen Vorsicht geboten. Sie sollten immer dann besonders achtgeben, wenn Sie steuerliche Gestaltungsmöglichkeiten wählen oder andere ungewünschte Konsequenzen auslösen. Solche

Irrtümer können teuer zu stehen kommen. Dies gilt vor allem bei den beschränkt abzugsfähigen Kosten für Bewirtungen und Geschenke, bei geringwertigen Wirtschaftsgütern, Reisekosten, Löhnen und Betriebsvermögen, das auch Privatvermögen sein kann. Fragen Sie in solchen Fällen lieber einen Experten um Rat. Bedenken Sie, dass auch die Fehlerkorrektur beim Steuerberater zusätzliches Geld kostet. In manchen Fällen ist es daher günstiger, buchen zu lassen.«

Immer wieder finden sich gerade auf dem Geschäftskonto Ausgaben, die privater Natur sind: Man hat mit der EC-Karte Geld abgehoben, im Supermarkt elektronisch bezahlt oder der Dauerauftrag für die Tageszeitung geht vom Konto ab. Das alles sind sogenannte Privatentnahmen, die – steuerlich gesehen – nichts mit Ihrem Unternehmen zu tun haben. Dies gilt auch für private »Einnahmen« – beispielsweise ein Darlehen des Partners, damit Sie einen finanziellen Engpass überbrücken können. Solche Überweisungen auf das Geschäftskonto können unter Umständen zum Problem werden – nämlich dann, wenn es zu einer Betriebsprüfung kommt. Ungeklärte Zahlungseingänge werden im Zweifelsfall wie Einnahmen behandelt und müssen dann entsprechend nachversteuert werden. Trennen Sie also Privates von Geschäftlichem, so gut es geht. Separate Geschäfts- und Privatkonten sorgen außerdem für Transparenz im eigenen Unternehmen.

»Ich hatte vor einiger Zeit nach 17 Jahren Selbstständigkeit meine erste Betriebsprüfung. Da ich auch ab und zu mal mit EC-Karte Betriebsausgaben von meinem Privatkonto bezahle, wollte die Prüferin nun plötzlich die Kontoauszüge von meinem Privatkonto sehen. Ich hatte bis dahin geglaubt, dass man das nicht tun müsste, und wurde durch einen Fachanwalt für Steuerrecht, bei dem ich daraufhin nachfragte, eines Besseren belehrt. Ich ließ mich dann von dem Fachanwalt durch die Betriebsprüfung begleiten. So viel zum Aufbewahren von privaten Unterlagen. Ich bin mir sicher,

ohne fachlichen und rechtlichen Beistand hätte man mir das Fell über die Ohren gezogen! Seitdem lasse ich mir die Buchführung wieder von einem Steuerberater machen. Bis dahin hatte ich sie selbst gemacht.«

Ein Illustrator, Rastow

Es wird sich wahrscheinlich nie ganz vermeiden lassen, dass das Private mal im Geschäftlichen landet und umgekehrt. Derartige Einnahmen und Ausgaben lassen sich ebenfalls in Buchungen darstellen – ohne dass sich dies auf den Gewinn auswirken würde. Für Privatentnahmen (2100) und Privateinlagen (2180) gibt es Konten im Kontenrahmen – ebenso für die beschränkt abzugsfähigen Sonderausgaben, die Sie zum Beispiel in Ihre private Altersvorsorge investieren. Theoretisch könnten Sie bei Ihren Kontoauszügen nur die betrieblich relevanten Positionen buchen. Das aber hat den Nachteil, dass Sie keine Kontrolle über die Richtigkeit Ihrer eingegebenen Zahlen haben. Denn der Kontostand, den Ihr Buchhaltungsprogramm für Ihr Bankkonto ausweist, deckt sich dann nicht mit Ihrem tatsächlichen Kontostand. Sie sollten daher sämtliche Positionen auf Ihrem Konto buchen – und am Ende Ihrer Buchungsarbeiten stets den Kontostand ansehen. Stimmt das Ergebnis in Ihrer Software nicht mit dem Auszug überein, suchen Sie nach Zahlendrehern und prüfen Sie, ob Sie plus und minus verwechselt haben. In der Regel lassen sich so alle Buchungsfehler schnell aufklären.

Wenn Sie sich entschließen, selbst zu buchen, sollten Sie dies mit Ihrem Steuerberater abstimmen. Wenn Sie gerade auf der Suche nach einem neuen Berater sind, fragen Sie ihn (oder sie), wie er dieses Thema bewertet. Ein guter Steuerberater wird Ihnen bei der Bewältigung dieser Aufgabe mit Rat und Tat zur Seite stehen und mit Ihnen gemeinsam einschätzen, ob überhaupt und wenn ja, welchen Teil der Buchhaltung Sie übernehmen können. Wichtig ist außerdem, dass Sie über die Software sprechen, die Sie einsetzen möchten. Denn der Transfer Ihrer

Daten sollte problemlos über die Bühne gehen können – damit nicht sämtliche Daten von der Steuerkanzlei nochmals erfasst werden müssen.

Es gibt eine Vielzahl von Buchhaltungsprogrammen – sowohl kostenlose als auch kostenpflichtige. Wichtigstes Kriterium: Sie benötigen eine Buchhaltungssoftware, keine, die lediglich die Einkommensteuererklärung erstellt. Ein solches Programm ist eher für Arbeitnehmer gedacht und nur mit kleinen Unterprogrammen zur laufenden Buchhaltung ausgestattet. Die Programme am Markt unterscheiden sich vor allem in ihrer Komplexität und Nutzerfreundlichkeit. In den meisten Fällen gibt es kostenlose, zeitlich befristete Test-Varianten, bei denen man ausprobieren kann, mit welcher Eingabemaske man besser zurechtkommt. Die Schaltflächen und Menüführungen sind in jeder Software anders, und gerade für Anfänger empfiehlt es sich, eine Software zu wählen, mit der sie auf Anhieb klarkommen.

Buchen für Experten

Im Elster-Portal finden Sie nicht nur die gängigen Vordrucke der Finanzverwaltung samt Eingabemasken. Hier können Sie sich auch über sämtliche derzeit verfügbaren Steuerprogramme informieren. Eine Übersicht listet sowohl Freeware als auch kommerzielle Produkte auf. Die Übersicht finden Sie im Menü »Unternehmer/Software« auf den ELSTER-Seiten der Finanzverwaltung: https://www.elster.de

Tipp: Sprechen Sie mit Ihrem Steuerberater, welches Programm er selbst nutzt – und ob Sie dafür eine Unterlizenz für Ihren Arbeitsplatz bekommen können. In aller Regel ist dies wesentlich günstiger als ein eigenes Buchhaltungsprogramm. Außerdem hat es den Vorteil, dass Sie mit dem gleichen System arbeiten wie der Steuerberater und der Datentransfer dadurch enorm erleichtert wird.

Wenn Sie eine Buchführungs-Software erwerben, sollten Sie darauf achten, dass das Programm wirklich alle Voranmeldungen und alle benötigten Anlagen der Steuererklärung unterstützt. Wichtig ist zudem, immer mit der aktuellen Programmversion zu arbeiten. Da sich im Verlauf eines Jahres viele Steuervorschriften ändern, kann es sonst einige böse Überraschungen geben. Sämtliche Programme generieren in aller Regel automatisch Umsatzsteuer-Voranmeldungen. Auch die Gewinnermittlung per Einnahmen-Überschuss-Rechnung greift auf die Zahlen zurück, die eingegeben worden sind. Inzwischen gibt es eine Vielzahl an Programmen, die darüber hinaus Zusatzfunktionen bieten, um die Geschäftszahlen betriebswirtschaftlich auszuwerten.

BWA und Co: Buchführungsdaten nutzen und auswerten

Die elektronisch geführte Buchhaltung hilft Ihnen nicht nur bei der Umsatzsteuer-Voranmeldung und der Gewinnermittlung. Sie zeigt Ihnen auch, wo Sie mit Ihrem Unternehmen stehen. Dafür müssen Sie diesen Teil der Buchhaltung noch nicht einmal selbst erledigen: Wichtig ist, dass Sie sich mit den Zahlen regelmäßig befassen. Ausgangspunkt einer solchen Analyse ist die Betriebswirtschaftliche Auswertung (BWA). Die BWA beruht auf den Zahlen der Buchhaltung und gibt dem Unternehmer während des laufenden Wirtschaftsjahres aus verschiedenen Blickwickeln Auskunft über seine finanzielle Situation. Die BWA ist aus drei Gründen entscheidend für Ihre Unternehmensplanung:

1. Die BWA informiert…
   … über alle wichtigen Unternehmenszahlen, zusammengefasst auf wenigen Seiten.
2. Die BWA kontrolliert…
   … Ihre Einnahmen (Umsätze) und Ausgaben. Mit den Daten sind Sie in der Lage, kurz- und mittelfristige Entscheidungen zu treffen.

3. Die BWA präsentiert…
   … Ihre finanzielle Situation – beispielsweise bei einer Bank. Kreditzusagen können dadurch erleichtert werden.

Die BWA bietet hierfür verschiedene Kennzahlen, zum Beispiel

- die kurzfristige Erfolgsrechnung,
- die Bewegungsbilanz,
- die statische Liquidität oder
- den Soll-Ist-Vergleich.

Die kurzfristige Erfolgsrechnung beantwortet die Frage, was Sie in einem bestimmten Zeitraum – zum Beispiel in einem Monat oder Quartal – verdient haben. Sie ist die wichtigste Form der BWA und spiegelt die aktuelle Ertragslage Ihres Unternehmens wider. Die Bewegungsbilanz gibt Auskunft über Ihr Vermögen, etwa darüber, wie viele Rechnungen noch offen sind oder wie sich das Kapital verändert hat. Die statische Liquidität wiederum zeigt, in welchem Verhältnis liquide oder liquidierbare Vermögensgegenstände zu den kurzfristigen Verbindlichkeiten stehen.

Voraussetzung für die detaillierten Informationen ist bei Einnahmen-Überschuss-Rechnern die regelmäßige Pflege der Daten. So setzt ein aussagekräftiger Soll-Ist-Vergleich voraus, dass Sie vorab Beträge festgesetzt haben, denen Sie den Ist-Zustand gegenüberstellen können.

Ein Beispiel: Sie haben im zurückliegenden Jahr festgestellt, dass die Kosten für Fremdleistungen in Ihrem Unternehmen enorm gestiegen sind. Diese Position wollen Sie nun gesondert beobachten und legen einen Soll-Wert von 250 Euro pro Monat für Fremdleistungen fest. Nun können Sie jeden Monat in der BWA sehen, wie sich der Ist-Wert im Verhältnis dazu entwickelt. Aber auch die kurzfristige Erfolgsrechnung bietet ähnliche Möglichkeiten: Hier wird zum Beispiel beziffert, in welchem Verhältnis bestimmte Ausgaben (oder Einnahmen) zu den Gesamtkosten (oder Umsätzen) stehen. Zum Teil können

Sie bestimmte Analysen – etwa die Umsatzrentabilität – aus den einzelnen BWAs herauslesen. So verdeutlicht die Umsatzrentabilität, wie viel Prozent der Umsatzerlöse dem Unternehmen als Betriebsgewinn verbleiben. Die Erfolgsgröße ist hier der Gewinn, die Bezugsgröße der Umsatz. Auf diese Weise können Sie erkennen, ob die Kosten insgesamt im richtigen Verhältnis zu Ihren Umsätzen stehen.

Die zahlreichen Möglichkeiten der BWA teilen sich in drei übergeordnete Gruppen auf:

Grundform der BWA	Vergleichende BWA	Weitere BWA
Kurzfristige Erfolgsrechnung	Soll-Ist-Vergleich	Betriebswirtschaftlicher Kurzbericht
Bewegungsbilanz	Vorjahresvergleich	Kapitalflussrechnung
Statische Liquidität	Jahresübersicht	Rating-BWA

Abbildung 5.6: Spielarten der BWA;
Quelle: Eigene Erstellung

Die genannten Formen beinhalten lediglich die wichtigsten Varianten, darüber hinaus gibt es – abhängig von Branche und Größe des Unternehmens – noch weitere Formen der BWA. Die BWA ist notwendig, um bestimmte betriebliche Zusammenhänge besser zu verstehen und beurteilen zu können. Sie bietet dem Unternehmer viele Möglichkeiten, um die wirtschaftliche Lage seines Unternehmens richtig einschätzen zu können. Dazu müssen aber die einzelnen Kennziffern genau beobachtet und interpretiert werden, gegebenenfalls mit Unterstützung des Steuerberaters. Daher sollten Sie mindestens einmal im Monat Zeit für die Lektüre der Daten reservieren. Betrachten Sie Ihr Unternehmen aus verschiedenen Perspektiven, schenken Sie finanziellen Baustellen besondere Aufmerksamkeit – und lassen Sie sich gegebenenfalls die einzelnen Auswertungen vom Fachmann erläutern. Scheuen Sie sich nicht, intensiv nachzufragen – schließlich geht es darum, dass Sie Ihr Unternehmen finanziell lesen und verstehen können. Für Banken ist die BWA zudem häufig eine Informationsquelle, um die Kreditwürdigkeit eines Unternehmens zu prüfen. Spätestens dort sollten Sie Ihre Daten fundiert erläutern können.

Investitionen steuern, flüssig bleiben: Finanz- und Liquiditätsplanung

Zahlreiche Freiberufler finanzieren sich auf traditionelle Weise: Die Innenfinanzierung gibt den Ton an – das Geld, das als Gewinn erwirtschaftet wird, wird gleichermaßen für den Lebensunterhalt entnommen und für neue Investitionen genutzt. Aber auch die Abhängigkeit von Krediten ist weiterhin groß: Viele kleine und mittlere Unternehmen stützen sich – wenn die einbehaltenen Gewinne nicht mehr ausreichen – auf kurz- und langfristige Bankdarlehen. Daran hat sich – trotz der zahlreichen Alternativen für Finanzierung und Forderungsmanagement wie Leasing oder Factoring – in den vergangenen Jahren kaum etwas geändert. Was sich aber geändert hat, ist das Kreditvergabeverhalten der Banken. Selbst kleinere Kontokorrentkredite durchlaufen inzwischen umfangreiche Genehmigungsprozesse. Die bisherige, gegenwärtige und künftige Leistungsfähigkeit des Unternehmens wird ermittelt und die Bonität mit einer Rating-Note bewertet.

Das zwingt Unternehmer zur schonungslosen Offenheit: Betriebswirtschaftliche Auswertungen, Jahresabschlüsse, Finanzierungspläne, Aufstellungen über Forderungen und Verbindlichkeiten, Unterlagen über Wertpapiere, Immobilien, Lebensversicherungen, Schufa-Auskunft – alle Daten müssen auf den Tisch. Vor allem kleinere Unternehmen können häufig die Informationsanforderungen nicht erfüllen. Hier stellt sich vielen die Frage: Bekomme ich überhaupt einen Kredit? Das Fatale an der Situation ist: Je kleiner das Unternehmen, desto geringer auch die Spannbreite der Möglichkeiten.

Ausgangspunkt jeder Finanzierung ist die fundierte Betriebswirtschaftliche Auswertung des Unternehmens – und die entsprechenden Kenntnisse des Inhabers. Wenn Sie Ihre Finanzen nicht im Blick haben, dürften Sie im Bankgespräch schnell Schwierigkeiten bekommen, einen professionellen Eindruck zu vermitteln. Vor allem zum Jahreswechsel lohnt sich ein Blick auf die Finanzplanung:

- Wie hoch sind die voraussichtlichen Investitionskosten – für Neuanschaffungen oder Reparaturen?
- Wie viele finanzielle Reserven benötigen Sie, um die Entwicklung des Unternehmens abzusichern?
- Verfügen Sie über ausreichendes Eigenkapital?
- Welche Sicherheiten könnten Sie bereitstellen?
- Was folgt aus den genannten Punkten für Ihren Fremdkapitalbedarf?

Für die Antworten auf diese Fragen benötigen Sie wiederum Zahlenmaterial, damit Sie eine Umsatz-, Rentabilitäts- und Liquiditätsplanung erstellen können. Im Klartext müssen Sie also wissen, wie viele Einnahmen Sie erwarten, was Sie davon ausgeben werden und was am Ende übrig bleibt. Außerdem müssen Sie einen Überblick darüber haben, wie Sie mögliche finanzielle Durststrecken zwischenfinanzieren. Denn nur selten haben Freiberufler jeden Monat des Jahres derart hohe Fixeinnahmen, dass sie davon sämtliche laufenden Kosten bestreiten können. Manche Freiberufler unterliegen einem klassischen Saisongeschäft – und verzeichnen damit in manchen Monaten hohe Umsätze, in anderen wiederum gar keine. Andere Freiberufler hingegen haben in ihrer Branche mit langen Zahlungszielen zu kämpfen – und müssen in der Zwischenzeit trotzdem ihre regelmäßigen Ausgaben finanzieren. Wie sich dies bei Ihnen darstellt, erfahren Sie über die Liquiditätsplanung.

Sämtliche Planwerte können Sie mit einer Tabellenkalkulation ermitteln – ob Sie dafür eine Vorlage nutzen oder eine individuelle Planung erstellen, bleibt Ihnen überlassen. Wichtig ist, dass Sie diese Planwerte regelmäßig aktualisieren und vor allem im Blick halten. Achten Sie dabei auf folgende Punkte:

Die Vorlage für eine Liquiditätsplanung finden Sie auf der beigefügten CD.

- Wie hoch wird der Umsatz im definierten Zeitraum voraussichtlich ausfallen?
- Wie hoch werden die Kosten im gleichen Zeitraum sein?
- Wann werden die ausstehenden Rechnungen im definierten Zeitraum voraussichtlich bezahlt?
- Ist im gleichen Zeitraum Kapitaldienst zu leisten (Tilgungen, Zinsen)?
- Welche Investitionskosten fallen in dieser Zeit an?
- Wie viel Geld muss regelmäßig für den Lebensunterhalt aus dem Unternehmen entnommen werden?

Vor allem der letzte Punkt wird von vielen Freiberuflern vernachlässigt. Man nimmt sich, was man braucht, wenn man es braucht. Durch diese unregelmäßigen Privatentnahmen verlieren Sie aber leicht den Überblick, ob Ihr Unternehmen überhaupt genug für Ihren Lebensunterhalt abwirft. Wichtig ist es daher, schon bei der Kalkulation die regelmäßig erforderlichen Privatentnahmen genau zu beziffern und daraus eine Art »Inhabergehalt« abzuleiten.

Ein Beispiel: Für Ihre Kalkulation definieren Sie die monatlichen Betriebsausgaben sowie die Kosten für Altersvorsorge und Absicherung. Zusätzlich schreiben Sie auf, was monatlich alles privat finanziert werden muss:

Position	Kosten
Miete/Darlehen für Eigentum	780 Euro
Strom, Wasser, Gas	90 Euro
Kabel, GEZ	15 Euro

Position	Kosten
Private Versicherungen, zum Beispiel Hausrat	40 Euro
Zeitungsabo	20 Euro
»Haushaltskasse« (Lebensmittel etc.)	300 Euro
Freizeit, Urlaub, Anschaffungen	300 Euro
Telefon privat	50 Euro
Kinderbetreuung und -aktivitäten	200 Euro
Rücklage Einkommensteuer	350 Euro
Gesamtsumme Privatentnahmen	2 145 Euro

Abbildung 5.7: Beispielrechnung Privatentnahmen;
Quelle: Eigene Erstellung

In diesem Beispiel sollte sich der Freiberufler also rund 2 500 Euro monatlich als »Inhabergehalt« auf sein Privatkonto überweisen, damit nicht nur alle Kosten gedeckt sind, sondern auch für unvorhergesehene Fälle noch Barreserven vorhanden sind. Wichtig: Neben diesen regelmäßigen Privatentnahmen muss noch genug Geld übrig bleiben, damit die betrieblichen Ausgaben sowie die Kosten für die Kranken- und Pflegeversicherung und die Altersvorsorge bezahlt werden können. Darüber hinaus sollten Sie stets eine Liquiditätsreserve einplanen, denn selbst in wirtschaftlich guten Zeiten können immer mal wieder langjährige Kunden wegbrechen, Mandanten zur Konkurrenz wechseln oder Patienten aus dem Karteibestand verschwinden.

Setzen Sie sich einmal im Jahr an Ihren Schreibtisch und nehmen Sie eine umfassende betriebswirtschaftliche Planung vor, bestehend aus

- Umsatzplanung,
- Investitionsplanung,
- Personalplanung,
- Liquiditätsplanung,
- Kapitalbedarfsermittlung.

Die *Umsatzplanung* ist eigentlich eher eine Mindest-Umsatzplanung. Hier finden Sie Antworten auf die Frage, welchen Gewinn Sie erwirtschaften müssen, um Tilgungen und sonstige Verpflichtungen abzudecken. Sie ermitteln einen Soll-Umsatz, den Sie dann – anhand der Markt- und Wettbewerbsbedingungen – auf Plausibilität prüfen. Die Umsatzplanung können Sie bei Bedarf noch in einzelne Segmente unterteilen.

Bei der *Investitionsplanung* werfen Sie einen prüfenden Blick auf alle Gegenstände, die zur dauerhaften Nutzung im Betrieb bestimmt sind. Was ist bereits Bestandteil des Betriebsvermögens? Welche Betriebsausstattung wird in den nächsten Jahren benötigt oder muss neu angeschafft werden? Hier ist vorausschauendes Denken gefragt. Als letzter Punkt der Investitionsplanung spielen die zu erwartenden Kosten eine Rolle. Hier können Sie Ihre Liquidität schonen, indem Sie sich beispielsweise für Leasing-Varianten entscheiden.

§ **Kredit oder Leasing?**

Vor allem für Beträge im vier- bis fünfstelligen Bereich sind Kredite wegen der zurückhaltenden Vergabepraxis der Banken immer schwieriger zu beschaffen. Hier bietet Leasing Freiberuflern eine interessante Alternative – zum Beispiel, um die Kosten überschaubar und planungssicher zu machen. Ein weiteres Plus: die zeitliche Befristung. Auf diese Weise hat man stets das neueste Modell – oder den aktuellsten Stand der Technik.Im Gegensatz zum normalen Kaufvertrag ist beim Leasing vieles denkbar: Weder Laufzeit noch Konditionen sind gesetzlich vorgeschrieben. Leasing-Erlasse regeln vor allem die steuerlichen Voraussetzungen für das Leasing-Geschäft. In aller Regel sind die Verträge als Finanzierungs-Leasing-Verträge gestaltet. Das heißt, dass der Kunde die Verantwortung für das geleaste Objekt und damit das Risiko trägt. Solche Verträge sehen in aller Regel eine fest vereinbarte Grundmietzeit vor. Diese ist kürzer als die betriebsgewöhnliche Nutzungsdauer des Leasing-Objektes. Zum Beispiel werden bei Fahrzeugen meist zwei bis vier Jahre Mietdauer vereinbart, bei Computern bis zu viereinhalb Jahre und bei Geräten und Mobiliar bis zu neun Jahre. Aber es gibt auch einige Minuspunkte: Der Leasing-Vertrag ist während der Laufzeit unkündbar. Zahlt der Kunde seine Raten nicht pünktlich, darf der Leasinggeber den Vertrag fristlos kündigen, sämtliche Raten einfordern sowie Schadenersatz verlangen. Und wenn das geleaste Auto oder der gemietete Computer kaputt ist, muss der Kunde die Leasing-Raten dennoch in voller Höhe weiter zahlen. Mängel lassen sich nicht bei der Leasing-Gesellschaft, sondern nur beim Händler oder Hersteller geltend machen.

In der Steuererklärung darf der Leasingnehmer die laufenden Zahlungen als Betriebsausgabe absetzen. Das gilt auch für die Sonderzahlung zu Beginn des Vertragszeitraums. Sie wird wie eine Mietvorauszahlung behandelt. Allerdings darf die Vorauszahlung nicht zu hoch ausfallen, um den steuerlichen Abzug nicht zu gefährden. Die Finanzverwaltung hat zwar keine ausdrückliche Obergrenze festgelegt; der Rechtsprechung des Bundesfinanzhofs folgend ist eine Sonderzahlung von bis zu 30 Prozent des Nettokaufpreises jedoch steuerlich unproblematisch.

Nicht jeder Freiberufler benötigt mehrere Vollzeit-Angestellte. Aber ganz ohne Personal geht es bei den wenigsten Dienstleistern – erst recht nicht, wenn mit der Zeit das Unternehmen, die Aufträge und die Aufgaben wachsen. Das Personal stellt für Unternehmen in der Regel einen hohen Kostenfaktor dar. Daher gehört eine gründliche *Personalplanung* ebenfalls zur jährlichen Analyse dazu. Den potenziellen Personalbedarf sollten Sie nach folgenden Gesichtspunkten ermitteln:

- Welche Tätigkeiten und Aufgaben sind zu erledigen?
- Wie viele Mitarbeiter werden dafür benötigt?
- Welche Qualifikation müssen die Mitarbeiter haben?
- Wann müssen diese Mitarbeiter verfügbar sein?
- Wie hoch fallen die Personalkosten aus (Honorare, Löhne, Gehälter, Sozialversicherung, tarifliche Leistungen, Berufsgenossenschaft)?

Liquiditätsplanung bedeutet, dass Sie Ihre Fähigkeit sichern, jederzeit Ihren Zahlungsverpflichtungen nachkommen zu können. Die jährliche Liquiditätsplanung können Sie anhand Ihrer regelmäßigen Liquiditätsplanung hochrechnen. Daraus ergeben sich auch die Erfahrungswerte, wann Sie wie viel Kapital benötigen und wie Sie die Ausgaben finanzieren können.

Für die *Kapitalbedarfsermittlung* müssen Sie zunächst den Finanzplan aus der BWA zu Rate ziehen. Dieser beantwortet Ihnen die Frage, ob Ihr Unternehmen auf solider Grundlage wirtschaftet. Schauen Sie dazu die Kennzahlen der BWA noch einmal genau an; nachhaltige Aussagen können Sie allerdings erst treffen, wenn Sie die Zahlen mehrerer Jahre gegenüberstellen. Stellen Sie außerdem Zusammenhänge zwischen den einzelnen Positionen her. Aus diesen Daten können Sie letztlich Ihren Kapitalbedarf ermitteln – für die laufenden Kosten und die notwendigen Investitionen. Vergessen Sie nicht, Reserven für Unvorhergesehenes einzuplanen. Und denken Sie bei allen Plänen daran: Wichtig ist es, bei allen Kosten immer »Worst-Case-Szenarien« durchzuspielen, also die Ausgaben so hoch wie möglich anzusetzen. Bei den Einnahmen sollte man eher zurückhaltend kalkulieren.

Forderungsmanagement leicht gemacht

Die Dienstleistung ist erbracht und die Rechnung schon seit Wochen weggeschickt. Trotzdem zeigt der Blick auf die Kontoauszüge nur Abbuchungen. Immer wieder lassen sich Kunden und Verbraucher viel Zeit, ihre Rechnungen zu begleichen. Oder sie zahlen gar nicht. Ein Zahlungsverzug von zwei Wochen ist inzwischen Normalität. »Der Kunde zahlt wieder nicht pünktlich.« »Meine Außenstände belaufen sich inzwischen auf mehrere tausend Euro.« »Ich stehe in einer Reihe mit anderen Gläubigern und kann meine Rechnung nun völlig abschreiben.« Diese und ähnliche Erfahrungen mancher Freiberufler teilen viele, denn die Zahlungsmoral verschlechtert sich ständig. Was aber helfen gefüllte Auftragsbücher, wenn kein Geld in die Kasse kommt? Ein konsequentes Forderungsmanagement ist hier die Lösung.

Häufig lassen sich unbezahlte Rechnungen bereits im Vorfeld vermeiden. Vorsorge treffen heißt es vor allem dann, wenn es sich beim Auftraggeber um einen neuen Kunden handelt. Manchmal liefert bereits die Homepage des potenziellen Kunden, ein Blick ins Impressum oder ein kurzer Suchlauf über eine Internetsuchmaschine erste Anhaltspunkte. Bei größeren Auftragsvolumen ist es ratsam, eine Wirtschaftsauskunft – zum Beispiel bei Creditreform oder bei der Schufa – einzuholen; diese kosten rund 20 Euro. Auch das Handelsregister oder der im Geschäftsbericht veröffentlichte Jahresabschluss helfen bei der Suche nach Bonitätspunkten weiter.

§ **Wirtschaftsauskunft – Informationen in Euro und Cent**

Wichtige Quellen der Wirtschaftsauskünfte sind öffentliche Verzeichnisse und Datenpools, in die auch persönliche Zahlungserfahrungen der jeweiligen Verbandsmitglieder (etwa des Vereins Creditreform) einfließen. Eine Wirtschaftsauskunft ist in der Regel nach einem standardisierten Schema gegliedert:

- Bonität (z. B. Bonitätsindex, Zahlungsweise, Krediturteil, Höchstkredit);
- Struktur (z. B. Branche, Rechtsform, Beteiligte);
- Finanzen (z. B. Kapital, Jahresumsatz, Aktiva/Passiva);
- Sonstiges (z. B. Auftragslage, Unternehmensentwicklung, Mitarbeiter, Bankverbindungen).

Darüber hinaus wird aus einer Vielzahl von Daten das Bonitätsrisiko eines Unternehmens ermittelt und mit einer »Gesamtnote« dargestellt.

Ist die Zahlungsfähigkeit nicht gesichert, sind drei Varianten denkbar:

1. Barzahlung
   Im Einzelhandel ist dies eine übliche Zahlungsweise, bei den meisten Freiberuflern jedoch eher unüblich. Ausnahmen bilden in einigen Fällen Therapeuten sowie Tanz- und Yogalehrer. Bei Kleinstbeträgen, die den (Rechnungs-)

Aufwand nicht lohnen, können aber auch andere Freiberufler auf Barzahlung zurückgreifen.

2. Vorkasse
   Gerade bei Neukunden, die einen größeren Leistungsumfang in Auftrag geben, lässt sich dies in aller Regel gut argumentieren. Im Geschäftsleben ist es inzwischen auch bei Freiberuflern durchaus Usus, dass der Kunde bei einem Auftrag, der mit erheblichen Vorleistungen für den Auftragnehmer verbunden ist, vorab bezahlt. Dies ist zum Beispiel auch dann üblich, wenn der Freiberufler sich einen längeren Zeitraum für die Arbeit am Auftrag freihalten muss.
3. Abschlagszahlung
   Die Alternative zur Vorkasse ist die Abschlagszahlung. Bei großen Aufträgen oder Projekten mit langer Laufzeit kann eine solche Akontozahlung vereinbart werden – zum Beispiel ein Drittel des Honorars. Dieser Vorschuss wird dann später mit der Gesamtsumme verrechnet. Die Abschlagszahlungen werden oft gedrittelt: ein Teil bei Vertragsschluss, ein Teil bei Lieferung und der letzte Teil bei Abnahme. Welche prozentuale Staffelung Sie hier vornehmen, bleibt Ihnen überlassen.

Bereits in Ihre Auftragsbestätigung sollten Sie ein Zahlungsziel aufnehmen. Nach dem Gesetz ist ein Schuldner zwar – sofern er ein Unternehmen ist – nach Ablauf von 30 Tagen nach Fälligkeit der Forderung und Erhalt der Rechnung automatisch in Verzug. Aber bei Verbrauchern gilt diese Regel nur, wenn bei Vertragsschluss ausdrücklich darauf hingewiesen wurde. Hier hilft ein Passus in der Rechnung, etwa: »Sie geraten spätestens 30 Tage nach Erhalt dieser Rechnung bei Nichtzahlung in Verzug (§ 286 Abs. 3 BGB).« Dazu kommt, dass kürzere Zahlungsziele als das gesetzliche in jedem Fall bereits bei Vertragsschluss festgehalten werden müssen.

Nach Erledigung des Auftrags heißt es, mit der eigenen Rechnung die Weichen für pünktliche Zahlung zu stellen. Auf der eigenen Rechnung sollte – obwohl nicht gesetzlich vorgeschrieben – neben der vollständigen Bankverbindung in jedem Fall eine Zahlungsfrist angegeben werden. Steht auf der Rechnung kein Zahlungsziel, gilt die gesetzliche Regelung nach § 286 des Bürgerlichen Gesetzbuches (BGB): Die Rechnung ist dann zwar sofort fällig, aber der Verzug tritt erst nach 30 Tagen ein, das heißt, ab diesem Zeitpunkt können dann gegebenenfalls Verzugszinsen berechnet werden. Ein kürzeres Zahlungsziel muss nicht nur in der Auftragsbestätigung oder im Vertrag, sondern auch ausdrücklich auf der Rechnung stehen, damit nötigenfalls schnell gemahnt werden kann. Die Zahlungsfrist sollte so konkret wie möglich gefasst werden, denn alles andere – zum Beispiel »Zahlbar sofort nach Erhalt« – ist Auslegungssache. Am sichersten ist es, ein Datum zu nennen, zum Beispiel »Zahlbar bis 6. November 2013«. Ist die Rechnung überfällig, können dann ab dem 7. November 2013 Verzugszinsen berechnet werden.

Susanne Vogelbacher, Steuerberaterin, Köln

»Jeder möchte, dass seine Rechnung möglichst schnell bezahlt wird. Manchmal hilft es, wenn man es dem Kunden ein wenig schmackhafter macht, die Rechnung schnell anzuweisen. Die Lösung heißt Skonto: Für das Anweisen der Rechnung binnen einer festgesetzten, vorgezogenen Frist wird ein Abzug vom Rechnungsbetrag gewährt. Ein Anreiz für den Kunden, frühzeitig zu bezahlen. Üblich sind Skontobeträge zwischen ein und drei Prozent. Damit Sie durch Skonto aber nicht selbst Geld verlieren, sollten Sie dies bereits bei der Kalkulation berücksichtigen. Auf diese Weise zahlen dann gewissermaßen alle, die Ihr Skonto nutzen, den tatsächlichen Preis – und diejenigen, die die Zahlungsfrist voll ausnutzen, einen kleinen Zuschlag dafür, dass Sie länger auf das Geld warten müssen. Interessant kann auch das Lastschriftverfahren sein: Der Kunde hat weniger Verwaltungsaufwand, Sie können Ihr Zahlungsziel etwas verlängern – und können sich relativ sicher sein, dass Sie Ihr Geld erhalten.«

Ist die Zahlungsfrist verstrichen, sind Sie am Zug. Woran könnte es gelegen haben, dass die Rechnung noch nicht angewiesen ist? Versuchen Sie, die Ursachen zu klären:

- Gibt es Unstimmigkeiten mit der Abnahme oder einzelnen Rechnungspositionen?
- Ist Ihre Rechnung nicht eingetroffen?
- Liegen Zahlungsprobleme am Chaos in der Buchhaltung?
- Befindet sich der zuständige Ansprechpartner, der die Honorare abzeichnen muss, im Urlaub?
- Bummelt das Sekretariat?
- Gibt es einen besonderen Zahlungsrhythmus?
- Will der Kunde tatsächlich nicht zahlen?
- Steht der Auftraggeber vor der Zahlungsunfähigkeit?

Klären lassen sich solche Fragen meist durch Telefonate mit Auftraggeber und Buchhaltung. Wichtig: Führen Sie derartige Telefongespräche mit Nachdruck, aber auch mit Feingefühl, um die Kundenbeziehung zu erhalten. Häufig hilft schon ein höfliches Erinnerungsschreiben. Geht das Geld dann immer noch nicht ein, können Sie entweder eine Mahnung mit einem neuen Zahlungsziel schreiben – oder direkt einen Anwalt einschalten. Der beantragt dann bei Gericht einen Mahnbescheid.

Die Vorlagen für eine Zahlungserinnerung und eine Mahnung finden Sie auf der beigefügten CD.

Legt der Schuldner gegen den Mahnbescheid keinen Widerspruch und gegen den sich anschließenden Vollstreckungsbescheid keinen Einspruch ein, kann der Gerichtsvollzieher beauftragt werden – oder aber das Vollstreckungsgericht pfändet die Konten des Schuldners. Ganz gleich, ob ein Anwalt oder ein Inkassounternehmen mit dem Eintreiben der Forderungen beauftragt wird: Die Kosten dafür muss der Schuldner bezahlen – nebst Verzugszinsen: Denn dem Gläubiger stehen acht Prozentpunkte über dem jeweiligen Basiszinssatz der Deutschen Bundesbank zu; bei Geschäften mit Privatleuten können fünf Prozent über dem jeweiligen Basiszins als Verzugszins verlangt werden.

Der aktuelle Zinssatz kann im Internet abgefragt werden unter http://www.bundesbank.de.

Verzugszinsen berechnen

Im Internet finden Sie einen Rechner, der sowohl für Verbrauchergeschäfte als auch für Aufträge zwischen Unternehmen Verzugszinsen berechnet. Auf der Internetseite <http://basiszinssatz.info/zinsrechner/> können Sie sich die Verzugszinsen für Ihren individuellen Fall berechnen. Vergessen Sie nicht, zusätzlich das Porto für das Einschreiben mit Rückschein sowie weitere Kosten in Rechnung zu stellen. Dies fällt unter den Posten »Verzugsschadenspauschale« in Höhe von 40 Euro.

Seit einigen Jahren können deutsche Unternehmen in der gesamten Europäischen Union ihre offenen Forderungen eintreiben. Mit der EG-Vollstreckungstitel-Verordnung können Sie sich Versäumnisurteile als Europäische Vollstreckungstitel bestätigen lassen und somit in der gesamten EU – mit Ausnahme von Dänemark – säumige Kunden zum Bezahlen bewegen. Der Europäische Vollstreckungstitel gilt in Zivil- und Handelssachen – allerdings nur für Geldforderungen, die vom Schuldner anerkannt oder nicht bestritten werden. Eine Forderung gilt in diesem Zusammenhang als unbestritten, wenn der Schuldner ihr entweder ausdrücklich – durch Anerkenntnis oder Vergleich – zugestimmt hat oder aber ihr im gerichtlichen Verfahren nicht widersprochen hat. Die offene Rechnung wird vom deutschen Gericht nur auf Antrag als Europäischer Vollstreckungstitel bestätigt. Mit dem Titel kann sich der Gläubiger direkt an die Stelle wenden, die im EU-Staat des Schuldners für die Vollstreckung zuständig ist. Die Bestätigung der Forderung gibt es auf einem europaweit einheitlichen Formblatt. Mehr Informationen liefert der Europäische Gerichtsatlas für Zivilsachen im Internetauftritt der Europäischen Union <http://ec.europa.eu/justice_home/judicialatlascivil/html/index_de.htm>.

6 Nicht immer einer Meinung mit dem Finanzamt? Vom Jahresabschluss bis zur Betriebsprüfung

Am Ende eines Geschäftsjahres steht der Abschluss der Buchführung mit der Einnahmen-Überschuss-Rechnung und die Steuererklärung. Den Jahresabschluss können Freiberufler alleine erledigen, müssen sie aber nicht. Manchmal ist es sinnvoll, sich von Experten helfen zu lassen. Wie Sie den richtigen Steuerberater finden, lesen Sie in diesem Kapitel. Zudem sind Steuerpflichtige nicht immer mit den Entscheidungen der Behörden einverstanden – und nicht immer ist alles korrekt, was in einem Steuerbescheid steht. Welche Möglichkeiten es gibt, sich gegen einen Steuerbescheid zur Wehr zu setzen, welche Fristen und Formen zu beachten sind und welche Erfolgschancen bestehen, lesen Sie ebenfalls in diesem Kapitel. Außerdem finden Sie hier Details für die Vorbereitung auf eine Betriebsprüfung.

Der Jahresabschluss

Grundsätzlich muss jeder, der in Deutschland wohnt, auf seine Einkünfte Einkommensteuer zahlen. Steuerzahler sind nach der Abgabenordnung außerdem dazu verpflichtet, dem Finanzamt die für die Steuerfestsetzung relevanten Daten zur Verfügung zu stellen. Als Freiberufler müssen Sie daher Auskünfte über Ihre Einnahmen und Ausgaben geben und Ihren Gewinn (oder Verlust) per Einnahmen-Überschuss-Rechnung ermitteln.

Als Selbstständiger sind Sie dazu verpflichtet, eine Steuererklärung einzureichen, wenn Ihre jährlichen Einkünfte über 8354 Euro liegen – das ist der steuerfreie Grundfreibetrag. Wenn Sie Verluste erwirtschaftet haben – etwa in der Zeit nach der Gründung –, soll-

Mehr Informationen zum Thema »Einnahmen-Überschuss-Rechnung« finden Sie in Kapitel 3 auf S. 73.

ten Sie eine Steuererklärung abgeben. Sind Sie verpflichtet, eine Steuererklärung abzuliefern, muss dies grundsätzlich bis zum 31. Mai des folgenden Jahres geschehen. Lassen Sie sich von einem Steuerberater helfen, verlängert sich diese Frist automatisch bis zum 31. Dezember des Folgejahres.

§ **Die Zeit läuft: Fristen beachten**

Gibt der Steuerberater die Erklärung ab, hat er dafür eine Frist bis zum 31. Dezember des Folgejahres. Allerdings erwartet die Finanzverwaltung, dass die Erklärungen laufend fertig gestellt und unverzüglich eingereicht werden. Denn die verlängerte Frist ist vor allem deswegen geschaffen worden, um den Steuerberatern die Möglichkeit zu geben, ihre Arbeit übers Jahr zu verteilen. Sie sollten die Frist also nicht bis zum letzten Tag ausschöpfen, da sonst das Risiko besteht, dass die Kanzlei Ihre Steuererklärung nicht fristgerecht einreichen kann.

Aber auch andere Gründe sprechen dafür, die Steuerunterlagen nicht monatelang im Ablageschrank liegen zu lassen: Zum einen benötigt der Steuerberater Zeit, um die Belege zuzuordnen und die Erklärung zu erstellen. Zum anderen darf der Finanzbeamte Erklärungen auch vor Ablauf der verlängerten Frist anfordern. Davon wird vor allem Gebrauch gemacht, wenn Steuerpflichtige ihre Erklärungen in den Vorjahren verspätet oder gar nicht abgegeben haben. Auch wenn kurz vor Abgabe der Steuererklärung nachträgliche Vorauszahlungen festgesetzt werden oder im Vorjahr eine hohe Abschlusszahlung geleistet werden musste, kann das Finanzamt darauf bestehen, dass die Erklärung früher abgegeben wird.

In der Regel ist es unproblematisch, beim Finanzamt eine Fristverlängerung über den 31. Mai hinaus zu erwirken. Geht es nur um einige Tage oder wenige Wochen, können Sie dies möglicherweise direkt mit Ihrem Sachbearbeiter telefonisch klären. Machen Sie sich in diesem Fall eine Aktennotiz für Ihren Buchhaltungsordner. Ist es absehbar, dass Sie die Steuererklärung in den nächsten Monaten nicht schaffen werden, sollten Sie rechtzeitig schriftlich eine Fristverlängerung beantragen. Dazu reicht in aller Regel ein formloses Schreiben.

Die Einkommensteuererklärung muss auf den amtlichen Vordrucken abgegeben werden. Seit dem Veranlagungszeitraum 2011 müssen Sie Ihre Umsatz- und Einkommensteuererklärung elektronisch einreichen. Zuständig ist das Finanzamt, in dessen Bezirk Sie wohnen. Sollten Sie Ihre freiberufliche Tätigkeit nicht dort ausüben, wo Sie wohnen, ist das Betriebsfinanzamt für Ihre Steuererklärung verantwortlich. Die Sachbearbeiter dort übermitteln dann eine gesonderte Feststellung Ihrer freiberuflichen Einkünfte an Ihr Wohnsitzfinanzamt.

Die Vorlage für eine Fristverlängerung finden Sie auf der beigefügten CD.

Die Einkommensteuererklärung setzt sich zusammen aus folgenden Bestandteilen:

Mantelbogen
Hier machen Sie allgemeine Angaben zu Ihrer Person und verweisen auf die weiteren Anlagen. Außerdem führen Sie hier mögliche Versorgungsleistungen, Spenden und Mitgliedsbeiträge auf. Im Mantelbogen ist überdies Platz für außergewöhnliche Belastungen – zum Beispiel Krankheitskosten – sowie haushaltsnahe Dienstleistungen und Handwerkerrechnungen.

Anlage S
Diese Anlage fasst die Angaben Ihrer Einnahmen-Überschuss-Rechnung zusammen. Liegen Ihre Bruttoeinnahmen über 17 500 Euro, müssen Sie zusätzlich den Vordruck Anlage EÜR einreichen.

Anlage N
Falls Sie neben Ihrer Selbstständigkeit noch als Arbeitnehmer tätig sind, tragen Sie hier die Angaben aus Ihrer Lohnsteuerabrechnung ein. Möglicherweise zu viel abgezogene monatliche Lohnsteuer wird mit Ihrer insgesamt zu zahlenden Einkommensteuer verrechnet.

Anlage KAP
Seit einigen Jahren unterliegen sämtliche Kapitalerträge der Abgeltungsteuer. Das bedeutet, dass sämtliche Zinsen, Dividenden

und Investmenterträge sowie alle Gewinne aus dem Verkauf privater Wertpapiere einheitlich mit 25 Prozent besteuert werden. Dazu kommen noch der Solidaritätszuschlag und gegebenenfalls die Kirchensteuer. Die Banken ziehen die Abgeltungsteuer direkt von den Einnahmen ab. Allerdings besteht weiterhin die Möglichkeit, in der Steuererklärung die Zinsen rückwirkend mit einem möglichen niedrigeren persönlichen Steuersatz zu versteuern. Zu viel einbehaltene Abgeltungsteuer wird dann erstattet. Bei Fonds, die im Ausland investieren, oder bei Gewinnen, die über ausländische Depots realisiert worden sind, müssen Sie nach wie vor die Anlage KAP ausfüllen.

Anlage V

Diese Anlage benötigen Sie nur, wenn Sie Einkünfte aus Vermietung und Verpachtung erzielen.

Anlage Kind

In diesem Formular können Sie sämtliche Kosten und Freibeträge, die mit Ihrem Nachwuchs zusammenhängen, geltend machen. Das Finanzamt will hier klären, ob das bereits gezahlte Kindergeld das steuerfreie Existenzminimum des Kindes deckt oder ob der steuerliche Kinderfreibetrag gewährt werden muss. Auch der Entlastungsbetrag für Alleinerziehende wird hier angegeben, ebenso mögliche Kinderbetreuungskosten.

Anlage AUS

Dieses Formular müssen Sie nur ausfüllen, wenn Sie über steuerpflichtige Einkünfte im Ausland verfügen, die im Quellenstaat nach dortigem Recht besteuert werden. Hier geht es vor allem um die Anrechnung und den Abzug ausländischer Steuern.

Anlage Vorsorgeaufwand

Vorsorgeaufwendungen können jedes Jahr mit einem höheren Betrag abgesetzt werden, bis 2025 die Endstufe bei 20000 Euro Sonderausgabenabzug erreicht ist. Dazu zählen neben den Beiträgen zur gesetzlichen Rente beispielsweise Rürup-Verträge oder die Ausgaben für berufliche Versorgungswerke. Diese gehören in die Anlage Vorsorgeaufwand. Einzige Ausnahme: die Riester-Rente. Für sie gibt es ein separates Formular, die Anlage AV.

Anlage AV

Wenn Sie einen Riester-Vertrag haben, müssen Sie diese Anlage jedes Jahr Ihrer Steuererklärung beifügen. Das Finanzamt prüft dann, ob für Sie die staatliche Zulage oder der Sonderausgabenabzug bei der Steuer günstiger ist.

Formulare für die Steuererklärung

Abhängig davon, ob Sie noch weitere Kosten – etwa Unterhaltszahlungen an den Ex-Ehepartner – geltend machen oder Einkünfte erklären wollen, müssen Sie Ihrer Steuererklärung noch zusätzliche Anlagen beifügen. Sämtliche Formulare, die bei der Einkommensteuererklärung denkbar sind, finden Sie auf den Internetseiten des Formular-Management-Systems der Bundesfinanzverwaltung: <https://www.formulare-bfinv.de/ffw/content.do>.

Steuererklärung und Steuerbescheid: Vom geschulten Auge prüfen lassen!

Wenn Sie Ihre Steuererklärung eingereicht haben, erhalten Sie irgendwann einen Steuerbescheid. Die Zeit, die dazwischen verstreicht, ist abhängig von der Arbeitsauslastung des Sachbearbeiters sowie der Komplexität Ihrer Erklärung. Ein Steuerbescheid ist im Grunde recht einfach zu lesen, da der Aufbau stets gleich ist. Da man die Sprache des Finanzamts aber erst einmal verstehen muss, finden Sie hier eine kleine Lesehilfe:

Links oben findet sich der Name des Finanzamts, darunter die Steuer-Identifikationsnummer des Steuerzahlers.

Auf der gegenüberliegenden, *rechten Seite* etwas weiter unten steht, um welchen Bescheid es sich handelt – für welches Jahr, für welche Steuerarten, zum Beispiel »Bescheid für 2014 über Einkommensteuer, Solidaritätszuschlag und Kirchensteuer«.

In der *Mitte der ersten Seite* steht das fettgedruckte Wort »Festsetzung«. Damit beginnt der eigentliche Bescheid. Und hier findet sich meist die Formulierung »Der Bescheid ist nach § 165 Abs. 1 Satz 2 AO teilweise vorläufig.« Das bedeutet, dass der Steuerbescheid laut dem entsprechenden Paragrafen in der Abgabenordnung (AO) noch in einigen Punkten änderbar ist. Mindestens in diesen Punkten kann der Steuerbescheid von Ihnen und dem Finanzamt noch geändert werden. Welche Teile des Steuerbescheids davon betroffen sind, finden Sie in der Regel auf der dritten und vierten Seite des Bescheids. Dort wird der gleiche Paragraf noch einmal genannt und es folgt die Aufzählung der offenen Punkte.

§ **Der Vorläufigkeitsvermerk**

In einigen Punkten sind Steuerbescheide von Amts wegen noch längere Zeit veränderbar. Das gilt immer dann, wenn auf dem Bescheid der Satz »Der Bescheid ist nach § 165 Abs. 1 Satz 2 AO teilweise vorläufig« steht. Am Ende des Steuerbescheids sind dann die Punkte aufgelistet, in denen der Bescheid noch offen ist. Die Steuerlast wird in solchen Fällen mit Blick auf anhängige Musterverfahren vorläufig festgesetzt. Die Liste aller aktuellen Vorläufigkeitsvermerke wird regelmäßig vom Bundesfinanzministerium veröffentlicht. In all diesen Fällen müssen Steuerzahler keinen Einspruch einlegen, die Steuerbescheide bleiben von Amts wegen offen. Das praktische Ergebnis für den Steuerpflichtigen hängt allerdings meist davon ab, wie das entscheidende Gericht sein Urteil später begründet. Die Vorläufigkeitsvermerke finden Sie im Internetportal des Bundesfinanzministeriums, suchen Sie dort nach der aktuellsten Fassung des Schreibens »Vorläufige Steuerfestsetzung im Hinblick auf anhängige Musterverfahren (§ 165 Abs. 1 AO)«.

Helmut Friederici, Steuerberater, Dortmund

»Häufig finden Sie auf Ihrem Steuerbescheid neben dem Vorläufigkeitsvermerk auch noch den Hinweis ›Der Bescheid ergeht nach § 164 Abs. 1 AO unter dem Vorbehalt der Nachprüfung‹. Mit diesem Hinweis hält sich die Finanzverwaltung die Möglichkeit offen, die Angaben in Ihrer Steuererklärung später insgesamt nochmals genauer zu überprüfen und zu berichtigen. Sie haben in diesem Fall aber auch die Möglichkeit, eventuell vergessene Ausgaben nachträglich geltend zu machen.«

Auf der Mitte der ersten Seite des Steuerbescheids ist außerdem ein Kasten abgedruckt, in dem das Wichtigste steht: Wie viel Steuer wird festgesetzt? Welche Steuerabzugsbeträge – etwa Einkommensteuervorauszahlungen – werden auf meine zu zahlende Steuer angerechnet? Wann ist eine Steuernachzahlung spätestens zu leisten? Welche Steuererstattung habe ich zu erwarten? Danach folgt der entscheidende Satz – in zwei Varianten:

1. »Bleiben zu viel gezahlt … Euro«:
   Das bedeutet, dass Sie eine Steuererstattung erhalten, die auf das darunter stehende Konto überwiesen wird.
2. »Bitte zahlen Sie spätestens bis zum … Summe …«:
   Das bedeutet, dass Sie eine Steuernachzahlung leisten müssen.

Der nächste Teil des Steuerbescheids ist mit »Berechnung des zu versteuernden Einkommens«, ebenfalls fett gedruckt, überschrieben. Hier finden sich alle Einkünfte wieder – und alle Kosten, die anerkannt wurden. Kontrollieren Sie, ob alle Kosten anerkannt worden sind. Prüfen Sie alle Berechnungen nach, auch beim Finanzamt kann mal ein Zahlendreher vorkommen. In den »Erläuterungen« schließlich erklärt das Finanzamt, welche Ausgaben oder Ansätze nicht anerkannt worden sind und warum. Zugleich gibt es abschließend noch unter »Rechtsbehelfsbelehrung« den Hinweis, dass ein Einspruch gegen den Bescheid möglich ist.

Mehr Informationen zum Thema »Einspruch« finden Sie in diesem Kapitel auf S. 202.

Ist im Steuerbescheid eine Nachzahlung festgelegt, müssen Sie diese binnen eines Monats nach Bekanntgabe überweisen. Denn die im Steuerbescheid festgesetzten Zahlungstermine unterscheiden sich von den Fristen, die für Vorauszahlungen gelten. Hier handelt es sich um Nachzahlungen, für die eine Frist von einem Monat nach Bekanntgabe des Steuerbescheids gesetzt ist. Das genaue Datum der Fälligkeit steht im Bescheid. Für den Postlauf werden rund drei Tage zusätzlich zur Bekanntgabe eingeräumt. Ausnahmen davon gibt es nur auf Antrag, beispielsweise wenn bei einem Einspruch Zweifel an der Höhe der Nachzahlung aufkommen und das Finanzamt deshalb den Fälligkeitstermin aussetzt oder etwa bei einer Stundung. Ansonsten gilt: Wer nicht pünktlich zahlt, muss mit Säumniszuschlägen rechnen. Diese berechnen sich so: Für jeden angefangenen Monat 1 Prozent des auf den nächsten durch 50 Euro teilbaren abgerundeten Steuerbetrags.

Ein Beispiel: Als Steuernachzahlung hat das Finanzamt 885 Euro festgesetzt, fällig am 5. August. Bezahlt wird die Steuerschuld jedoch erst am 20. September, also sechs Wochen und damit mehr als einen Monat später. Die Finanzbehörde legt zwei Prozent – ein Prozent für jeden angefangenen Monat – von 850 Euro (nächster durch 50 Euro teilbarer abgerundeter Steuerbetrag) als Säumniszuschlag fest: Damit müssen für die Verspätung 17 Euro zusätzlich bezahlt werden. Ist für die Steuernachzahlung ein fester Termin genannt, gibt es bei einer verspäteten Zahlung keine Verschonung vom Säumniszuschlag. Sollten Sie einmal etwas zu spät zahlen, können Sie nur darauf hoffen, dass das Finanzamt den Säumniszuschlag ausnahmsweise erlässt.

Aufgrund des Steuerbescheids erlässt das Finanzamt in aller Regel einen Vorauszahlungsbescheid über die Einkommensteuer-Vorauszahlungen, die Sie künftig leisten müssen – inklusive Solidaritätszuschlag und gegebenenfalls Kirchensteuer. Diese Vorauszahlungen müssen Sie vierteljährlich zum 10. März, 10. Juni, 10. September und 10. Dezember entrichten. Vorauszahlungen auf die Einkommensteuer werden aber nur festgesetzt, wenn sie sich zum einen auf einen Jahresbetrag von mindestens 400 Euro und zum anderen vierteljährlich auf mindestens 100 Euro belaufen. Bemessungsgrundlage für den Vorauszahlungsbescheid ist eigentlich das Jahr, in dem die Vorauszahlungen zu leisten sind. Das Finanzamt richtet sich aber bei der Berechnung nach den Werten aus dem letzten Steuerbescheid.

§ **Vorauszahlungen nachträglich ändern**

Ein Vorauszahlungsbescheid ist nicht in Stein gemeißelt. Wenn Sie absehen können, dass sich Ihre betriebliche Situation nachhaltig verändert, sollten Sie dies dem Finanzamt mitteilen. Sie können beispielsweise formlos eine Herabsetzung der Vorauszahlungen beantragen, wenn Sie belegen können, dass Ihre Einnahmen nicht mehr so hoch sein werden wie im Vorjahr. Aber Achtung: Sie verschaffen sich zwar mit einer Herabsetzung möglicherweise einen Liquiditätsvorteil. Trotzdem sollten Sie von jedem Nettoumsatz etwas Geld für die Einkommensteuer zurücklegen. Auf diese Weise haben Sie bis zum nächsten Steuerbescheid eine Rücklage angespart – und es ist weniger schmerzhaft, pro Umsatz ein paar Euro auf die hohe Kante zu legen, als am Jahresende einige Tausend Euro aus dem Dispo ans Finanzamt zu zahlen.

In einigen Fällen wird eine nachträgliche Vorauszahlung für das Jahr festgesetzt, das zwischen dem Jahr liegt, für welches der Steuerbescheid ergangen ist, und dem Jahr, in dem Sie den Steuerbescheid erhalten.

Ein Beispiel: Sie bekommen den Steuerbescheid für 2013 erst im Laufe des Jahres 2015. In diesem Fall können für das Jahr 2014 noch nachträglich Vorauszahlungen festgesetzt werden. Allerdings ist eine solche nachträgliche Erhöhung von Vorauszahlungen nur binnen 15 Monaten nach Ablauf des betreffenden Veranlagungszeitraums möglich. Zudem muss sich der höhere Betrag auf mindestens 5000 Euro belaufen. Wichtig: Sie sollten mögliche Steuernachzahlungen immer im Blick halten und regelmäßig Geld dafür zurücklegen. Das Finanzamt wird auf die Steueransprüche pochen; eine Stundung wird nur in Härtefällen gewährt.

Stundung laut § 222 Abgabenordnung (AO)

»Die Finanzbehörden können Ansprüche aus dem Steuerschuldverhältnis ganz oder teilweise stunden, wenn die Einziehung bei Fälligkeit eine erhebliche Härte für den Schuldner bedeuten würde und der Anspruch durch die Stundung nicht gefährdet erscheint. Die Stundung soll in der Regel nur auf Antrag und gegen Sicherheitsleistung gewährt werden.«

Eine erhebliche Härte, wie sie in der Abgabenordnung beschrieben ist, kommt nur dann in Frage, wenn persönliche oder wirtschaftliche Gründe, die nicht durch Sie verschuldet wurden, Sie in Zahlungsschwierigkeiten gebracht haben. Diesen Härtefall müssen Sie dem Finanzamt detailliert darlegen. Es ist übrigens zumutbar, dass Sie einen Kredit aufnehmen oder an Ihr Erspartes gehen, um die Steuerforderungen zu bezahlen. Wenn das Finanzamt Stundung oder Ratenzahlung gewährt, werden in aller Regel Stundungszinsen erhoben. Diese belaufen sich auf 0,5 Prozent pro angefangenem Monat.

Übrigens: Manchmal bekommt auch der Steuerzahler vom Finanzamt Zinsen. Dies ist immer dann der Fall, wenn eine Steuererstattung nicht fristgerecht überwiesen wird. Der Zinsnachteil für den Betroffenen wird dann ausgeglichen, wenn ein Steuerbescheid länger als 15 Monate auf sich warten lässt. Sprich, wer erst im April des übernächsten Jahres oder noch später einen Steuerbescheid mit einer Erstattung bekommt, erhält ab diesem Zeitpunkt Zinsen.

Wenn Sie sich mit der Steuererklärung und dem Steuerbescheid nicht selbst beschäftigen möchten, können Sie sich an einen Steuerberater wenden. Hilfeleistung in Sachen Steuern dürfen daneben auch Steuerbevollmächtigte, Wirtschaftsprüfer oder vereidigte Buchprüfer geben. Auch Gewerkschaften, Berufsverbände oder Haus- oder Grundbesitzervereine können ihre Mitglieder in beschränktem Umfang in Steuerfragen beraten. Banken dürfen bei der Anlageberatung nur auf einkommensteuerrechtliche Folgen hinweisen. Steuerberater haben in der Regel bis zum Jahresende Zeit zur Abgabe der Steuererklärungen, die sie im Auftrag ihrer Mandanten und Mitglieder bearbeiten. In bestimmten Fällen können die Finanzämter vorzeitig eine Steuererklärung anfordern.

»Ich fand es schwierig, einen Steuerberater zu finden, der sich wenigstens einigermaßen mit der speziellen Situation von Freiberuflern auskennt. Das ist hier bei uns auf dem Land wie die Suche nach der Nadel im Heuhaufen. Die sind alle mehr oder weniger auf Gewerbetreibende und mittelständische Unternehmen eingestellt, und wenn ich dann mit einer Frage komme wie: ›Muss ich für die Übersetzung eines Kundenclubmagazins, an das ich die Nutzungsrechte komplett abtrete, nun 7 oder 19 Prozent Mehrwertsteuer draufschlagen?‹, ist mein Steuerberater manchmal ein wenig überfordert und muss dann selbst beim Finanzamt anrufen.«

Freiberufliche Bearbeiterin von englischsprachigem Werbe- und Marketingmaterial, Hessen

Als Freiberufler sollten Sie über alle finanziellen und steuerlichen Vorgänge in Ihrem Unternehmen gut Bescheid wissen. Möglicherweise können und wollen Sie einen Teil der Buchhaltung selbst übernehmen – was dazu beiträgt, dass Sie einen detaillierten Überblick über Ihre geschäftliche Entwicklung erhalten. Trotzdem kann es sinnvoll sein, sich an bestimmten Punkten professionelle, steuerliche Hilfe zu suchen. Ein guter Steuerberater ist – betriebswirtschaftlich betrachtet – gewissermaßen der »Hausarzt« für Ihr Unternehmen: Er oder sie hält sich (und Sie) nicht nur auf dem aktuellsten Stand der gesetzlichen Entwicklungen, sondern sieht Ihr Geschäft als Ganzes und bietet Ihnen dementsprechend Beratung an.

Den richtigen Sparringspartner zu finden, ist allerdings nicht immer einfach. Das liegt zum einen daran, dass sich vor allem Steuerberater mit Einzelkanzleien selten auf eine bestimmte Zielgruppe spezialisieren und damit möglicherweise nicht über die Fachkenntnisse verfügen, die Sie als Freiberufler in einem wissenschaftlichen, Kultur- oder Heil-Beruf benötigen. Zum anderen wollen und sollen Sie nicht das gesamte Steuer-Thema an Ihren Berater auslagern, sondern brauchen jemanden an Ihrer Seite, der Ihnen gegebenenfalls hilft, Ihre Zahlen zu interpretieren. Darüber hinaus muss die Chemie stimmen.

Steuerberater – gesucht und gefunden

Wie finden Sie den geeigneten Steuerberater? Die Kanzlei direkt an der nächsten Straßenecke muss es ja nicht sein; alltägliche Fragen können Sie telefonisch oder per E-Mail klären. Daher können Sie ruhig im weiteren Umfeld suchen. Für eine erste Sortierung bieten sowohl die Bundessteuerberaterkammer als auch der Deutsche Steuerberaterverband auf ihren Internetseiten Suchfunktionen an.

http://www.bstbk.de

http://www.dstv.de

Dort ist es möglich, nicht nur nach Postleitzahlen, sondern auch nach Schwerpunkten und Branchen zu suchen. Auf diese Weise können Sie den Kreis der Ausgewählten schon einmal etwas einengen.

Wenn Sie einen oder mehrere Berater gefunden haben, werfen Sie zunächst einen Blick auf dessen Homepage – so vorhanden. Gerade im Bereich der Kultur-Freiberufler verrät die Internetpräsenz schon viel über den Ansatz des Steuerberaters, und Heilberufler finden hier häufig bereits ein Menü, das Aussagen über eine mögliche Spezialisierung in diesem Feld trifft. Hören Sie sich im Kreis befreundeter Freiberufler um. Oft gibt es dort – sowohl positive als auch negative – Empfehlungen.

»Wenn man erstmals einen Steuerberater sucht und auf keine Empfehlung zurückgreifen kann, hat es sich für mich bewährt, bei verschiedenen Steuerberatern Kennenlern-Gespräche zu vereinbaren, sich das Ganze erklären zu lassen und anschließend nach Eindruck, Beratungsqualität usw. zu wählen. Der Steuerberater ist schließlich eine Vertrauensperson. Der Nichtgewählte wird zwar möglicherweise eine Rechnung über ein, zwei Stunden schreiben, doch zumindest kauft man die Katze nicht so ganz im Sack.«

Webentwickler, München

Mit den ausgewählten »Kandidaten« sollten Sie erst einmal telefonieren, bevor Sie ein Erstgespräch vereinbaren. Achten Sie darauf, ob der Berater viele Fragen stellt und ob er oder sie Ihnen sympathisch ist. Denn nur, wenn die Chemie stimmt, können Sie ein nachhaltiges Vertrauensverhältnis aufbauen. Anschließend können Sie mit einem – oder mehreren – Beratern ein Erstgespräch vereinbaren. Klären Sie vorab, ob dieses Gespräch für Sie kostenlos ist oder ob der Steuerberater Gebühren in Rechnung stellt, weil es womöglich nicht nur um Informationen, sondern auch um eine erste Beratung geht. Diese Punkte sollten Sie im Erstgespräch ansprechen:

- Fragen Sie im Erstgespräch danach, ob bereits ähnliche oder gleiche Berufe in der Mandantschaft vertreten sind.
- Lassen Sie einige zentrale Stichwörter fallen, die für Sie wichtig sind – und beobachten Sie, ob der Steuerberater im Allgemeinen bleibt oder mit Fachkenntnissen punkten kann.
- Fragen Sie danach, was der Steuerberater an Zusatzleistungen anbietet – etwa einen betriebswirtschaftlichen Check der eigenen Zahlen.

- Besprechen Sie, ob und wo es sinnvoll ist, bei der Buchhaltung Hand in Hand zu arbeiten – und welchen Teil Sie gegebenenfalls übernehmen sollen.
- Wenn Sie sich fit in Sachen Buchführung fühlen, klären Sie außerdem, ob Sie gegebenenfalls einen Teil der vorbereitenden Buchhaltung mit einer Software-Unterlizenz der Kanzlei erledigen können.
- Lassen Sie sich ein Angebot über die Kosten machen und das Abrechnen nach der Vergütungsverordnung erklären.

Wenn Sie einen geeigneten Berater gefunden haben, treffen Sie am besten eine schriftliche Vereinbarung. Dabei sollten Mandanten unterscheiden, ob der Steuerberater für eine einzelne Aufgabe verpflichtet wird oder ob er eine dauernde Betreuung leisten soll. Innerhalb eines solchen Dauermandats muss Ihr Berater Sie über steuerliche Gesetzesänderungen, Steuerrisiken sowie Gestaltungsmöglichkeiten informieren. Umgekehrt haben Sie ebenfalls Verpflichtungen gegenüber dem Steuerberater. Dazu gehört, dass Sie dem Berater alle notwendigen Unterlagen zur Verfügung stellen, ausreichende Informationen liefern und das vereinbarte Honorar zahlen. Zudem sollten Sie ihn grundsätzlich über alle unternehmerischen Pläne informieren, die steuerlich relevant sein könnten – denn nur so kann der Berater letztlich seine Arbeit gut machen.

Einspruch und Klage: Wie geht das – und was bringt es?

Ein amtliches Dokument auf grauem Recycling-Papier, in Behördensprache verfasst: Da fühlt sich so mancher Steuerzahler schon eingeschüchtert. Trotzdem zeigen aktuelle Prüfungsergebnisse des Bundesrechnungshofs: Steuern werden in den Bescheiden häufig – ob vom Computer oder Sachbearbeiter – falsch festgesetzt. Wer mit den Entscheidungen des Finanzamts nicht einverstanden ist, muss sich damit nicht zufrieden geben. Steuerzahler haben die Möglichkeit, sich gegen eine zu hoch festgesetzte Steuer zu wehren. Manchmal verrechnet sich nämlich auch das Finanzamt. Handelt es sich dabei um einen klassischen Zahlendreher, so kann dieser auf einfachem Wege geändert werden: Offensichtliche Unrichtigkeiten wie Rechenfehler im Steuerbescheid lassen sich sogar telefonisch mit einem Berichtigungsantrag korrigieren. Halten Sie aber dann für Ihre Unterlagen fest, wann und mit wem Sie beim Finanzamt gesprochen haben. Ein einfacher Check hilft, den Steuerbescheid auf solche kleineren Fehler zu prüfen.

Allgemeines	Berechnung des zu versteuernden Einkommens
Stimmen Name, Anschrift und Steuernummer?	Stimmt der Gesamtbetrag der Einkünfte, also die Summe von Gewinn, Kapitalerträgen oder anderen Einkünften?
Ist die richtige Bankverbindung für eine	Hat der Sachbearbeiter alle Betriebsausgaben richtig addiert oder fehlt etwas?
Steuererstattung aufgeführt?	Sind beim Punkt »Sonderausgaben« die Aufwendungen für die Altersvorsorge berücksichtigt?
	Hat das Finanzamt mögliche »Außergewöhnliche Belastungen« in der beantragten Höhe anerkannt, also beispielsweise Krankheitskosten?
	Sind alle Freibeträge – etwa für Kinder – enthalten?

Abbildung 6.1: Die Checkliste für den Steuerbescheid;
Quelle: Eigene Erstellung

Möglicherweise ist aber auch noch ein Beleg aufgetaucht, der wichtig für den Abzug als Betriebsausgabe ist. Dann kann ein Antrag auf Änderung des Steuerbescheids gestellt werden. Das geht sogar mündlich, sollte aber aufgrund des besseren Nachweises schriftlich erledigt werden. Die Frist für einfache Änderungen beläuft sich auf einen Monat; das Finanzamt darf dann nur die im Änderungsantrag angesprochenen Punkte korrigieren.

Neben den Vorläufigkeitsvermerken, die im Steuerbescheid genannt sind, steht manchmal der gesamte Steuerbescheid unter dem »Vorbehalt der Nachprüfung«. Das bedeutet, dass der Bescheid noch nicht abschließend geprüft ist; das Finanzamt will sich hiermit in der Regel die Möglichkeit einer späteren Prüfung offenhalten. Hinsichtlich der Vorläufigkeitsvermerke kann der Steuerbescheid übrigens bis zum Ablauf der Verjährungsfristen jederzeit vom Finanzamt geändert werden. Auch Sie können bis dahin Änderungsanträge stellen.

Mehr Informationen zum Thema »Betriebsprüfung« finden Sie in diesem Kapitel auf S. 208.

Fühlen Sie sich zu Unrecht zur Kasse gebeten, können Sie gegen den Steuerbescheid Einspruch einlegen. Damit wird ein außergerichtliches Rechtsbehelfsverfahren in Gang gesetzt, in dem der Steuerbescheid umfassend überprüft wird – späterer Rechtsweg für Sie nicht ausgeschlossen. Allerdings muss der Einspruch innerhalb eines Monats nach Erhalt des Steuerbescheids eingelegt werden, entweder schriftlich oder zu Protokoll direkt im Finanzamt. Wenn man den Einspruch per Post verschickt, reicht ein formloses Schreiben an die zuständige Finanzbehörde, mit Angabe der Steuernummer und des Steuerbescheids. Außerdem müssen Sie den Einspruch ganz konkret begründen. Die Begründung können Sie aber nachreichen. Dies ist hilfreich, wenn noch Unterlagen beschafft werden müssen oder Sie sich nicht sicher sind, ob wirklich Einspruch einzulegen ist. Dann ist es ratsam, zunächst den Einspruch fristgerecht ans Finanzamt zu schicken und die Begründung nachzuliefern.

Musterverfahren zum »Dranhängen«

Einspruch lohnt es sich dann einzulegen, wenn laufende Gerichtsverfahren anderer Steuerzahler für Sie von Bedeutung sein könnten. Denn vor dem Bundesfinanzhof und anderen Finanzgerichten sind immer wieder Musterprozesse anhängig, die vom Inhalt her viele Steuerzahler betreffen. Das gilt zurzeit beispielsweise für die Arbeitsecke. Eine Übersicht über anhängige Verfahren gibt es zum Beispiel auf der Internetseite des Bundesfinanzhofs http://www.bundesfinanzhof.de. Auch der Bund der Steuerzahler listet auf seiner Homepage die Musterklagen auf, die der Verband führt http://www.steuerzahler.de. In der Begründung des Einspruchs sollten Sie dann das Aktenzeichen des Verfahrens nennen, auf das Sie sich beziehen.

Mit dem Einspruch haben Steuerpflichtige zusätzlich die Möglichkeit, die sogenannte Aussetzung der Vollziehung zu beantragen. Das bedeutet, dass der strittige Steuerbetrag so lange nicht bezahlt werden muss, bis die Finanzbehörde über den Einspruch entscheidet.

Ein Beispiel: Ein Steuerpflichtiger hat eine Nachzahlung von 500 Euro zu leisten. Aufgrund des strittigen Steuerbescheides muss er jedoch 800 Euro bezahlen. Mit dem Einspruch beantragt er über den Differenzbetrag von 300 Euro die Aussetzung der Vollziehung. Das bedeutet: Die 500 Euro, die unstrittig sind, müssen fristgerecht überwiesen werden; die Zahlung des restlichen Betrags von 300 Euro wird ausgesetzt, bis die Finanzbehörde über den Einspruch entschieden hat.

Die Finanzbehörde trifft nun eine »Einspruchsentscheidung«. Das Finanzamt hat mehrere Möglichkeiten, auf einen Einspruch zu reagieren:

- Abhilfe oder Teilabhilfe
  Das bedeutet, dass die Behörde ganz oder in Teilen den Argumenten des Einspruchs folgt und den Steuerbescheid entsprechend ändert.
- Rücknahme des Einspruchs
  Kommen die Finanzbeamten zu der Auffassung, dass der Einspruch keine Aussicht auf Erfolg hat, wird dem Steuerzahler dies mitgeteilt. Danach hat der Betroffene die Möglichkeit, seinen Einspruch zurückzunehmen – mit der Folge, dass der ursprüngliche Steuerbescheid bestandskräftig wird.
- Förmliche Einspruchsentscheidung
  Wird der Einspruch nicht zurückgenommen, entscheidet das Finanzamt, dass der Einspruch ganz oder teilweise als unbegründet zurückgewiesen wird. Dagegen kann vor dem Finanzgericht geklagt werden.

Übrigens: Wer Einspruch einlegt, muss damit rechnen, dass das Finanzamt den kompletten Fall noch einmal aufrollt. Wird dabei festgestellt, dass im Bescheid Fehler zugunsten des Steuerzahlers gemacht wurden, können diese korrigiert werden. Das Finanzamt ist jedoch verpflichtet, dem Steuerzahler eine solche Verschlimmerung – der Fachausdruck dafür lautet »Verböserung« – anzukündigen. Dann besteht immer noch die Möglichkeit, den Einspruch zurückzunehmen – und alles bleibt beim Alten.

Wird der Einspruch zurückgewiesen, ist die Klage beim Finanzgericht der nächste Schritt. Jeder Steuerzahler kann sich nach einem negativen Bescheid über seinen Einspruch grundsätzlich selbst an das Finanzgericht wenden – und ein Verfahren entweder schriftlich oder per Fax einleiten. Ob sich ein solcher Prozess allerdings finanziell lohnt, sollte jeder vorab für sich klären: Im Gegensatz zum kostenlosen Einspruch fallen vor dem Finanzgericht Gerichtskosten an – und die sollten am Ende nicht höher sein als die eigentliche Steuerersparnis. Voraussetzung für eine Klage beim Finanzgericht ist eine negative Einspruchsentscheidung. Dann kann binnen eines Monats die Klage eingereicht werden. Dieser sollte eine Kopie des Steuerbescheids und der Einspruchsentscheidung beigefügt sein. Die Begründung der Klage kann gegebenenfalls nachgereicht werden; aufgrund der Komplexität des Steuerrechts ist es empfehlenswert, spätestens jetzt einen Steuerberater oder Fachanwalt für Steuerrecht hinzuzuziehen.

Das Finanzgericht verlangt einen Vorschuss auf die Gerichtskosten. Dieser bemisst sich nach dem Streitwert, der immer auf mindestens 1000 Euro festgesetzt wird. Die Gebühr wird mit einem Gebührensatz malgenommen, der sich danach richtet, wie das Verfahren abläuft.

Tipp: Wer eine Rechtsschutzversicherung besitzt, sollte vorab prüfen, ob diese auch die Kosten eines Finanzgerichtsverfahrens übernimmt. Eine schriftliche Deckungszusage vor Einreichen der Klage ist ratsam.

Das Finanzgericht prüft den Sachverhalt, bittet das beklagte Finanzamt um Stellungnahme, fordert möglicherweise weitere Unterlagen oder Zeugen an. In der Regel kommt es zu einer mündlichen Verhandlung, das Gericht kann aber auch ohne eine solche zu einer Entscheidung kommen. Am Ende des Verfahrens steht das Urteil oder der Gerichtsbescheid. Oder aber das Gericht versucht, zwischen den Parteien zu vermitteln. Bei einer gütlichen Einigung legt der Richter einen Kompromissvorschlag vor. Wird dieser angenommen, müssen sich die Beteiligten die Gerichtskosten teilen.

Weist das Finanzgericht die Klage ab oder ist das Finanzamt mit der Entscheidung nicht einverstanden, können beide Parteien – das Finanzamt und Sie – gegen diese Entscheidung Revision vor dem Bundesfinanzhof (BFH) einlegen. Dort besteht allerdings Vertretungszwang, sprich, dort können nur Steuerberater oder Anwälte das Verfahren führen. Voraussetzung für ein BFH-Verfahren ist häufig, dass das Finanzgericht die Revision zugelassen hat. Ansonsten bleibt nur die sogenannte Nichtzulassungsbeschwerde: Dann prüft der BFH selbst, ob Verfahrensfehler vorliegen oder der Rechtsstreit grundsätzliche Bedeutung hat.

Die Finanzgerichtsbarkeit

Anders als bei anderen Gerichtsbarkeiten in Deutschland gibt es bei der Finanzgerichtsbarkeit lediglich zwei Stufen: Die 19 Finanzgerichte sind damit bereits sogenannte obere Landesgerichte. Deshalb gibt es in der Regel in jedem Bundesland nur ein Finanzgericht. Die Ausnahmen bilden Bayern (München und Nürnberg) und Nordrhein-Westfalen (Düsseldorf, Köln und Münster). Gegen eine Entscheidung des jeweiligen Finanzgerichts ist Revision oder Nichtzulassungsbeschwerde zum Bundesfinanzhof (BFH) möglich. Diese kann immer derjenige einreichen, der durch die Entscheidung des Finanzgerichts »beschwert« ist – dessen rechtliche Auffassung also vom Gericht nicht oder nicht ganz geteilt wird.

Nicht immer kommt ein steuerfreundliches Urteil bei anderen Steuerzahlern an: Mit einem »Nichtanwendungserlass« können die obersten Finanzbehörden die Finanzämter verpflichten, eine bestimmte Entscheidung des Bundesfinanzhofs nicht über den entschiedenen Einzelfall hinaus bei anderen Steuerzahlern anzuwenden. Das ist deswegen möglich, weil Urteile in einem finanzgerichtlichen Verfahren in aller Regel nur diejenigen binden, die an dem Rechtsstreit beteiligt waren. Im Gegensatz zu Entscheidungen des Bundesverfassungsgerichts haben Urteile des Bundesfinanzhofs keine allgemeinverbindliche Wirkung. Umgekehrt kann es aber auch der Fall sein, dass die obersten Finanzbehörden die Entscheidungen des BFH dahingehend prüfen, ob das entsprechende Urteil oder der Beschluss im Interesse einer gleichmäßigen Besteuerung über den Einzelfall hinaus angewandt werden kann.

Angesichts der Gerichtskosten, die man in jedem Fall erst einmal vorschießen muss – und die man nur erstattet bekommt, wenn man gewinnt –, sollte sich jeder gut überlegen, ob sich eine Klage vor dem Finanzgericht lohnt. Ob die Steuerersparnis die Gerichtskosten und den Aufwand wert sind, kann am besten im Gespräch mit dem Steuerberater geklärt werden.

Vertrauen ist gut, Aufbewahren ist besser: Die Betriebsprüfung

Betriebsprüfungen kommen bei Freiberuflern vergleichsweise selten vor, sind aber nichtsdestotrotz möglich. Die Tatsache, dass im Prinzip jedes Unternehmen mal dran sein kann, sorgt dafür, dass Außenprüfungen des Finanzamts gefürchtet sind. Dabei kommt das Interesse des Finanzamts, Selbstständigen über die buchhalterische Schulter zu schauen, nicht von ungefähr. Denn im Prinzip reicht bei Unternehmern häufig die tabellarische Einnahmen-Überschuss-Rechnung ohne Beleg, um die Gewinnermittlung bei der Steuererklärung einzureichen. Ob die Angaben tatsächlich stimmen und steuerrechtlich in Ordnung sind, kann das Finanzamt erst bei einer Prüfung vor Ort feststellen.

Rund 13500 Betriebsprüfer kümmern sich in Deutschland darum, dass die Steuermoral nicht zu lasch wird. Im Jahr 2013 kamen bei den Außenprüfungen Steuermehreinnahmen in Höhe von 17,2 Milliarden Euro zusammen, knapp 78 Prozent davon entfielen auf Großbetriebe. Etwa 200000 Betriebe wurden geprüft. In Einzelfällen kann es sehr hohe Nachzahlungen geben, häufig aber ergibt sich gar keine Beanstandung – und in manchen Fällen bekommt der Geprüfte sogar Geld zurück.

In vielen Fällen handelt es sich um Routineprüfungen, denn ab einer bestimmten Größenordnung werden Betriebe regelmäßig kontrolliert. Als Faustregel gilt: Je größer der Betrieb hinsichtlich Umsatz und Gewinn ist, desto häufiger findet eine Betriebsprüfung statt. Dafür teilen die Finanzämter die Betriebe in drei Klassen ein:

1. Kleinbetriebe,
2. Mittelbetriebe und
3. Großbetriebe.

Bei der Abgrenzung schauen die Finanzbehörden auf Umsatz oder Gewinn des Unternehmens. In der Regel werden die Betriebszahlen alle drei Jahre neu ermittelt. Seit dem 1. Januar 2013 gelten damit für Freiberufler folgende Größenklassen:

Merkmale	Groß	Mittel	Klein
Umsatz	4700000	830000	170000
Gewinn	580000	130000	36000

Abbildung 6.2: Größenklassen Betriebsprüfung; Quelle: Eigene Erstellung

Bei der Außenprüfung ist die Finanzverwaltung entgegen der gängigen Annahme nicht an einen bestimmten Prüfungsrhythmus gebunden. Wie oft ein Außenprüfer der Finanzbehörden in ein Unternehmen kommt, hängt vor allem von der Größe des Betriebs ab. Großbetriebe werden regelmäßig überprüft; bei Kleinbetrie-

Eine Übersicht über Anlässe, die die Prüfungswahrscheinlichkeit erhöhen, finden Sie auf der beigefügten CD.

ben ist die Wahrscheinlichkeit, dass sich ein Betriebsprüfer ankündigt, erheblich geringer. Bei vielen kleinen Unternehmen findet während der ganzen Zeit ihrer betrieblichen Tätigkeit keine einzige Betriebsprüfung statt. Wie oft der Betriebsprüfer tatsächlich bei Ihnen erscheint, hängt davon ab, was er bei Ihnen erwartet.

	2008	2009	2010	2011
Großbetriebe	39.885	38.988	40.502	41.764
Prüfungsturnus	4,3	4,4	4,7	4,6
Mittelbetriebe	56.999	55.157	55.315	52.679
Prüfungsturnus	13,3	13,7	14,5	15,2
Klein- und Kleinstbetrieben	113.752	112.379	108.086	103.075

Abbildung 6.3: Zahl der abgeschlossenen Prüfungsfälle; Quelle: BMF

Manchmal finden Prüfungen frei nach dem Zufallsprinzip statt. Statistisch gesehen wird ein kleines Unternehmen alle 25 Jahre einer Außenprüfung unterzogen. Für die betriebliche Realität kann das bedeuten: Es kann zum einen passieren, dass Sie es in Ihrem ganzen unternehmerischen Leben nicht mit einem einzigen Betriebsprüfer zu tun bekommen. Es kann zum anderen aber auch sein, dass Sie schon kurz nach Ihrer Existenzgründung ein Schreiben mit der Prüfungsanordnung erhalten. Dann sind Sie womöglich in das oben genannte Raster gefallen und gehören zu den zufällig ausgesuchten Betrieben.

Gerade bei kleinen Unternehmen liegt eine Betriebsprüfung aber meist im Verhalten des Unternehmens begründet. Die Kriterien für eine Betriebsprüfung lassen sich so unterteilen:

- Auffällige Sachverhalte in Ihrer Steuererklärung bedürfen der Aufklärung.
- Bestimmte Punkte wurden in der Steuererklärung nicht ausreichend erläutert.

- Das Finanzamt hatte öfter Probleme mit Ihrer Steuererklärung; es wurde schon öfter etwas beanstandet, um zusätzliche Unterlagen gebeten, oder man ist auf Lücken oder Fehler in Ihrer Gewinnermittlung gestoßen.
- Sie geben Ihren Betrieb auf.
- Sie erzielen seit Jahren nur Verluste, die Sie mit anderen (positiven) Einkünften verrechnen.
- Ihr Gewinn fährt Achterbahn; sprich, trotz gleichem Umsatz zeichnen sich extrem starke Gewinnschwankungen ab.
- Dem Finanzamt liegt Kontrollmaterial oder eine Anzeige vor.

§ **Kontrollmitteilungen – Anlass zur Betriebsprüfung**

Kontrollmitteilungen sind interne Mitteilungen zwischen Finanzämtern. Hierbei werden Informationen über Steuerpflichtige ausgetauscht. Kontrollmitteilungen werden vor allem bei einer Betriebsprüfung erstellt. Wenn also bei einem Ihrer Geschäftspartner oder Kunden ermittelt wurde und eine Ihrer Rechnungen aufgefallen ist, schreibt der zuständige Prüfer eine Kontrollmitteilung und leitet sie an Ihr Finanzamt weiter.

Ein Beispiel: Anlässlich einer Betriebsprüfung bei der Firma X stellt der Prüfer fest, dass zahlreiche freie Mitarbeiter als Designer für die Firma tätig waren. Für das Jahr 2012 nimmt der Prüfer eine Stichprobe und stellt fest, dass Mitarbeiter A ein Honorar von 10000 Euro und Mitarbeiter B ein Honorar von 35000 Euro erhalten haben. Im Jahr zuvor waren die Honorare für freie Designer der gleichen Firma um die Hälfte niedriger. Der Prüfer verfasst eine Kontrollmitteilung über die erzielten Honorare bei der Firma X an die Wohnsitzfinanzämter der freien Mitarbeiter. Diese Wohnsitzfinanzämter fragen nun bei den freien Mitarbeitern nach, welche Honorare sie von der Firma X im Jahr 2012 erhalten haben.

Betriebsprüfungen sind immer zulässig. Allerdings erstrecken sie sich meist nur auf die Steuerjahre, deren Bescheid unter dem Vorbehalt der Nachprüfung steht. Damit können die Steuerbescheide in aller Regel noch geändert werden, solange die Festsetzungsfrist noch nicht abgelaufen ist. Geprüft werden können alle offenen Besteuerungszeiträume. In aller Regel soll eine Außenprüfung aber nicht mehr als drei zusammenhängende Jahre umfassen. Eine Außenprüfung ist immer nur für solche Jahre möglich, die noch nicht verjährt sind. Normalerweise läuft die Festsetzungsfrist eines Steuerbescheids mit Ende des vierten Jahres nach Abgabe der Steuererklärung beim Finanzamt ab. Diese Frist verlängert sich allerdings bei leichtfertiger Steuerverkürzung oder Steuerhinterziehung.

Betriebsprüfung ohne Willkür

Die Anordnung einer Außenprüfung ist rechtswidrig, wenn sich das Finanzamt von sachfremden Erwägungen leiten lässt und damit gegen das Willkür- und Schikaneverbot verstößt. So entschied der Bundesfinanzhof im Falle eines selbstständig tätigen Rechtsanwalts (Az. VIII R 8/09). Dieser hatte einen Finanzbeamten vertreten, der angegeben hatte, vom Finanzamts-Vorsteher gemobbt zu werden. Etwa zur gleichen Zeit ordnete das Finanzamt beim Anwalt eine Betriebsprüfung an. Der Rechtsanwalt konnte glaubhaft machen, dass sich seine steuerlichen Verhältnisse seit Jahren nicht geändert hatten. Somit sei es wahrscheinlich, dass die Außenprüfung nur angeordnet worden war, weil er den Finanzbeamten rechtlich vertreten habe. Sollten Sie also eine Auseinandersetzung mit Ihrem Finanzamt haben und danach eine Prüfungsanordnung erhalten, können Sie möglicherweise einen Verstoß gegen das Willkür- und Schikaneverbot geltend machen. Voraussetzung: Ihre steuerlichen Verhältnisse sind dem Finanzamt bekannt und seit Jahren unverändert.

Gerade wenn Sie Ihre Steuererklärung immer recht spät abgegeben haben, können die Prüfungsjahre weit in die Vergangenheit zurückreichen. Bei Unternehmern, die für eine Betriebsprüfung vorgesehen sind, erlässt das Finanzamt vorher die Steuerbescheide in aller Regel zunächst nur »unter dem Vorbehalt der Nachprüfung« (nach § 164 Abgabenordnung). Damit können die Steuerbescheide später problemlos geändert werden. Steueranmeldungen wie die Umsatzsteuervoranmeldung stehen generell unter dem Vorbehalt der Nachprüfung.

Der Vorbehalt der Nachprüfung wirkt sich übrigens nicht auf die Verjährungsfrist und damit die vierjährige Festsetzungsfrist für die jeweilige Einkommensteuer aus. Der Vorbehalt der Nachprüfung ist aufzuheben, wenn ein Steuerfall geprüft wurde. Zu einer abschließenden Prüfung kommt es zum Beispiel durch eine Betriebsprüfung. Aber Achtung: Der Vorbehalt der Nachprüfung entfällt nur für die geprüfte Steuerart. Wird zum Beispiel nur eine Lohnsteueraußenprüfung vorgenommen, so entfällt damit nicht der Vorbehalt der Nachprüfung für die Umsatzsteuer, sondern nur für die Lohnsteuer.

Eigene Korrekturen sind ebenfalls möglich: Der »Vorbehalt der Nachprüfung« gilt auch für den Steuerpflichtigen. Wer also irgendwann tief unten im Schreibtisch Ausgabenbelege aus einem längst abgerechneten Steuerjahr findet, die er damals vergessen hat anzugeben, kann sie dem Finanzamt nachreichen und einen neuen Steuerbescheid verlangen.

Achtung: Der Vorbehalt der Nachprüfung muss auf dem Steuerbescheid ausdrücklich erklärt werden. Fehlt der Satz »Dieser Bescheid ergeht nach § 164 Abs. 1 AO unter Vorbehalt der Nachprüfung«, so ist der Bescheid – nach Ablauf der Einspruchsfrist – rechtskräftig. Der Satz »Dieser Bescheid ist nach § 165 Abs. 1 AO vorläufig« hat damit nichts zu tun: Er bezieht sich auf die Vorläufigkeitsvermerke der Finanzverwaltung und macht lediglich die abschließende Beurteilung einzelner Sachverhalte von noch ausstehenden höchstrichterlichen Entscheidungen abhängig.

Eine Prüfung kann eine oder mehrere Steuerarten, einen oder mehrere Besteuerungszeiträume umfassen oder sich auf bestimmte Sachverhalte beschränken. Die Finanzbehörde bestimmt den Umfang der Außenprüfung in einer schriftlich zu erteilenden Prüfungsanordnung mit Rechtsbehelfsbelehrung. In dieser Prüfungsanordnung müssen Antworten auf die folgenden Fragen gegeben werden:

Mehr Informationen zum Thema »Vorläufigkeitsvermerke« finden Sie in diesem Kapitel auf S. 194.

- Welche Steuerarten werden geprüft?
- Welche Jahre umfasst der Prüfungszeitraum?
- Wann soll die Betriebsprüfung beginnen?
- Wo soll die Prüfung stattfinden?
- Welcher Betriebsprüfer ist vorgesehen?

Mit der Prüfungsanordnung soll dem Steuerzahler die Gelegenheit gegeben werden, sich auf die Außenprüfung vorzubereiten. Bei kleinen Unternehmen geht die Finanzverwaltung davon aus, dass vier Wochen dafür genügen sollten. Eine Prüfungsanordnung werden Sie (oder der bevollmächtigte Steuerberater) daher in aller Regel vier Wochen vor dem angesetzten Prüfungstermin erhalten.

Eine Checkliste zur Festlegung des Prüfungstermins finden Sie auf der beigefügten CD.

Eine Prüfungsanordnung könnte folgende Elemente enthalten:

- Welche Steuerarten werden geprüft?
  Einkommensteuer
  Umsatzsteuer
- Welche Jahre umfasst der Prüfungszeitraum?
  2011 und 2012
- Wann soll die Betriebsprüfung beginnen?
  Am 15.11.2013 um 9.00 Uhr
- Wo soll die Prüfung stattfinden?
  Bei Ihnen
- Welcher Betriebsprüfer ist vorgesehen?
  Steuerinspektorin Karin Forster, Finanzamt Köln-Altstadt
- Hinweise auf Rechte und Pflichten

Auch gegen eine Prüfungsanordnung können Sie Einspruch einlegen. Geht es allerdings nur darum, die Außenprüfung auf einen anderen Zeitpunkt zu verlegen, reicht meist ein kurzes Telefonat.

Eine Verschiebung ist in aller Regel problemlos möglich, wenn

- ein bereits geplanter Urlaub ansteht,
- Sie erkrankt sind oder
- Sie zurzeit beruflich stark eingespannt sind.

Eine Checkliste für den Prüfungsbeginn finden Sie auf der beigefügten CD.

In diesen Fällen ist es sinnvoll, direkt einen Ersatztermin anzubieten. Obwohl eine Betriebsprüfung recht sachlich vonstattengeht, sollten Sie die Prüfung gründlich und am besten in Zusammenarbeit mit einem Steuerberater oder Fachanwalt für Steuerrecht vorbereiten. Es ist daher äußerst wichtig, dass der Berater bei der Prüfung anwesend ist. Geprüft wird in aller Regel in Ihren Geschäftsräumen oder im Büro Ihres Beraters. Sollte sich Ihr Arbeitszimmer in Ihrer Privatwohnung befinden, können Sie beantragen, dass der Prüfungsort verlegt wird. Meist wird der Prüfer dann das Finanzamt als Prüfungsort vorschlagen, Sie können aber auch versuchen, die Außenprüfung in die Kanzlei des Steuerberaters verlegen zu lassen. Besprechen Sie vorab mit Ihrem steuerlichen Berater, welche Prüfungssituation in Ihrem Fall am günstigsten sein dürfte.

Steht der Prüfer vor der Tür, sollten Sie darauf bestehen, dass dieser sich ausweist. Wichtig ist außerdem der genaue Beginn der Prüfung. Wenn der Beamte Ihre Geschäftsräume betritt, beginnt die Prüfung offiziell. Das sollte der Beamte mit der genauen Uhrzeit protokollieren. Denn ab dann ändert sich einiges für den Unternehmer. Dies gilt vor allem dann, wenn Sie in der Vergangenheit nicht steuerehrlich waren, Einnahmen verschwiegen oder Ausgaben zu hoch angesetzt haben. Eine Selbstanzeige wirkt nur dann strafbefreiend, wenn sie rechtzeitig und aus eigenem Antrieb erstattet wird. Steht der Prüfer erst einmal vor der Tür und hat die Prüfung begonnen, ist es für eine Selbstanzeige, die Sie von strafrechtlichen Konsequenzen freispricht, zu spät.

§ **Steuerhinterziehung – kein Kavaliersdelikt**

Macht der Steuerzahler gegenüber dem Finanzamt falsche Angaben, gibt er also beispielsweise seine Einkünfte nicht in voller Höhe an, verschweigt Nebeneinnahmen oder vernichtet sogar Unterlagen, macht er sich der Steuerhinterziehung schuldig. In der Abgabenordnung (§ 370 AO) ist Folgendes festgelegt:

»Mit Freiheitsstrafe bis zu fünf Jahren oder mit Geldstrafe wird bestraft, wer

1. den Finanzbehörden oder anderen Behörden über steuerlich erhebliche Tatsachen unrichtige oder unvollständige Angaben macht,

2. die Finanzbehörden pflichtwidrig über steuerlich erhebliche Tatsachen in Unkenntnis lässt oder

3. pflichtwidrig die Verwendung von Steuerzeichen oder Steuerstemplern unterlässt

und dadurch Steuern verkürzt oder für sich oder einen anderen nicht gerechtfertigte Steuervorteile erlangt. Der Versuch ist strafbar. In besonders schweren Fällen ist die Strafe Freiheitsstrafe von sechs Monaten bis zu zehn Jahren.«

Auch derjenige, der nicht vorsätzlich handelt, muss mit einem Bußgeld rechnen, wenn die Finanzbeamten ihm auf die Schliche kommen: Eine leichtfertige Steuerverkürzung – wie es im Amtsdeutsch heißt – kann mit einer Geldbuße von bis zu 50 000 Euro geahndet werden. Steuerfahnder haben in Steuerstrafsachen ein weitgehendes Zugriffsrecht auf die Daten des Steuerpflichtigen – Hausdurchsuchung inklusive – und können bei anderen Stellen nachhaken: So sind die Kreditinstitute zur Auskunft und Vorlage von Unterlagen verpflichtet, ohne sich auf das Bankgeheimnis berufen zu können.

Halten Sie für den Betriebsprüfer sämtliche relevanten Unterlagen bereit. Bei einer Außenprüfung sind Sie – im Gegensatz zum Einsatz der Steuerfahndung – zur Mitwirkung verpflichtet.

Eine Checkliste zur Vorbereitung einer Betriebsprüfung finden Sie auf der beigefügten CD.

Vergessen Sie nicht, dass Sie den Zugriff auf die Computerdaten der Buchhaltung ermöglichen müssen. Ein Papierausdruck ist nicht ausreichend! Am besten sorgen Sie vor Beginn der Prüfung dafür, dass sich auf dem PC-Arbeitsplatz nur Daten befinden, die für die betreffende Buchhaltung wichtig sind. Einsehen dürfen die Prüfer die Daten der Finanz-, Lohn- und Anlagebuchhaltung. Alle anderen Daten sind für den Beamten tabu. Stellen Sie also nur notwendige Unterlagen zur Verfügung. Ein Betriebsprüfer darf im Gegensatz zum Steuerfahnder keine Schränke durchsuchen oder Akten an sich nehmen.

Ein gern gesehener Gast ist der Betriebsprüfer nicht. Dennoch sollten Sie nicht von vorneherein auf Konfrontationskurs gehen. Sorgen Sie stattdessen für angemessene Arbeitsbedingungen. Ein angenehmes Arbeitsklima ist sicher nicht verkehrt: Der Prüfer sollte einen eigenen Schreibtisch vorfinden. Es spricht nichts dagegen, dem Prüfer etwas zu trinken anzubieten – auf keinen Fall etwas Alkoholisches, sondern zum Beispiel eine Tasse Kaffee. Eine Einladung zum gemeinsamen außerhäusigen Essen könnte bereits als Bestechungsversuch ausgelegt werden.

Vor Beginn der Prüfung ist normalerweise Small Talk angesagt, um die Atmosphäre aufzulockern. Bei dieser Gelegenheit teilt der Betriebsprüfer Ihnen nochmals mit, welche Unterlagen er benötigt und wie lange er voraussichtlich prüfen wird. Aber Achtung: Legen Sie in den Gesprächen eine höfliche Distanz an den Tag und halten Sie sich vor allem bei privaten Themen zurück. Wenn Sie zum Beispiel – völlig ahnungslos – dem Prüfer erzählen, dass Sie diesmal mit beiden betrieblichen Autos in Urlaub gefahren sind, weil erstmals die Enkelkinder dabei waren, wird jeder Prüfer hellhörig. Bei der Überprüfung der PKW-Kosten schaut der Prüfer dann zuerst nach, ob tatsächlich für zwei PKWs ein steuerlicher Privatanteil angesetzt worden ist.

Sie müssen dem Prüfer Erläuterungen geben und Fragen beantworten. Das bedeutet aber nicht, dass Sie dem Prüfer ständig zur Verfügung stehen müssen. Denn die Auskunftspflicht kann auf eine andere von Ihnen benannte Person delegiert werden. Dies kann der Steuerberater oder ein vertrauenswürdiger Angestellter sein. Seien Sie sich außerdem der Tatsache bewusst, dass der Prüfer das Steuerrecht weit besser kennt als Sie: Wenn Sie aufgeregt sind und zu viel reden, besteht die Gefahr, dass Sie auf Fragen hereinfallen, weil Ihnen das steuerrechtliche Problem dahinter nicht klar ist.

Der Außenprüfer wird Ihre Buchhaltung zunächst auf formelle Richtigkeit überprüfen. Fehlbuchungen, fehlende Blätter oder mangelnde gesonderte Aufzeichnungen können dazu führen, dass die gesamte Buchführung verworfen wird. Dann darf der Prüfer Umsatz und Gewinn schätzen und rechnet einen »Sicherheitsaufschlag« mit ein. Der Prüfer wird auch akribisch nachsehen, ob Sie Kosten der privaten Lebensführung steuerlich geltend gemacht haben. Hier gibt es einige Prüfpunkte, die besonders beliebt sind. Dazu gehören

- Bewirtungsbelege,
- Geschenke,
- private Nutzung des betrieblichen PKW,
- private Nutzung des betrieblichen Telefonanschlusses,
- Verträge mit nahen Angehörigen.

Bewirtungsbelege werden vom Prüfer fast immer dahingehend untersucht, ob sie ordnungsgemäß ausgefüllt wurden. Ort und Tag der Bewirtung müssen enthalten sein, der Beleg muss maschinell erstellt und registriert sein. Ab einer Summe von 150 Euro sind die erweiterten Pflichtangaben für Rechnungen relevant. Daneben müssen der konkrete Anlass der Bewirtung, die Namen aller teilnehmenden Personen – Sie eingeschlossen – sowie Ihre Unterschrift vorhanden sein. In der Buchführung müssen Sie darauf achten, dass Bewirtungskosten nur zu 70 Prozent abzugsfähig sind.

Auch Geschenke an Geschäftsfreunde wird der Prüfer genau unter die Lupe nehmen. Wenn Sie zu viel schenken, überprüft der Beamte, ob die Ausgaben überhaupt vom Gewinn abziehbar sind. Führen Sie eine Liste darüber, wer die Geschenke bekommen hat und warum. Beschenken dürfen Sie nur Geschäftsfreunde – also zum Beispiel Kunden, Lieferanten, freie Mitarbeiter oder Angestellte von Geschäftsfreunden. Die Ausgabe für das Präsent darf 35 Euro nicht übersteigen. Achtung: Dieser Betrag bezieht sich auf die beschenkte Person pro Jahr. Aufwendungen für Geschenke sollten Sie in der EDV-Buchführung einzeln auf einem eigenen Konto buchen und den Namen des Beschenkten auf den Beleg schreiben. Am besten vermerken Sie dies auch bei der Buchung.

Mehr Informationen zum Thema »Bewirtungskosten« finden Sie in Kapitel 4 auf S. 129.

Weitere Fallstricke sind der private Anteil bei betrieblichen PKWs und Telefonanschlüssen. Achten Sie gegebenenfalls auf ein korrekt geführtes Fahrtenbuch und teilen Sie die Kosten beim betrieblichen Telefonanschluss realistisch auf – damit Sie den Prüfer nicht vorab auf den Gedanken bringen, hier genauer hinzusehen. Achten Sie stets darauf, Kosten der privaten Lebensführung und Betriebsausgaben strikt voneinander zu trennen. Denn der Prüfer wird akribisch überprüfen, ob Sie Kosten der privaten Lebensführung zum steuerlichen Abzug gebracht haben. Neben der Telefonrechnung und den Kosten fürs Auto wird er sich Ihre Reisetätigkeit genau anschauen. Dabei kann er die Abrechnungen über Ihre Kreditkarten einsehen und mit den vorgelegten Belegen vergleichen.

Mehr Informationen zum Thema »Geschenke« finden Sie in Kapitel 4 auf S. 132.

Verträge mit nahen Angehörigen müssen dem sogenannten Fremdvergleich standhalten. Das bedeutet, dass die Vereinbarungen genauso gestaltet sein müssen, wie Sie es auch mit Dritten vertraglich regeln würden. Gegebenenfalls müssen Sie nachweisen, dass die Verträge nicht nur auf dem Papier existieren. Das Gehalt naher Angehöriger sollte daher nicht wesentlich

Mehr Informationen zum Thema »Firmenwagen, Telekommunikation und Reisekosten« finden Sie in Kapitel 4 ab S. 111.

höher sein als das vergleichbarer Mitarbeiter. Strittig ist häufig, ob

- Zahlungen unter Ehegatten überhöht sind,
- Darlehensverträge zwischen nahen Angehörigen einem Fremdvergleich standhalten,
- der Ehegatte tatsächlich im Betrieb mitarbeitet.

Sie sollten während der laufenden Betriebsprüfung über mögliche festgestellte Sachverhalte und mögliche steuerliche Konsequenzen informiert werden. Wenn der Prüfer also etwas findet, lassen Sie sich den Sachverhalt möglichst genau erklären und bitten Sie den Prüfer um Angabe der Gesetzesvorschrift oder Richtlinie. Nur so haben Sie die Möglichkeit, sich noch einmal in Ruhe damit zu befassen. Nutzen Sie die Anwesenheit des Prüfers auch dazu, sich über die Herangehensweise an strittige Punkte für die Zukunft zu einigen.

Bereich	Prüfpunkt	Steuerliches Problem
Rechnungskontrolle	Doppelte Rechnungsnummern	Doppelzahlungen
Bewirtung	Vergleich von Geburtstagen von Familienmitgliedern mit Bewirtungsbelegen	Privater Anlass
Fahrtenbuch	Aufzeichnungen aus Rechnungen oder Stundenzetteln	Privater Anlass
Rechnungskontrolle	Rechnungspflichtangaben und Umsatzsteuersatz	Vorsteuerabzug gefährdet
EDV-Buchführung	Suche nach Begriffen wie »Berichtigung«, »Storno«, »Gutschrift«	Unterschlagung von Einnahmen
Privatkonto	Herkunft von Privateinlagen, ungeklärter Vermögenszuwachs	Unterschlagung von Einnahmen

Abbildung 6.4: Prüfschwerpunkte Betriebsprüfung;
Quelle: Eigene Erstellung

Bei der Schlussbesprechung können Sie zu allen Punkten Stellung nehmen und haben die Gelegenheit, Unstimmigkeiten aus dem Weg zu räumen. Haben Sie keine Scheu, Ihren Ermessensspielraum auszuschöpfen und im Zweifel zu verteidigen – denn oft ist das Steuerrecht nicht so eindeutig. Zum Abschluss wird der Prüfungsbericht erstellt. Achten Sie darauf, dass dort alles so steht, wie Sie es mit dem Prüfer besprochen haben. Gegen den Prüfungsbericht selbst ist kein Einspruch möglich. Diesen können Sie erst gegen den neuen Steuerbescheid einlegen. Und falls nötig, können Sie gegen den geänderten Steuerbescheid Klage einreichen.

Aufzeichnungspflichten und Aufbewahrungsfristen

Das Aufbewahren Ihrer Unterlagen gehört zu Ihren Pflichten. Im Normalfall handelt es sich dabei aber eher um eine Archivierung. Die Finanzverwaltung interessiert sich erst dann für Ihre vollständigen Unterlagen, wenn es zu einer Betriebsprüfung kommt.

Zu Ihren Pflichten als Unternehmer gehört es, dass Sie nicht nur Rechnungen, sondern sämtliche Vorgänge, die mit Ihrem Betrieb in Zusammenhang stehen, aufbewahren müssen. Sie müssen deswegen aber noch lange kein Aktenarchiv im Keller oder auf dem Dachboden einrichten und sämtliche Papiere ausdrucken. Die Aufbewahrungsfrist ist erfüllt, wenn die Bestandteile Ihrer Buchführung in gespeicherter Form vorliegen und jederzeit wieder sichtbar gemacht oder gedruckt werden können. Jedes Dokument muss in seiner originären Form aufbewahrt werden – Papierdokumente dürfen Sie einscannen.

Achtung: Die Belege müssen über den gesamten Aufbewahrungszeitraum lesbar sein und bleiben. Aus diesem Grund sollten Sie sogenannte Thermobelege immer sofort kopieren und an den Originalbeleg heften. Thermopapier wird beispielsweise bei Portoquittungen und Supermarktbelegen benutzt, aber auch von vielen Restaurants und Tankstellen.

Thermobelege leichter gemacht

Denken Sie immer daran, Thermobelege spätestens bei der Ablage zu kopieren. Allerdings gibt es in der Praxis einige Erleichterungen, wie das Bundesfinanzministerium in der Antwort auf eine schriftliche Frage der Grünen im Bundestag erläuterte. Demnach können Steuerpflichtige wählen, ob sie die Thermobelege kopieren oder einscannen und auf einem Datenträger speichern. Die ursprüngliche Rechnung – also die Thermoquittung – muss dann nicht mehr aufbewahrt werden. Lästiges Antackern oder dicke Ordner können sich Unternehmer daher sparen.

Originär digital erstellte Unterlagen müssen in jedem Fall auf maschinell verwertbaren Datenträgern archiviert werden. Müssen Sie im Zusammenhang mit steuerlich relevanten Daten E-Mails archivieren, vertritt die Finanzverwaltung die Auffassung, dass sie für den Datenzugriff im Originalformat vorgehalten werden müssen – zum Beispiel dann, wenn die Reisekostenabrechnung per Mail übermittelt wurde. Archivieren Sie diese Daten in einem speziellen Ordner, getrennt von den sonstigen E-Mails. Denken Sie daran: Speichermedien sind kurzlebig. Sie sollten sich bei den langen Aufbewahrungsfristen nicht darauf verlassen, dass Ihre Daten dort langfristig gesichert sind. Eine Alternative ist eine externe Festplatte: Hier können Sie sämtliche Daten Ihres Betriebs speichern und haben gleichzeitig ein Backup zur Verfügung, sollte Ihnen Ihr Computer einmal abstürzen oder gestohlen werden. Seit Januar 2015 gelten die neuen »Grundsätze zur ordnungsmäßigen Führung und Aufbewahrung von Büchern, Aufzeichnungen und Unterlagen in elektronischer Form sowie zum Datenzugriff« (GoBD) . Hierin hat die Finanzverwaltung zahlreiche Vorschriften konkretisiert, wie mit elektronischen Belegen umzugehen ist. Wenn Sie unsicher sind, ob Sie die GoBD korrekt umsetzen, wenden Sie sich an Ihren Steuerberater.

Je nach Art und Inhalt der Dokumente gelten unterschiedliche Aufbewahrungsfristen:

Mehr Informationen zum Thema »GoBD« finden Sie in Kapitel 5 auf S. 168.

Sechs Jahre aufzubewahren sind

- Abrechnungsunterlagen,
- Aktenvermerke,
- Angebote,
- Auftragsbestätigungen,
- Beitragsabrechnung Sozialversicherungs-/Rentenversicherungsnachweis,
- Handels- und Geschäftsbriefe,
- Mietunterlagen/Betriebskostenabrechnung,
- Darlehensunterlagen/Kreditunterlagen,
- Dauerauftragsunterlagen,
- Kalkulationsunterlagen,
- Schriftverkehr,
- Versicherungspolicen,
- Verträge.

§ **Digitale Kontoauszüge richtig aufbewahren**

Immer mehr Freiberufler nutzen Online-Banking. Die Kontoauszüge werden in aller Regel in elektronischer Form zur Verfügung gestellt. Daher müssen die Bankauszüge auch in digitaler Form aufbewahrt werden, denn es handelt sich um originär elektronische Dokumente. Drucken Sie den Kontoauszug einfach aus und löschen dann das digitale Dokument, verstoßen Sie gegen die Aufbewahrungspflichten. Denn der Ausdruck ist lediglich eine Kopie. Stellen Sie also sicher, dass die Auszüge während der Aufbewahrungsfrist jederzeit verfügbar und lesbar gemacht werden können. Speichern Sie die digitalen Unterlagen so ab, dass sie nicht verändert oder gelöscht werden können. Beraten Sie sich im Zweifelsfall mit Ihrem Steuerberater, welchen Weg Sie hier am sichersten einschlagen sollten.

Zehn Jahre aufzubewahren sind

- Bankbelege/Kontoauszüge,
- Bewirtungsbelege,
- Buchungsbelege,
- Bilanzen,
- Buchführungsprogramme,
- Buchungsbelege (inkl. Reisekostenabrechnungen),
- Datensicherungen,
- Fahrtenbücher,
- Jahresabschlüsse,
- Rechnungen,
- Steuererklärungen,
- Umsatzsteuervoranmeldungen.

Die Aufbewahrungspflicht beginnt mit dem Ablauf des Kalenderjahres, in dem das betreffende Dokument im Unternehmen erarbeitet wurde oder eingegangen ist. Den Jahresabschluss von 2004, den Sie im Jahr 2005 erstellt haben, müssen Sie also bis Ende des Jahres 2015 aufbewahren.

Wie es weitergeht...

Glückwunsch! Schön, dass Sie mich auf dem Weg durch das Steuerlabyrinth bis hierhin begleitet haben. Ich hoffe, dass Sie während des Lesens einige Hemmschwellen abbauen konnten, sodass Sie künftig Ihre Umsatzsteuervoranmeldung oder Ihre Einnahmen-Überschuss-Rechnung sicherer angehen können. Vielleicht haben Sie auch einige wichtige Anstöße erhalten, um demnächst den ein oder anderen Part Ihrer Buchhaltung selbst zu erledigen. Und wer weiß, vielleicht ist sogar ein Funke übergesprungen, dass Ihnen solche Zahlenspiele bald sogar Spaß machen.

Entscheidend ist aber, dass Ihre Bereitschaft, sich mit Steuern und Co. zu befassen, sich in Euro und Cent auszahlt. Es lohnt sich also, wenn Sie sich auch weiterhin mit den Themen dieses Buches auseinandersetzen. Daher hoffe ich, dass Sie dieses Buch nicht zum letzten Mal in der Hand hatten. Und da sich unser Steuerrecht in immer kürzeren Abständen ändert, halte ich für Sie in meinem Blog http://www.steuer-saetze.de aktuelle Informationen und interessante Beiträge zum Thema Steuern bereit. Natürlich können Sie sich dort auch in Kommentaren mit anderen Freiberuflern austauschen – und wenn Sie selbst einen Hinweis oder Tipp haben, freue ich mich über Ihr Feedback. Übrigens: In meiner virtuellen Bibliothek können Sie sich auch über meine anderen Bücher zum Thema Steuern und Recht informieren – vielleicht finden Sie dort noch mehr interessanten Lesestoff. Schauen Sie einfach mal vorbei:
http://www.steuern-nachgelesen.de

Nürnberg, im März 2015

Ihre Constanze Elter

Die Experten

Susanne Christ ist Fachanwältin für Steuerrecht mit eigener Kanzlei in Köln. Neben den klassischen Steuerthemen konzentriert sich Christ auf die Unternehmensnachfolge und Erbrechtsthemen. Aus ihrer bisherigen Berufstätigkeit kennt sie auch die andere Seite der Steuermedaille: Christ war mehrere Jahre lang in Berlin als Sachgebietsleiterin im Finanzamt für Umsatzsteuer und Betriebsprüfungen zuständig.

Kontakt: s.christ@netcologne.de
Homepage: www.xing.com/profile/Susanne_Christ

Helmut Friederici ist vereidigter Buchprüfer und Steuerberater. Als Geschäftsführer der Kanzlei SF Wirtschaftsprüfung Steuerberatung vertritt er den Standort Dortmund. Friederici bietet seinen Mandanten neben seiner langjährigen Erfahrung profundes Wissen in der steuerlichen und betriebswirtschaftlichen Beratung mittelständischer Unternehmen. Darüber hinaus steht er Selbstständigen am Start mit Existenzgründungsberatung zur Seite.

Kontakt: office@s-f-essen.de
Homepage: www.s-f-essen.de

Susanne Vogelbacher ist Steuerberaterin und betreibt eine eigene Kanzlei in Köln. Sie hat sich unter anderem auf Freiberufler in den Medien spezialisiert, betreut eine Vielzahl von Journalisten und ist mit deren besonderen Fragestellungen vertraut. Susanne Vogelbacher versteht sich darüber hinaus als betriebswirtschaftliche Begleiterin ihrer Mandanten.

Kontakt: kanzlei@steuerberaterin-vogelbacher.de
Homepage: www.steuerberaterin-vogelbacher.de

Robert Spitzner ist Steuerberater und Diplom-Betriebswirt (BA) und ist Partner der Steuerberatungssozietät Keller & Spitzner in Köln. Die Kanzlei betreut Mandanten aus allen erdenklichen Bereichen und Branchen, auch auf Grund des Standortes in der Medienstadt Köln viele Freiberufler aus dem Medien- und Kunstbereich. Robert Spitzner sieht seine Aufgabe nicht nur in steuerlichen, sondern auch in betriebswirtschaftlichen Fragestellungen. Die Mandanten werden aktiv begleitet, damit diese sich auf ihr Kerngeschäft konzentrieren können.

Kontakt: Robert.spitzner@stb-keller-spitzner.de
Homepage: www.stb-keller-spitzner.de

Quellenangaben zu CD-Vorlagen

Kapitel 1

Checkliste für Rechnungen über 150 € (brutto): http://www.krudewig-steuermedien.de

Kapitel 2

Anforderung einer korrigierten Rechnung: http://www.krudewig-steuermedien.de
Merkblatt zur Umsatzsteuer: VG Wort

Kapitel 3

Anlage EÜR: Finanzverwaltung, Formular-Management-System der Bundesfinanzverwaltung, Bundesministerium der Finanzen

Kapitel 4

Anlagenspiegel: akademie.de, Berlin
Angaben zum Nachweis der Höhe und der betrieblichen Veranlassung von Bewirtungsaufwendungen (§ 4 Abs. 5 Nr. 2 EStG): http://www.krudewig-steuermedien.de
Muster einer Bewirtungsrechnung: http://www.krudewig-steuermedien.de
Reisekostenabrechnung: Susanne Günter, Steuerberaterin, Köln
Eigenbeleg für Geschenke an Geschäftsfreunde; aus: Elmar Goldstein, Belege richtig kontieren und buchen, Haufe, 2009

Kapitel 5

Anleitung zur Liquiditätsplanung: http://www.niklas.de
DATEV-Kontenrahmen nach IFRS/IAS und dem Bilanzrechtsmodernisierungsgesetz
Standardkontenrahmen (SKR) 04; gültig ab 2014: Der Abdruck von DATEV Kontenrahmen für dieses Buch erfolgt mit freundlicher Genehmigung der DATEV eG

Kapitel 6

Anlässe, die die Prüfungswahrscheinlichkeit erhöhen: http://www.krudewig-steuermedien.de
Checkliste: Festlegen des Prüfungstermin: http://www.krudewig-steuermedien.de
Checkliste: Prüfungsbeginn: http://www.krudewig-steuermedien.de
Checkliste: Prüfungsdurchführung:http://www.krudewig-steuermedien.dc
Vorbereitung für die Betriebsprüfung: Lexware, http://www.lexware.de/unternehmerportal

Stichwortverzeichnis